JN278441

Alan
Greenspan

The Age of Turbulence
Adventures in a New World

波乱の時代

——わが半生とFRB——

上

アラン・グリーンスパン

山岡洋一・高遠裕子訳

日本経済新聞出版社

The Age of Turbulence : Adventures in a New World

by

Alan Greenspan

Original English language edition Copyright ©Alan Greenspan, 2007
All rights reserved including the right of reproduction
in whole or in part in any form.
This edition published by arrangement
with The Penguin Press, a member of Penguin Group (USA) Inc.
through Tuttle-Mori Agency, Inc., Tokyo.

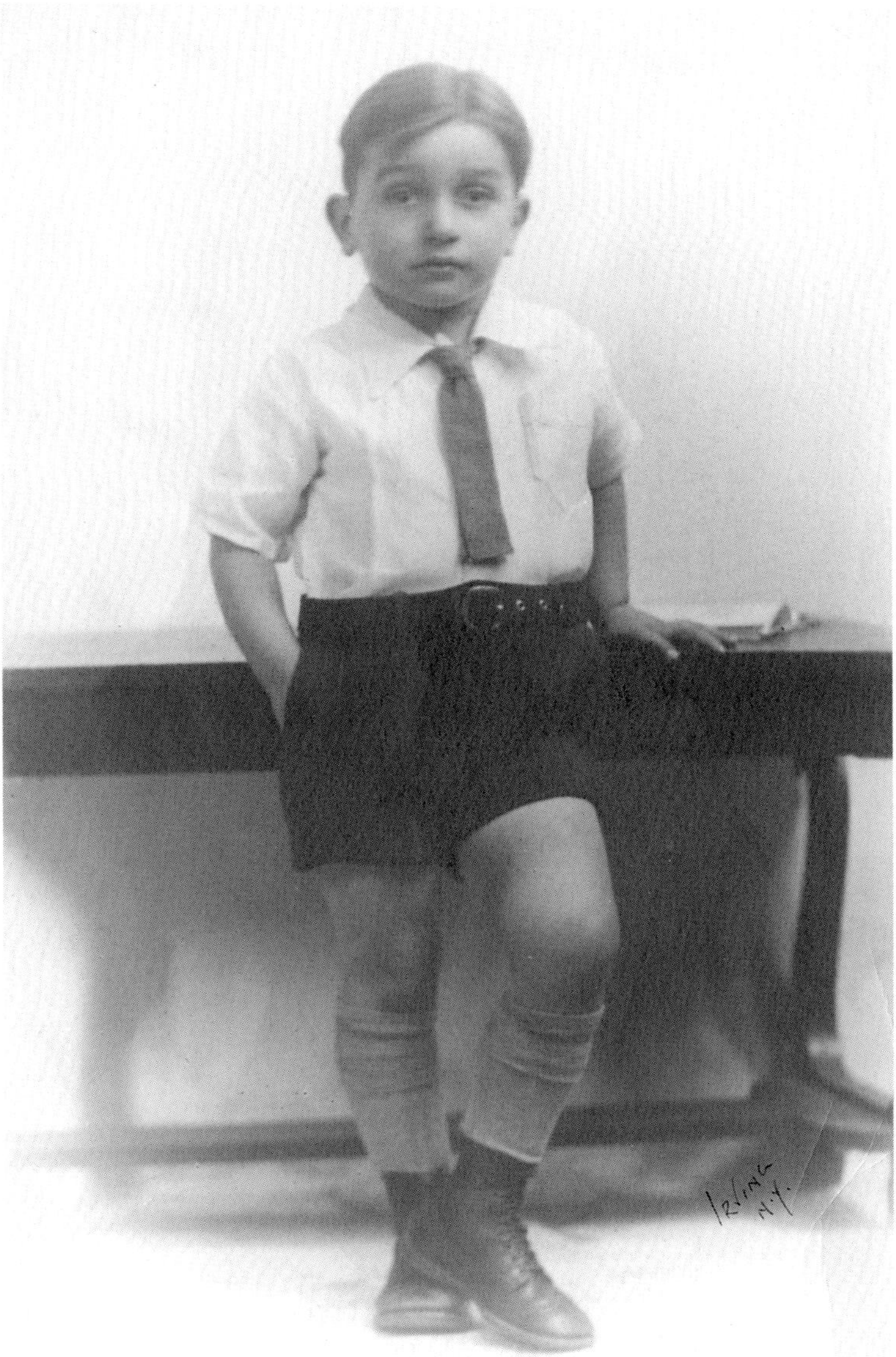

5歳のとき、ニューヨーク市ワシントン・ハイツにて。1931年撮影。
The collection of Alan Greenspan

父方の3人のいとこと。
1934年ごろ撮影。わたしは左端。
The collection of Alan Greenspan

16歳のとき、ニュージャージー州
ハイアワサ湖で。
The collection of Alan Greenspan

父の著書『来るべき回復』。父はウォール街で株式のセールスをしており、わたしが2歳のときに離婚した。わたしが9歳のとき、確信をもって大恐慌の終わりを予想した著書をくれて、以下の少々不思議な献辞を書いてくれた。「息子のアランへ。おまえのことをつねに考えながら進めてきたこのはじめての試みが、今後、無数の試みを生み出し、おまえが大人になったときに振り返って、この論理的な予想の背景にある根拠を解釈し、おまえ自身の仕事をはじめるよう期待している」
Photograph by Darren Haggar

ヘンリー・ジェローム楽団にて。ジュリアード音楽院で1年間学んだ後、この楽団に入り、サックスとクラリネットを担当して東海岸各地で演奏した（左端がわたし）。楽団員の納税申告を引き受けてもいた。 Courtesy of Henry Jerome Music

母のローズ・ゴールドスミスと。母は陽気で楽天的であり、わたしに音楽の楽しさを教えてくれた。
The collection of Alan Greenspan

1950年のわたし。エコノミストとして十分な収入があったので、ニューヨーク市から郊外に引っ越すことを考えていた。1年後に郊外に移っている。
The collection of Alan Greenspan

多数の人に教えを受けたが、とくにわたしの人生に大きな影響を与えたアーサー・バーンズとアイン・ランド。バーンズは景気循環の研究で画期的な業績を残した経済学者で、コロンビア大学の博士課程で学んだときの指導教官。何年も後に、わたしはバーンズに説得されて博士号を取得した。バーンズはわたしより前に、大統領経済諮問委員会委員長とFRB議長を歴任した。アイン・ランドはわたしの関心の範囲を広げ、経済学だけでなく、人間の行動と社会の動きを理解するよう促した。　左:Bettmann/Corbis　右:The New York Times/Getty Images

とくに大きな影響を受けた3人。アダム・スミス（上左）は個人の自発性と市場の力という啓蒙主義の考えを主張し、1930年代には名声が失墜していたが、現在ではグローバル経済で圧倒的な力をもつまでに復活した。わたしが思想的に最大の影響を受けたのがアダム・スミスである。ジョン・ロック（上右）にも大きな影響を受けた。ロックはイギリスの偉大な社会哲学者であり、人生、自由、財産に関する基本的な概念を確立した。もうひとり、大きな影響を受けたジョゼフ・シュンペーター（下）は20世紀の経済学者であり、その創造的破壊の概念は現代資本主義で技術の変化が果たす役割の核心をついている。

上左：Hulton Archive/Getty Images
上右：Bettmann/Corbis
下：Getty Images

タウンゼント・グリーンスパンで。わたしは繊維、鉱業、鉄道、そしてとくに鉄鋼といった重工業に重点をおいた。鉄鋼産業の調査に時間をかけていたので、1958年の景気後退を予想して警告するうえで絶好の立場にあった。これはわたしにとって、アメリカ経済全体に関するはじめての予想であった。
Walter Daran/Time Life Pictures/Getty Images

1974年にはじめてワシントンで働くようになったとき、タウンゼント・グリーンスパンの事業を任せたキャシー・アイクホフ（左）、ルシール・ウー（中）、ベス・カプラン（前）の3人の副社長と、一時的に復帰してくれたジュディス・マッケイ元副社長（右）。タウンゼント・グリーンスパンは女性が幹部のほとんどを占めている点で、経済コンサルティング会社としては異例だった。
The New York Times/Redux

1974年7月の会議。政治にはじめて関与したのは、1967年にリチャード・ニクソンの大統領選挙運動に無給のスタッフとしてくわわったときである。わたしはニクソンの優秀さには感銘を受けたが、暗い面が気になって政権には参加しなかった。写真でわたしの左隣りはヒューレット・パッカードの共同創業者、デービッド・パッカードであり、1969年から71年まで国防副長官を務めた。　Bettman/Corbis

経済諮問委員会委員長の宣誓式が終わって。フォード大統領が見守るなか、母がわたしを祝ってくれた。ウォーターゲート事件、原油価格急騰、インフレーションに国が動揺していたときだけに、政府の職につくには厳しい時期であった。 Bettman/Corbis

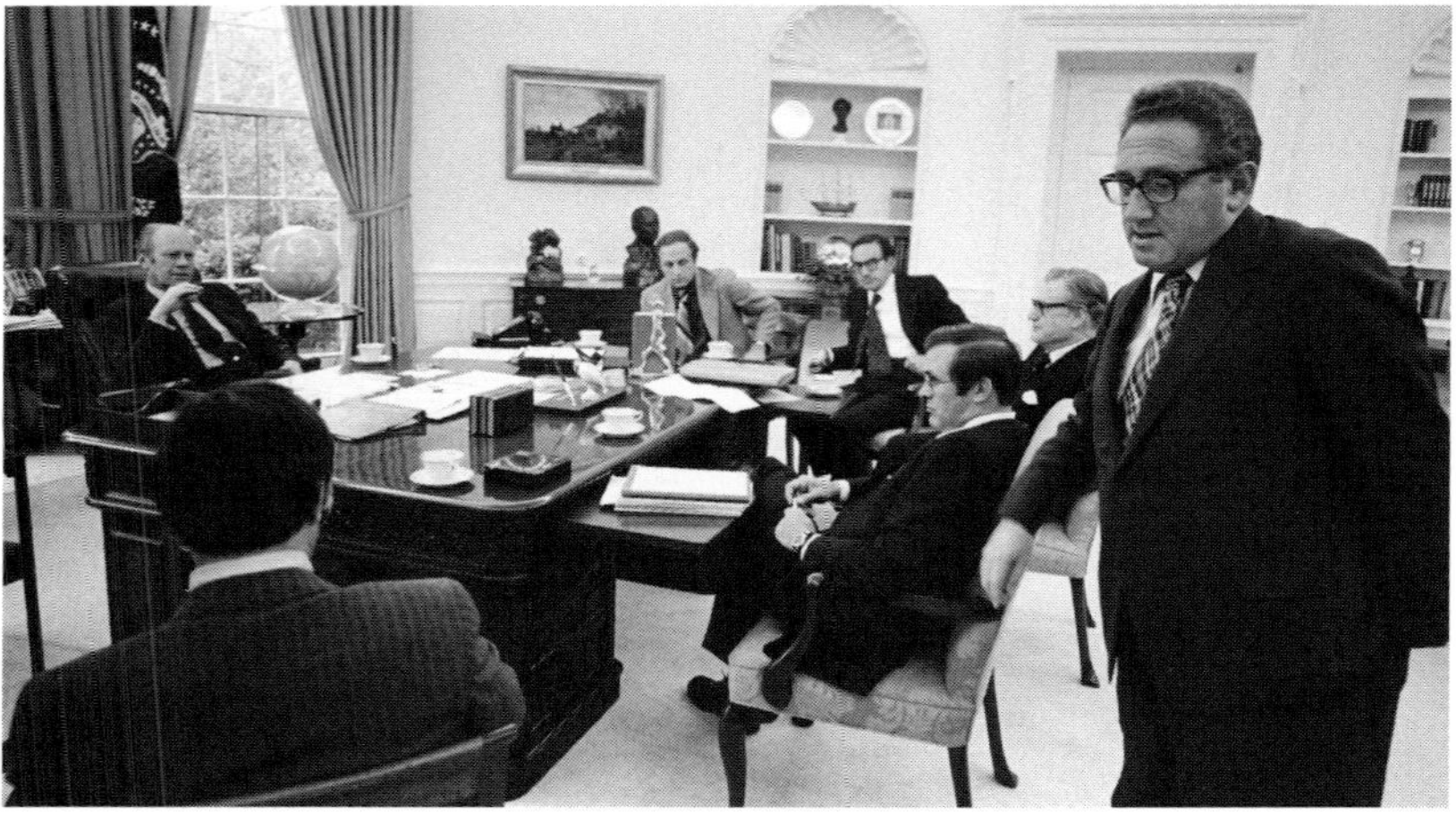

1975年4月、大統領執務室で経済政策を議論する会議にて。ヘンリー・キッシンジャー国務長官が入ってきて、アメリカ軍のサイゴン脱出のニュースを伝えた。左から右へ時計回りに:フォード大統領、ディック・チェイニー大統領次席補佐官、わたし、ドナルド・ラムズフェルド大統領首席補佐官、ネルソン・ロックフェラー副大統領、キッシンジャー国務長官。
David Hume Kennerly/The Gerald R. Ford Presidential Library/Getty Images

大統領首席補佐官の執務室に集まり、夕方のテレビ・ニュースをみて、その日の動きについて話し合うホワイトハウスの高官。わたしはカーペットに寝て、腰の痛みを和らげたが、ときに硬貨を見つけることもあった。
David Hume Kennerly/The Gerald R. Ford Presidential Library/Getty Images

キャンプ・デービッドでの会議。左から右へ:ビル・サイモン財務長官、ロン・ネッソン大統領報道官、フォード大統領、ディック・チェイニー、ドナルド・ラムズフェルド、わたし。
David Hume Kennerly/The Gerald R. Ford Presidential Library/Getty Images

フォード前大統領とともに、パーム・スプリングズにて（1980年）。フォード前大統領は不器用だとされているが、実際にはゴルフがうまいし、学生時代にはフットボールで全米代表に選ばれている。　Photograph by Neil Leifer

1980年の大統領選挙のとき。わたしは大陸横断の空の旅に同行し、ロナルド・レーガン候補に国内政策の主要な論点をすべて説明することになった。国内政策顧問のマーティン・アンダーソン（手前）が、「君のいうことなら聞いてもらえる」といって、この任務をわたしに与えた。しかしレーガン候補はほかの話に熱中し、わたしは止めることができなかった。
Michael Evans photograph, courtesy of the Ronald Reagan Presidential Foundation

1980年7月の共和党大会で。ヘンリー・キッシンジャーとわたしはフォード前大統領にレーガン候補の副大統領候補になるよう説得を試みた。レーガンとフォードが組めば「ドリーム・チーム」になるとの世論調査結果がでていたが、24時間にわたる緊迫した交渉は決裂し、ジョージ・H・W・ブッシュが副大統領候補に選ばれた。
David Hume Kennerly/Getty Images

1983年4月、ローズ・ガーデンで開かれた社会保障制度改革法案署名式。社会保障制度は1970年代後半から80年代初めにかけて財政困難に陥り、共和党も民主党も解決の必要性を認識していた。レーガン大統領が組織し、わたしが委員長を務めた改革委員会で妥協がはかられた。署名式にはロバート・ドール上院議員（わたしの右）、クロード・パッパー下院議員（頭だけが見えている）、ティップ・オニール下院議長（大統領と冗談をいいあっている）らの両党の代表が出席した。下はこの年に経済紙に掲載されたわたしの風刺画。
上：AP Images/Barry Thumma　下：David Levine

"All the News That's Fit to Print"

The New York Times

Late Edition

VOL.CXXXVII . . . No. 47,298 — NEW YORK, TUESDAY, OCTOBER 20, 1987 — 30 CENTS

STOCKS PLUNGE 508 POINTS, A DROP OF 22.6%; 604 MILLION VOLUME NEARLY DOUBLES RECORD

U.S. Ships Shell Iran Installation In Gulf Reprisal

Offshore Target Termed a Base for Gunboats

By STEVEN V. ROBERTS

A Huge Blow to the Five-Year Bull Market

Dow's Record Fall

WORLDWIDE IMPACT

Frenzied Trading Raises Fears of Recession — Tape 2 Hours Late

By LAWRENCE J. DE MARIA

Does 1987 Equal 1929?

Who Gets Hurt?

More About the Markets

Goetz Given 6-Month Term on Gun Charge

INSIDE

上：1987年6月2日、レーガン大統領がわたしをポール・ボルカーの後任としてFRB議長に任命すると発表した記者会見。ジェームズ・ベーカー大統領首席補佐官（右）が数か月前にこの件を密かにわたしに打診していた。

右：暴落を報じるニューヨーク・タイムズ紙。就任からわずか10週間で、わたしは試練を受けることになった。1987年10月19日の株式市場の暴落である。

上：Courtesy of the Ronald Reagan Library

右：Copyright ©1987 by the New York Times Co. Reprinted with permission.

左:1989年11月、ベルリンの壁の崩壊。これで歴史は急転回したが、わたしにとってそれ以上に衝撃的だったのは、壁が崩壊してあきらかになった東側経済の疲弊ぶりであった。
下:1990年春にゴルバチョフ大統領が3回目のアメリカ訪問を行ったとき、ソ連自体が解体への道を歩んでいた。1990年3月31日の公式晩餐会で、ゴルバチョフ大統領を出迎える父ブッシュ大統領とわたし。
左:AP Images/John Gaps III
下:Courtesy of the George Bush Presidential Library

1991年7月、大統領執務室にて。父ブッシュ大統領とFRBの軋轢は、このときもあきらかだった。ブッシュ大統領はFRBが政策金利を十分に引き下げていないとの見方を公にしていた。この年、大統領はわたしをFRB議長に再任したが、1992年の大統領選挙で敗北したのはわたしのためだと後に非難した。 Courtesy of the George Bush Presidential Library

FRBにとってもっとも強力で重要な意思決定機関、連邦公開市場委員会（FOMC）の2003年6月の会合。FOMCは年に8回の会合を開く。
Federal Reserve photo — Britt Leckman

FRBのオフォスで。情報技術によってFRBの経済分析が革命的に進化したため、FRBのオフィスで入手できる情報の範囲が拡大した。
Photograph by Diana Walker

FRBのオフィスで。わたしは毎日かならず、静かに研究し考える時間をとった。
Photograph by Linda L. Creighton

愛するアンドレアに

波乱の時代　上巻

目次

下巻　目次

装幀・口絵デザイン　山口鷹雄
本文デザイン　谷　敦

アジア版への序文

二〇〇七年六月、東京を訪れたとき、雲の合間に太陽が輝き、暑かった。銀行や保険会社の経営者など、金融業界の幹部と意見を交換するのが訪問の目的であり、もう何年も前からの知り合いも多かった。日本側の出席者は会議で、日本社会が急速に高齢化しており、一九七〇年代、八〇年代の栄光の時代とくらべて経済が低迷していることに懸念を深めていると語った。中国をはじめとする東アジアの他国が歴史上稀にみる好景気にわいているだけに、日本経済の低迷に対する懸念が倍加していた。

たしかに日本が直面している問題は大きい。だがわたしの見方はもっと微妙だし、それほど暗くはない。いま、激変が起こっているのは疑問の余地がない。日本だけでなく、先進世界の全体がいま、長期にわたって握ってきた経済的な主導権のうちかなりの部分を失う過程にあり、中国、韓国、シンガポール、香港、台湾、マレーシア、タイなど、高成長を続ける東アジアの国と地域が代わりに台頭しているのである。二〇〇〇年から二〇〇六年までに、東アジアのこれらの国と地域は世界のＧＤＰに占める比率を大幅に高めており、二〇三〇年までこの比率がさらに上昇すると、世界銀行は予想している。
つい最近の一九九七年に、東アジアの多くの国が深刻な金融危機に見舞われ、国際社会による大規模な救済が必要になった。これらの国と地域が十年もたたない間に、債務危機から抜け出し、世界経済を牽引する役割を果たすまでに経済の転換を達成できたのは、なぜなのだろうか。何よりもまず、決定的な一歩として、固定為替相場制を放棄した。固定相場制が、自国の経済をドルに縛りつけることで、経済を崩壊寸前になるまでに悪化させた金融慣行を生み出していたからだ。キャリー取引と呼ばれる安易な方法を使って、先進国から外貨を借り入れ、ヘッジをしないまま固定相場で自国通貨に換え、国内の高い金利で貸し出していたのである。この取引はしばらくの間は利益を生み出したが、結局は債務不履行が東アジアからロシアに波及し、アメリカにさえ波及しかねない状況になった。

この危機については、本書で後に論じる。国際金融システムにはまだ部分的にしか関与していなかった中国が危機を無傷で乗り切ることができたのはなぜなのかも取り上げる。現在、東アジアの中国と新興工業経済地域は、実質GDP成長率が四パーセントから十パーセントであり、日本や欧米先進国を大きく上回る成長率になっている。インフレ率は一桁台であり、長期金利もやはり一桁台である。

日本で開発された輸出主導型の経済成長モデルが、後に「アジアの虎」に採用され、さらに後に中国に採用されて、東アジアが予想もされなかったほど繁栄するようになった経緯は、本書の主なテーマのひとつである。現在、世界の投資資金を賄う貯蓄のうち四分の一は、日本と中国で生み出されている。東アジアの新興工業経済地域が五パーセントを供給している。わたしは、最近の歴史のなかで、冷戦の終結が経済という観点からもっとも重要な出来事だったとみている。冷戦が終結した結果、東ヨーロッパはもちろん、中国など、第三世界と呼ばれていた地域の多くで、教育水準が高いが低賃金の労働力が大量に、世界の競争市場に参入することになったからである。ベルリンの壁の崩壊によって中央計画経済が経済体制として失敗であり、機能しないことがあきらかになると、共産党が指導する中国はそれ以前から続けていた市場資本主義への慎重な移行を加速している。

中国では、財産権の保護が強化されたのに刺激されて、対内直接投資が一九九一年の四十億ドルから、二〇〇六年には七百億ドルを上回るまでに急増した。直接投資にともなって導入された先進的な技術を活用したうえ、輸出が爆発的に増加したことから、中国の経済成長率は十パーセントを超えるまでに加速した。日本をはじめ、東アジア各国では輸出の方向が大きく変わった。部品などが中国に輸出され、低コストで組み立てられた後に、先進国市場、とくにアメリカ市場に輸出されるようになったのである。

東アジア経済の爆発的な成長は世界全体の経済にとって追い風になったが、これがいつまでも続くとは予想できない。第一に、日本や欧米から導入した技術によって、東アジア各国は先進国をはるかに上回る生産性伸び率を達成できているが、先進各国は技術水準が最先端にあるので、イノベーションによって徐々に生産性を高めていくしかない。東アジア各国の生産性伸び率は現在、三・五パーセントから九パーセントの範囲だが、いずれ年三パーセント以下に低下することになる。この三パーセントという生産性伸び率は、後に論じるように、人間の知識の向上によって達成しうる限界だとみられる。しかし、そこまで低下するのは、はるかな将来かもしれない。

それまでの間、東アジア経済は好調を維持するだろう。東アジアのＧＤＰで圧倒的な比率を占める日本も、一九九〇年にはじまった株式市場と不動産市場の暴落の後、十五年にわたって続いた低迷から抜け出そうとしている。そして、社会の急速な高齢化に直面して、金融の孤立状態から抜け出そうとしている。孤立状態が頂点に達したのは二〇〇三年であり、その一因は日本人の大多数が豊富な貯蓄を円建て資産に投資するのが、国を愛する以上、当然だと感じているかのように行動してきたことにある。海外への投資をためらってきたため、家計や保険会社、年金基金を中心とする巨額の貯蓄が、直接にか、巨大な郵便貯金を通じて間接的に、日本国債に投資されてきた。この投資資金が巨額にのぼることから、十年物日本国債の利回りは〇・五パーセントまで下がり、その時点で三・六パーセントだった十年物アメリカ国債利回りと比較して、理解しがたいほど低くなった。日本国債の発行残高のうち、海外の投資家に保有されている部分はわずか三パーセントにすぎなかった（その大部分は、分散投資を必要とする国際債券ファンドに保有されていた）。これに対してアメリカ国債は、三分の一以上が海外の投資家に保有されている。長期金利がここまで低かったことから、日本銀行は短期金利をゼロ近くに維持できた。

円建ての金利が低く抑えられ、他国との金利差が大きかったことから、別の種類のキャリー取引が盛んになった。日本の金融機関は海外で得られる高金利を利用するのではなく、低金利で外国人投資家に間接的に円を貸し付け、外国人投資家が利回りの高い資産に投資して利益を得られるようにした。信用リスクがないに等しい証券に投資されることも多かった。金利差が大きいために、為替リスクはほぼ吸収できた。日本は外国人投資家に助成金を支給してきたようなものだ。しかし二〇〇三年からは、この状況が変化している。日本人投資家も、利回りの低さに我慢できなくなったようで、海外に投資先を求めるようになった。この結果、自国資産を好む傾向、いわゆるホーム・バイアスが低下している。日本の純対外投資は二〇〇三年第一・四半期の三兆四千億円から、二〇〇七年第一・四半期には六兆七千億円に増加している。二〇〇三年以降、郵便貯金の残高は二十パーセント近く減少しており、発行される日本国債のうち三分の一以上を海外の投資家に販売せざるをえなくなった。国内の需要が減少し、海外の需要を引きつける必要があるため、十年物日本国債の利回りは二パーセント近くになった。これでもまだ低いが、一時とくらべれば大幅に上昇している。個人投資家による国際型投資信託の購入が急増している。

日本の投資家が海外に積極的に投資するようになって、日本の銀行もグローバル市場でふたたび活躍するようになった。国内の不動産価格が二〇〇六年に底を打ったことから、銀行は長年にわたって抑制してきた貸出を通常に戻している。要するに日本は、デフレが弱まり経済成長率が上昇してきたことから、経済面で「普通の国」に戻ってきたのである。

いうまでもなく、日本は今後、人口と労働力の減少を特徴とする厳しい現実に直面する。この点は後に論じるが、出生率が予想外に上昇するか、文化の衝突を覚悟して大量の移民を受け入れないかぎり、世界と東アジアのGDPに占める比率が低下するとともに、日本の国際的な地位が低下していく可能性が高い。とはいえ、日本は今後も豊かな国、技術と金融の両面で世界的な強国の地位を維持する。そして二十一世紀は東アジアのすべての国にとって素晴らしい世紀になるだろう。中国、韓国、シンガポール、台湾などのスターが繁栄と成長を達成するからである。

はじめに

二〇〇一年九月十一日の午後、わたしはスイスエア一二八便に乗っていた。スイスで開かれた定例の中央銀行総裁会議に出席し、ワシントンに戻る途中であった。キャビンを歩いていたとき、海外出張の際に同行してくれる警備隊のボブ・アグニュー隊長に呼び止められた。シークレット・サービス出身で、親切だが口数は多くない。こわばった表情で小声で話しかけてきた。「議長、機長にあっていただけますか。お伝えしておくべきことがあるそうです。航空機が二機、世界貿易センター・ビルに突っ込みました」。その言葉を聞いて、とまどったような表情を浮かべたのだろう。アグニューはこういいそえた。「これはジョークではありません」

操縦室に行くと、機長はみるからに緊張していた。アメリカに対する凄まじい攻撃があったと話してくれた。同時多発のハイジャックがあり、二機が世界貿易センター・ビルに、一機が国防総省ビルに突っ込んだ。あと一機が行方不明になっている。現時点ではこれだけの情報しか伝えられていないと、機長は少し訛《なま》りのある英語で語った。この便はチューリヒに引き返し、他の乗客には理由を知らせないという。

「引き返す以外にないのですか。カナダに着陸する方法もあると思うが」と質問した。それはできません、チューリヒに引き返すよう命令されていますという。

座席に向かって歩いているとき、乗客向けに機長のアナウンスがあった。航空管制の指示でチューリヒに引き返すという内容だった。座席にある電話はつながらなくなり、地上と連絡することはできない。前週末にスイスで行動をともにしていた連邦準備制度理事会（ＦＲＢ）のスタッフはみな、他の便に乗っている。そのためそれから三時間半、事態の推移を知る術がないまま、ひとりで考えるしかなかった。わたしは窓の外をながめて考えていた。ブリーフケースには機内で読むはずだったメモや経済レポートがつまっているが、開くこともできない。今回の攻撃はもっと広範囲なテロ計画の第一波なのだろうか。

何よりも心配だったのは、妻のアンドレアだ。ＮＢＣのワシントン支局で外交担当の主任として働いている。ニューヨークに行っていないのはたしかなので安心できるし、その日、国防総省を訪問する予定はない。ワシントン中心部にあるＮＢＣ支局にいて、事件を報道するために活躍しているはずだ。だから、それほど心配ではないと考えた。だが、インタビューのために急遽、国防総省を訪れていた可能性もないわけではない。

ＦＲＢの幹部や職員も心配だった。みな、無事だろうか。家族はどうだろう。いまは危機に対応するために必死になっているはずだ。今回の攻撃はアメリカ本土に対するものとしては真珠湾以来であり、全米が混乱に陥るだろう。わたしが考えるべきは、これで経済が打撃を受けるかどうかだ。

経済危機に陥る可能性があるのはあきらかだ。最悪の事態は、考えにくいことだが、金融システムの崩壊だ。ＦＲＢは電子決済システムを運営しており、一日に四兆ドルを超える資金と証券を、全米と世界各地の銀行の間で決済している。

つねづね考えてきたことだが、決済システムが破壊されれば、アメリカ経済は麻痺する。銀行は資金の決済にあたって、紙幣や証券を受け渡すというおそろしく非効率な方法に戻るしかない。企業は物々交換や借金証書を使うしかなくなる。全米の経済活動は底無しに落ち込みかねない。

ＦＲＢは冷戦の時代、核攻撃に備えて、決済システムを支える通信とコンピューターの能力に十分な余裕をもたせた。あらゆる種類の安全策をとっており、たとえば、全米の十二都市にある連邦準備銀行（連銀）のうちひとつでデータが失われても、数百キロ離れた都市にある別の連銀やどこかの遠隔地にバックアップのデータがあるようになっている。核攻撃を受けた場合、放射能に汚染されていない地域ですぐにバックアップ・システムが稼働する。この仕組みを使って、ＦＲＢのロジャー・ファーガソン副議長がいま、決済システムを維持しているはずだ。副議長をはじめとする幹部や職員が、世界の資金の流れを管理する電子決済システムを維持するために、必要な手段を講じているとわたしは確信していた。

この点を考えながらも、金融システムを物理的に混乱させることが、ハイジャックの目的だったとは思えなかった。それよりも、資本主義の総本山アメリカに対する攻撃として、象徴的な意味をもつ標的を選んだ可能性が高い。おそらくは八年前、世界貿易センター・ビルの駐車場で起こった爆弾テロ事件に似ているのだろう。心配だったのは、そうした攻撃によって起こる恐怖心であり、とくにその後に攻撃が続いた場合の反応である。アメリカのように経済が高度に発達している国では、国民は孤立しては生活していけない。たえず、財やサービスを売買している。分業が徹底しているので、どの世帯も商業に頼らなければ生活できない。投資家が株式を投げ売りし、経営者が取引を中止し、市民が自爆テロを恐れて買い物に行かなくなるなど、人びとが日々の経済活動を控えるようになれば、その影響は雪だるま式に拡大していく。こうした心理によって、パニックが生まれ、景気が冷え込む。今回のようなショックが起こると、経済活動を控える動きが大規模になり、経済が大幅に収縮しかねない。そうなれば、被害が拡大する。

チューリヒ空港に着陸するかなり前に、わたしは結論に達していた。世界はまさに変わろうとしているのであり、どう変わるのかはまだ分からない。冷戦が終わった後、十年にわたってアメリカ人がもちつづけてきた満足感が揺さぶられているのだ。

チューリヒに着いたのは、現地時間で午後八時半すぎ、アメリカではまだ、午後の早い時間であった。飛行機を降りると、スイス国立銀行の幹部が出迎えてくれ、出発ラウンジにある特別室に案内してくれた。世界貿易センター・ビルの崩壊と国防総省ビルの火災の様子を映したビデオが用意されていたが、とても見る気になれなかった。わたしは世界貿易センター・ビルのすぐ近くで、人生のかなりの期間、働いてきた。多数の友人や知人がそこで働いている。死者はかなりの数にのぼるはずであり、知り合いのなかにも犠牲者がいるはずだ。破壊の様子は見たくない。アメリカにつながる電話があればいい。

午後九時前にようやく、携帯電話にかけて、妻と話すことができた。声を聞いて安心した。たがいの無事を確認すると、いまは時間がないと妻はいう。スタジオに入っていて、最新情報を伝える番組がはじまろうとしていたのだ。「何が起こっているのか手短に話してくれないか」とわたしは頼んだ。

妻は片方の耳を携帯電話にあて、もう片方の耳につけたイヤホンで、ニューヨークの特別番組プロデューサーからの電話を聞いていた。叫ぶような声がこちらにも聞こえた。「アンドレア、トム・ブロコーが呼び出すぞ、用意はいいか」。妻はわたしに、「聞いていて」といい、つながったままの携帯電話を膝に乗せ、すぐにカメラに向かって話しはじめた。わたしはそのとき全米に伝えられたニュースを聞くことができた。行方不明になっていたユナイテッド航空九三便がペンシルベニア州に墜落したというニュースだ。

その後、ＦＲＢのロジャー・ファーガソン副議長との電話がつながった。二人で危機管理のチェック・リストの項目をひとつずつ確認していった。考えていた通り、ファーガソンはすべてを掌握していた。つぎに、アメリカへの民間航空便がすべて止まっていたので、アンドルー・カード大統領首席補佐官に連絡し、ワシントンまでの航空便を手配するよう依頼した。そして、警備隊に守られてホテルに戻り、睡眠をとりながら、指示を待つことにした。

夜明けにはふたたび航空機に乗り込んだ。アメリカ空軍のＫＣ10空中給油機の操縦室に案内された。手配できたのはこの航空機だけだったのだろう。通常は北大西洋で空中給油の任務についている。操縦室の雰囲気は沈鬱だった。「信じられないでしょうが、聞いてみてください」といいながら、ヘッドホンをわたしてくれた。耳にあてたが、聞こえてくるのは雑音だけだ。「いつもなら、北大西洋では無線通信が飛び交っています。何も聞こえないというのは、不気味です」。大西洋上空を飛ぶ航空機は他にないようだ。

東海岸上空を南下して、飛行が禁止されているアメリカの空域に入ると、F16戦闘機二機が出迎えて護衛してくれた。機長は特別の許可を得て、マンハッタン島の南端近くにある世界貿易センター・ビルの上空を飛んだ。廃墟になって煙があがっていた。わたしが数十年の間働いていたオフィスはいずれも、そこから数ブロックしか離れていなかった。一九六〇年代後半から七〇年代初めにかけて、ツイン・タワーが高くなっていく様子を毎日眺めていた。一万メートルの上空から見ると、ビルの残骸と煙がニューヨークでもっとも目立つ目印になっている。

その日の午後、わたしは警察の警護を受けて、バリケードが置かれた道路を通り、FRBに直行した。そして、仕事にとりかかった。

電子決済システムはほぼ問題なく稼働していた。しかし、民間航空便がすべて止まっていたので、昔ながらの小切手は輸送と決済が遅れていた。これは技術的な問題であり、たしかに大きな問題だが、銀行への貸出を一時的に増やす方法で、FRBのスタッフと十二の連銀が完全に処理できる。

その後の何日か、破局的な景気悪化の兆候がないかを見守ることに、時間の大部分を費やした。九・一一までの七か月、景気はごく穏やかな後退期にあり、二〇〇〇年のインターネット株暴落の影響からまだ抜け出せていなかった。しかし、状況は改善しはじめていた。FRBは急速に金利を引き下げ、市場は安定を取り戻しはじめていた。八月後半には、世間の関心は経済からカリフォルニア州選出のゲイリー・コンディット下院議員に移っている。失踪した女性に関して同議員が発表した声明が歯切れの悪いものだったため、ニュース番組で疑惑がさかんに取り上げられていた。アンドレアは世界的な問題を伝える時間がまったくとれないと嘆いていて、信じられないことだ、テレビのニュースで国内のスキャンダルばかりが報道されているのだから、世界はよほど平穏無事なのだろうと思ったのを覚えている。ＦＲＢにとって最大の問題は、利下げをどこまで続けるかであった。

九・一一の後、各地の連銀から入ってくる報告と指標によれば、状況は様変わりしていた。連邦準備制度は全米各地に配置された十二の連銀によって構成されている。それぞれの連銀は、担当する地区で銀行に資金を貸し出し、銀行を規制している。さらに、アメリカ経済の動向を把握する目になり耳になってもいる。連銀の幹部と職員は担当地区の銀行や企業とつねに連絡をとりあっている。そうして集めた情報によって、公式の経済統計が発表される一か月ほど前に、受注や販売の動向をつかめる。

連銀の報告によれば、全米のどの地域でも消費者は今後の攻撃に備えたもの以外への支出を控えており、食料品、非常用品、ミネラル・ウォーター、保険の売上が増加していた。旅行、娯楽、ホテル、観光、コンベンションといった産業では、売上が減少していた。航空便が停止したので、西海岸から東海岸への野菜の出荷が止まることは予想していた。だが、予想していなかったほど多数の産業が打撃を受けていることが分かり、少々驚いた。たとえば、カナダのオンタリオ州ウィンザーからデトロイトへの自動車部品の輸送が遅々として進まなくなった。二つの都市は国境の川をはさんで向き合っているが、橋の通行に極端に時間がかかるようになったからだ。フォードが五工場で操業を一時停止する決定を下した一因は、この輸送の遅れにあった。製造業企業の多くは何年か前に「ジャスト・イン・タイム」の生産に移行しており、工場に部品や原材料の在庫を積み上げる方法はとらなくなって、とくに重要な部品では必要に応じて、空輸に頼るようにもなっている。航空便の全面停止と国境警備の強化で、供給の不足、ボトルネック、操業の一時停止が起こった。

一方、アメリカの政府と議会は全力を挙げて事態に対応した。九月十四日金曜日には早くも、議会が総額四百億ドルの緊急対策費の支出を承認し、アメリカを攻撃した「国、組織、個人」に対して武力を行使する権限を大統領に与えている。ブッシュ大統領は、テレビ演説でアメリカ人を勇気づけた。「アメリカが攻撃の標的になったのは、この国が世界の自由と機会を導く灯台のなかで、もっとも明るく光り輝いているからだ。この光を消すことは誰にもできない」と語ったのだ。おそらく、在任中の演説のなかで、これがもっとも力強かったといわれるようになるだろう。大統領の支持率は八十六パーセントに急上昇し、短期間ではあったが、与野党間の対立はなくなった。議会では、テロの打撃からの立ち直りを支援するためのアイデアが数多くだされた。航空産業、観光産業、娯楽産業への資金提供が計画された。設備投資を促すために、企業向けの減税が提案された。テロ保険についても盛んに議論されている。これほど巨大なリスクへの保険をどう設計すればいいのか。政府が何らかの役割を果たせるのだろうか。

わたしは民間航空機の運行を早急に再開し、悪影響の波及を防ぐことが緊急の課題だと考えた（議会は総額百五十億ドルの航空業界支援法を素早く可決した）。しかしそれ以外の点では、こうした論争の大半にあまり関心を払っていない。経済全体にどのような影響があるのかを理解しようとつとめていて、その全体像がまだ明確につかめていなかったからだ。巨額のコストがかかる大がかりな政策を急いで策定しても、問題は解決しないとわたしは確信していた。国全体を揺るがす緊急事態が起こると、連邦議会の議員はみな、法案を提出しなければいけないと感じる。大統領も早急な行動を迫られていると感じる。そして、視野が狭く、非効率的で、往々にして逆効果になる政策がとられかねない。一九七三年の第一次石油ショックのときにニクソン大統領が実施したガソリン割当制度がそうだ(その年の秋、アメリカの一部でガソリン・スタンドに給油待ちの車が行列を作ったのは、この政策のためである)。だがこのときわたしは、FRB議長の職について十四年が経過しており、アメリカ経済がいくつもの危機を乗り切るのをみてきた。たとえば一九八七年には、株式市場で一日の下げ幅としては過去最大の暴落が起こった。FRB議長に就任して二か月のことだ。一九八〇年代の不動産のブームと暴落があり、貯蓄金融機関の危機があり、アジア金融危機があり、いうまでもなく、一九九〇年の景気後退もあった。史上最長の株式ブームがあり、その後にインターネット株の暴落があった。これらの危機を経験するなかで、アメリカ経済の最大の強みはその回復力にあるとわたしは考えるようになってきた。ショックを吸収して回復する能力が高く、しかも回復の道筋とペースはたいていは予想もつかず、ましてや計画することなどできないものである。だが、このときの異常な状況で何が起こるかを予想する方法はなかった。

九・一一が経済にどのような影響を与えるか、もっとよく理解できるようになるまで、最善の戦略は事態の推移を見守ることだとわたしは考えた。九月十九日の午後、下院議長室で開かれた議会指導者の会議でも、そう主張した。会議は下院のデニス・ハスタート議長、下院民主党のリチャード・ゲッパート院内総務、上院共和党のトレント・ロット院内総務、上院民主党のトーマス・ダシュル院内総務、そして、クリントン政権で財務長官をつとめたロバート・ルービンと、ローレンス・リンゼー経済担当大統領補佐官が出席し、議会議事堂の下院議長室にある質素な会議室で開かれた。議会指導部はリンゼー、ルービン、わたしの三人に、同時多発テロの経済的影響をどう評価するのかを質問した。議論は真剣そのもので、スタンドプレーはなかった（会議はこうでなくてはと思ったのを覚えている）。

テロリストがアメリカの企業と消費者の心理に打撃を与えたのだから、最善の対応策は減税だとリンゼー補佐官が主張した。一千億ドル規模の景気対策をできるだけ早く実施すべきだと語り、他の参加者もこれに同調した。一千億ドルはアメリカの国内総生産（ＧＤＰ）のほぼ一パーセントなので、とくに問題だとは思わなかった。だが、わたしはこう発言した。いまの段階では一千億ドルが多すぎるのか少なすぎるのか、知る術がない。たしかに、航空産業と観光産業は大打撃を受けており、新聞にはレイオフ（一時解雇）を伝える記事がたくさんでている。しかし九月十七日（月曜日）にはなんと、グラウンド・ゼロから三ブロックしか離れていないニューヨーク証券取引所で取引が再開した。これは重要な一歩であり、これで経済システムが正常に戻ったという感覚が生まれている。ＦＲＢではいま、経済に与えた影響の全体像をつかもうと努力しているが、この点は明るい材料だ。また、小切手決済システムが回復してきた。株価は暴落していない。ある程度下がっただけで安定し、大半の企業が深刻な状態には陥っていないことを示している。わたしは以上のように指摘し、当面は政策の選択肢の検討を続け、二週間たって、もっと情報が集まったところでもう一度会議を開くのが賢明な方法だと主張した。

翌日、九月二十日の午前に開かれた上院銀行委員会の公聴会でも、忍耐強く事態の推移を見守るよう推奨した。「九月十一日の悲劇がどのような影響を与えるか、完全に見抜く力は誰ももっていない。しかし今後数週間にショックが和らいでいくので、今回の事態が当面の経済見通しに与える影響を、もっとしっかりと評価できるようになるだろう」。アメリカの回復力も強調した。「過去二十年間に、アメリカ経済はショックからの回復力を強めてきた。金融市場の規制が緩和され、労働市場がはるかに柔軟になり、最近には情報技術が大幅に進歩したため、ショックを吸収して回復する能力が高まっている」

わたしは平静を装っていたが、内心、もっと深刻な事態になるのを恐れていた。第二波、第三波の攻撃があると予想していたのだ。そう感じていたのはわたしだけではない。公の場で表明されることはまずなかったが、上院がテロリストに対する攻撃の権限を大統領に与える法案を九十八対〇で、航空安全法案を百対〇の全会一致で可決した点をみれば、そうした見方が政府と議会にかなり浸透していたことが分かる。わたしがとくに懸念したのは大量破壊兵器だ。ソ連崩壊の混乱期に武器庫から盗まれた核兵器が使われないともかぎらない。貯水池が汚染される可能性もある。このように考えながらも、公の場でそれほど悲観的な見方を示すことはなかった。どのような可能性があるのか、考えている点を包み隠さず話せば、市場は恐怖にかられて大混乱に陥りかねない。だが、おそらく誰もだまされていないとも考えていた。わたしの発言を聞いて、市場の人びとは「その通りになればいいのだが」と語っていたからだ。

九月後半になって、九・一一以降の状況を示す経済統計が発表されるようになった。通常、経済に何が起こっているのかを真っ先に示すのは、失業保険新規受給申請者数であり、労働省が毎週集計して発表する指標である。九月の第三週には、同申請者数が四十五万人になり、八月後半の水準を十三パーセント上回った。マスコミでは職を失った人が多いと報じられていたが、この統計で問題の大きさと深刻さが確認できた。ホテルやリゾート施設などで働いていた何万人もの人が職を失い、自分と家族の生活をどのようにして支えていけばいいのか、困惑している様子が目に浮かんだ。そして、経済が素早く回復するとは考えなくなった。今回の事件のショックはきわめて大きく、柔軟性が高いアメリカ経済でも簡単には吸収できないのだろう。

このころ、多数のエコノミストが財政支出と減税の各種の提案とその規模を検討しており、FRBのエコノミストも例外ではなかった。検討にあたっては、細部にこだわることなく、全体の規模がどの程度になるかを把握しようとした。興味深かったのは、どの検討の結果でも、一千億ドル前後が適切だとされたことだ。リンゼー補佐官が示唆した金額に一致したのである。

十月三日、水曜日に下院議長室で経済対策を話し合う会議がふたたび開かれた。そのときにはさらに一週間が経過し、失業保険新規受給申請者数が一層悪化していた。五十一万七千人に増加していたのだ。その時点には、わたしの意見は固まっていた。テロ攻撃は続くと予想していたが、どれほどの規模の攻撃になるのか、経済への打撃をどう防ぐべきか、事前に知る方法はない。そこでわたしは、確認できる範囲での打撃を相殺する手段を講じるべきであり、限定的な景気刺激策を実施すべき時期になったと話した。そして、総額が一千億ドル規模の景気刺激策であれば適切だとみられ、規模は十分に大きいが、景気を刺激しすぎて長期金利が上昇するほどではないと伝えた。議会指導者はこの見方に同意したようだった。

その夜、帰宅したとき、わたしは会議参加者の間でほぼ一致するようになった見方を明確にし、確認しただけだと思っていた。一千億ドルという金額も、もともとリンゼー補佐官が提案したものだ。そのため、この会議についてのマスコミの報道を読んで驚いた。わたしが全体の指揮をとっているかのように伝えていたからだ。[註1] 議会とホワイトハウスに意見を聞いてもらえているようでうれしかったが、こうした報道には心穏やかではなかった。指揮をとる立場に居心地の悪さを感じないことはついぞなかったからだ。若いころからいつも、自分は地味な仕事をする専門家であり、命令を実行する側であって指導者ではないと考えてきた。一九八七年の株式市場の暴落を経験してようやく、決定的な政策について判断を下すことに抵抗がなくなった。それでもいまだに、スポットライトを浴びると落ちつかなくなる。外向的な性格ではないのだ。

皮肉なもので、わたしの発言には説得力があるとされていたのだが、九・一一の後、ものごとはわたしが予想したようには進まなかった。第二波のテロ攻撃があるとみたのはおそらく、これまでに行った予想のなかで最悪に近い間違いであった。そして、わたしがゴー・サインをだしたことになっていた「限定的な景気刺激策」も、実現しなかった。政治の泥沼にはまって、法案の審議が進まなくなったのだ。二〇〇二年三月にようやく成立したが、数か月も遅れただけでなく、経済全体に配慮したものではなくなっている。目をおおいたくなるほど、利益誘導型の予算ばらまきになってしまったのだ。

それでも経済は自力で回復した。鉱工業生産指数は十月にも小幅低下したが、十一月には回復をはじめた。十二月になると、経済は成長軌道に戻り、失業保険新規受給申請者数も減少に転じて、ユ一一以前の水準で安定した。FRBはたしかに景気回復のために動いているが、九・一一の前から行っていた金融緩和をさらに進めて、政策金利を引き下げ、借入と支出がしやすくなるようにしただけだ。

自分の予想が外れるのをみても、とくに気にならなかった。九・一一の後、経済が驚くほどの反応をみせたのは、きわめて重要な事実、アメリカ経済が強い回復力をもつようになった事実を証明するものだからだ。上院銀行委員会の公聴会でわたしはまったく楽観的な見通しを語ったが、それが現実になったのだ。アメリカの消費者と企業は、当初の数週間こそ混乱したものの、すぐに打撃から立ち直った。経済がこれほどの柔軟性をもっているのはなぜなのだろう。わたしはそう自問した。

経済専門家はアダム・スミスの時代から、このような疑問に答えようと努力してきた。現代の経済専門家はグローバル化が深化した経済を理解しようと懸命になっている。だがスミスは、十八世紀に発達した複雑な市場経済を理解するために、経済学をほぼ一から組み立てなければならなかった。わたしはアダム・スミスには及びもつかないが、いまの時代を動かしているさまざまな力を理解したいと願う気持ちは変わらない。

註1　たとえば、タイム誌は二〇〇一年十月十五日号でこう論じた。「グリーンスパン議長が意見を変えたことで、議会指導者は待ち望んでいたゴー・サインを得ることができた。……財政支出と減税の総額をGDPの約一パーセントにし、経済対策が素早く効果を発揮するようにすべきであり、この規模であれば、将来の財政赤字拡大で長期金利がただちに上昇することはないとのグリーンスパン議長の評価に、ホワイトハウスと両党の指導部は同意している」

本書は疑問への答えを探求する物語という側面ももっている。九・一一の後、わたしはあらためて、世界は変わったのだと確信した。世界全体に資本主義経済が広がり、二十五年前と比較してもはるかに柔軟で、回復力があり、開放的で、自律的で、急速に変化する新世界、それがいまの世界なのだ。桁外れの新しい可能性があり、同時に桁外れの新しい問題がある。そういう新世界である。本書はこの新世界の性質を理解しようという試みである。ここにいたるまでの過去はどうだったのか、現在の世界はどのようなものなのか、将来には何が待ちうけているのか、良い点も悪い点も理解しようと試みる。可能なかぎり、わたし自身の経験を語るなかで、わたしの理解を伝えていきたい。そうしたのは、歴史的な記録を残す責任を感じているからであり、わたしという人間がどこからきたのかを読者に伝えるためである。そこで、本書は二つに分かれる。前半では、わたしの学習の軌跡を描いていく。後半ではもっと客観的に、わたしの経験を基礎に、新しいグローバル経済を理解するための概念的な枠組みを築くよう努力する。その過程で、新たにあらわれてきた世界の決定的な要素を検討していく。十八世紀の啓蒙主義で提唱され、現在の世界を基礎づけている原理、現在の世界にエネルギーを供給している大規模なインフラストラクチャー（社会的生産基盤）、世界の金融の不均衡と人口動態の劇的な変化の脅威、経済が疑問の余地のない成功を収めていながらも、その成果の分配が公正かどうかつねにだされている懸念といった点を検討する。そして最後に、二〇三〇年の世界経済の姿について、現時点で適切に予想できる点をまとめる。

すべての答えを知っているかのように主張するつもりはない。しかし、わたしはＦＲＢ議長として、幅広いテーマについて考えられ、論じられてきた点のうち最善の部分を知ることができる有利な立場にあった。ＦＲＢの同僚とともにたえず取り組まなければならなかった問題では、その多くを扱っている学術論文を広範囲に利用できた。学術論文は膨大な数があるので、ＦＲＢスタッフの努力がなければ、その量に圧倒されていただろう。文献にはきわめて鋭いものもあれば、退屈なものもあるのだから。わたしはＦＲＢのスタッフの誰かに電話し、最新の文献や歴史的に価値のある文献について調査するよう要請することができた。そうすれば、リスク中立性の評価のために開発された最新の数学モデルから、国有地の供与を受けてアメリカ中西部に設立された大学とその影響まで、ほぼどのようなテーマであっても、各種の学説の長所と短所を詳細に評価した報告が短期間で届く。このため、きわめて広範囲な学説に触れることができた。

多数の世界的な要因によって、われわれが知っている世界は徐々に、ときにはほとんど気づかれない間に変化してきた。日常生活ですぐに目につくのは、携帯電話、パソコン、電子メール、携帯情報端末、インターネットで生活が変わったことだ。第二次世界大戦の後、シリコンの電子的な特性の研究が進み、マイクロプロセッサーが開発された。そして、光ファイバーとレーザー、通信衛星によって通信能力の革命が起こり、イリノイ州ピーキンから中国の北京まで、あらゆる地域に住む人の生活が大きく変わった。わたしの長いキャリアの出発点になった一九四八年にはサイエンス・フィクションの世界以外では想像もできなかった技術を、世界の人口のうちかなりの人が利用できるようになった。これらの新技術で、低コストの通信を実現するまったく新しい道筋が開かれたうえ、金融が大きく進歩して希少な貯蓄を生産的な設備投資に振り向ける能力が大幅に向上し、グローバル化の急速な進展と経済の急速な成長を可能にする決定的な要因になった。

関税障壁は第二次世界大戦後の早い時期に引き下げられるようになった。戦前の保護主義によって貿易が減少する悪循環が起こり、国際分業への動きが逆転して世界経済が事実上、崩壊する結果になったことが、広く認識されたからだ。戦後の貿易自由化で低コストの新たな供給源が開発され、新たな金融機関と金融商品の開発が促され（電子技術の発達で開発が可能になったことも一因だが）、世界的な市場資本主義が拡大するようになった。冷戦の時代にさえそうなっている。このグローバル化はその後の四半世紀に世界的にインフレが沈静化して金利が一桁台に下がる一因になった。

だが、市場資本主義にとって決定的な瞬間になったのは、一九八九年のベルリンの壁の崩壊である。鉄のカーテンが開かれると、東側の経済が悲惨な状況にあることが分かった。西側でとくに見識のあるエコノミストも予想しなかったほどの崩壊ぶりであった。中央計画経済が立て直しのきかないほどの失敗であったことがあきらかになったうえ、この時期には西側の民主主義国でも、介入主義の経済政策に対する失望感が広まっていた。このため、世界の多くの国で、これらの政策に代わって市場資本主義が採用されるようになった。中央計画経済が論争のテーマになることはなくなった。弔辞を述べる人はいなかった。キューバと北朝鮮を除く大部分の国で、経済政策として採用されなくなった。

旧ソ連圏の各国がある程度の混乱の時期を経て、市場資本主義を採用したが、それだけではない。第三世界と呼ばれていた国の大半も、同じ道を歩むようになっている。これらの国は冷戦には中立の姿勢をとる一方、経済面では中央計画を採用するか、経済を厳しく規制していたので、事実上の中央計画経済になっていたのだが、つぎつぎに市場資本主義を採用するようになったのである。共産主義の中国は一九七八年に早くも市場資本主義に向けた動きをはじめていたが、この時期になると珠江デルタ地帯に作られた経済特別区をモデルに、厳しい規制のもとにおかれていた五億人を超える労働力が市場化の動きを加速した。

中国は外国人投資家の財産権を保護する方向に政策を転換した。ごくわずかな転換だったが、それでも一九九一年以降、中国の対内直接投資は急増している。一九八〇年には五千七百万ドルにすぎなかった対内直接投資は、その後に徐々に増加し、一九九一年には四十億ドルに達した。その後は年平均二十一パーセントもの急増になり、二〇〇六年には七百億ドルに達している。この海外からの投資と、豊富な低コスト労働力という強力な組み合わせによって、先進世界全体で賃金に圧力がかかり、物価上昇が抑えられた。それ以前に、韓国、香港、シンガポール、台湾など、はるかに小規模な国と地域がアジアの虎と呼ばれ、先進国の技術を導入して製品を欧米に輸出し、国民の生活水準を急速に引き上げる方法を示している。

これらの東アジア各国をはじめとする開発途上国では、経済成長率が他の地域よりはるかに高くなった。そのため、世界の国内総生産（GDP）に占める開発途上国経済の比率が大幅に高まり、劇的な影響がでている。途上国は通常、先進国より貯蓄率が高い。ひとつには、社会的なセーフティ・ネットが不十分なので、消費者は当然ながら、不測の事態と老後に備えて貯蓄をしようという意識が強い（別の要因もはたらいている。たとえば、消費文化が確立していないので、消費者の消費意欲がそれほど強くない）。世界のGDPで二〇〇一年以降、貯蓄率の低い先進国の比率が低下し、貯蓄率の高い途上国の比率が上昇したことから、世界の総貯蓄が投資計画の総額を大きく上回った。市場の力によって世界の総貯蓄が総投資に等しくなる過程で、名目金利から予想インフレ率を差し引いた実質金利が目に見えて低下した。いいかえれば、投資収益を求める資金の伸び率が、投資家の需要の伸び率より高かったのである。

この貯蓄過剰に、グローバル化、技術の進歩による生産性の上昇、中央計画経済から競争市場型経済への労働力の移動がくわわって、先進国のすべてと途上国のほぼすべてで実質金利と名目金利がともに低下し、インフレ率が低下している。ベネズエラ、ジンバブエ、イランなどの例外はあるが、世界の大部分の国でインフレ率が一桁台になったのはこのためだ。一九三〇年代に金本位制が放棄され、不換紙幣が使われるようになってから、インフレ率がここまで下がったことはめったになく、おそらくはじめてだと思われる。とくに目立つのは、偶然が重なったためではあるが、二十一世紀初めにこれらの要因がまとまってあらわれたことだ。中央銀行の金融政策は、インフレ率と長期金利が低下傾向をたどるようになった主因ではなかったが、中央銀行は世界の金融状況の地殻変動がもたらす長期的な利益を最大限に実現するために、政策を転換してきている。しかし、後に論じるように、これらの要因のうち恒久的なものはひとつもない。不換紙幣の時代には、インフレを抑制するのは簡単ではない。

過去二十年、インフレ調整後の実質長期金利の低下とともに、株式、不動産をはじめあらゆる収益性資産で、収益に対する価格の比率が上昇した。このため一九八五年から二〇〇六年まで、世界全体の資産の時価総額上昇率は、世界の名目GDP成長率を上回っている（二〇〇一年と二〇〇二年だけは例外だが）。この結果、世界の流動性が大幅に増加してきた。株式、債券、住宅、商業用不動産、絵画など、ほとんどの資産がブームになっている。先進国の多くでは、住宅所有者が住宅価格の上昇分を担保に資金を借り入れ、所得だけでは買えないものを買っている。アメリカを中心とする先進国の個人消費が増加し、開発途上国で急増する輸出の大部分を吸収している。エコノミスト誌は二〇〇六年末にこう論じた。「二〇〇〇年以降、世界の一人当たりGDPは年平均三・二パーセントの高率で増加しており、世界経済は過去最高の十年間の実現に向けて、半分以上の期間を経過した。このペースで成長が続けば、この十年の経済成長率は、経済が好調だったといわれる一九五〇年代、一九六〇年代を上回ることになろう。世界経済の大部分を担う市場資本主義は、その役割を見事に果たしているようだ」。この動きは全体として、広範囲なものであり、前向きのものである。過去四半世紀に自由市場と自由貿易が復活したことで、世界の数億人の人たちが極貧の生活から抜け出せた。いままでも世界各地には貧困に苦しむ人がたくさんいるが、開発途上国の人口のうちかなりの部分が、ある程度豊かな生活を送れるようになった。豊かさはいわゆる先進国だけのものではなくなったのだ。

過去二十五年の動きを一言で要約するなら、「市場資本主義の力の再発見」だといえる。市場資本主義は一九三〇年代の失敗によって、そして一九六〇年代までは国の介入の拡大によって、後退を余儀なくされてきたが、強力な勢力として徐々に再登場し、一九七〇年代には本格的な回復がはじまり、いまでは程度の差はあれ、世界のほぼすべての地域に普及している。経済活動に対する法の支配が確立し、とくに財産権が法律で保護されるようになって、世界全体で起業家精神が盛んになった。それによって作られた制度に気づかないまま導かれる部分が、人びとの活動のうちますます大きな部分を占めるようになってきた。これはアダム・スミスのいう「見えざる手」の国際版である。

その結果、国民の日常生活に対する政府の支配は弱まってきた。内密のうちにといえるほど静かに、市場の力が政府の力のうちいくつかの重要な部分にとって代わるようになった。経済活動の限界を定めていた規制の多くが、静かに取り除かれていった。第二次世界大戦後の早い時期には、国際資本取引は管理され、外国為替相場は各国の蔵相が決めていた。先進国でも開発途上国でも、中央計画が広く使われていた。ヨーロッパには、それ以前に使われた統制経済の計画が残っていた。市場がうまく機能するには政府の指導が必要だという見方が真理だとみられていたのである。

一九七〇年代半ばに経済協力開発機構（ＯＥＣＤ）の経済政策委員会に出席したとき、加盟二十四か国の政策担当者のうち、西ドイツのハンス・ティートマイヤーとアメリカのわたしだけが市場に基づく政策立案を主張した。大きな委員会のなかで、ごく小さな少数派にすぎなかった。イギリスの偉大な経済学者、ジョン・メイナード・ケインズの見方が、アダム・スミスと古典派経済学の見方に代わって主流になっていた。一九三〇年代の大恐慌のとき、古典派経済学のモデルが示すようには経済が動かなかった。そのときケインズが、あざやかな数学モデルによって世界経済が低迷している理由を示し、財政赤字による政府支出で経済の素早い回復を実現できることを示したのだ。ケインズ経済学の介入主義は、一九七〇年代半ばにも圧倒的な主流派だった（実際にはすでに衰退がはじまっていたのだが）。経済政策委員会の多数派は、市場の力で賃金と物価が決まるようにするのは不適切で信頼できず、「所得政策」で補う必要があると考えていた。所得政策の内容は国によって違うが、労使の賃金交渉のために指針を示すのが通常だった（当時、労働組合は現在よりはるかに組織率が高く、強力であった）。指針は強制ではないという建前になっているので、賃金と物価を完全に統制するものではない。しかし通常、政府の規制権限を裏付けにしており、指針にしたがわない企業を「説得」

するために、この権限が使われる。こうした政策は失敗に終わることが少なくなかったが、その場合には賃金と物価の正式な統制が使われる。ニクソン大統領は一九七一年に賃金・物価統制を導入し、当初は世論の強い支持を集めたものの、結局は失敗に終わっている。これは、先進国で戦後に流行した介入主義政策としては、末期のものである。

わたしは学生のとき、競争市場の原理が理論的に優れていることを学んだ。それから六十年間に、理論を現実の世界にどのように適用できるか（ときには適用できないか）を学んできた。過去三十年間に活躍した主要な経済政策責任者の全員と協力しあう立場にあったし、統計資料と個別の事実の両面で、世界の動きをつかむために必要な情報を比類のないほど得られる立場にあった。こうした立場での経験から一般的な結論を引き出そうとするのは当然のことであった。そうするなかで、わたしは自由な競争市場が社会をよくする力をもつことを、さらに深く認識するようになった。いくつか、明確な結論をだしにくい場合はあるが、法の支配を拡大し、財産権を強化したときに物理的な豊かさが向上しなかった事例はまずなかったといえるほどだ。

とはいえ、無制限の競争の結果として生まれる所得の分配が公正なのか、疑問だとする見方を幅広い層が根強くもっている。本書の全体で、市場の力に対して人びとが愛憎相半ばする感情をもちつづけていることを指摘していく。競争はストレスのもとになる。競争市場では勝者と敗者が生まれるからだ。本書では、急速に変化するグローバル経済と変化しにくい人間の性質との衝突の影響を検討していく。過去二百五十年間に経済が成功を収めてきたのはこの衝突の結果であり、急速な変化によって不安が生まれているのも、この衝突のためである。

深く検討されることはめったにないが、経済活動の基本的な主体は人間である。人間はどのような性質をもっているのだろうか。人間の性質のうち変化しないのはどの部分なのか。人間が行動し学ぶとき、自由な意思で決められる部分はどこまであるのだろうか。わたしはこの疑問をもちはじめて以来、つねにこの点を考えつづけてきた。

六十年近く、世界各地を訪問して、人びとが驚くほど似ていることに気づいてきた。想像力をどれほどはたらかせても、これが文化や歴史、言語、偶然によるものだとは考えられない。人はみな、自尊心を満足させたいという根深い欲求に突き動かされているようであり、この欲求を満たせるのは大部分、他人に認められたときである。消費者が何に支出するのかは、かなりの程度までこの欲求によって決まる。また、技術的にはサイバースペースを使ってひとりで仕事をすることが可能になるとしても、工場やオフィスでともに働くのを好むとみられるのも、この欲求のためである。人間は生まれつき、他人との交流を必要としている。人は誰でも他人に認められたいと望んでおり、この望みをかなえるには、他人との交流が不可欠である。心底から孤独を好む人はめったにいない。自尊心を満足させるために何が必要なのかは、正しいのか間違っているのかはともかく、自分の生活を支えるものだと各人が信じている広範囲な価値観、教えられたか意識的に選んだ価値観に左右される。人は毎日の生活のなかで数多くの選択を行っており、この選択を導く価値観は誰にとっても不可欠である。価値観の必要は生まれつきのものだ。価値観の内容は生まれつきではない。価値観を必要とするのは、人が誰でも生来の倫理観をもっているからであり、大多数の人はこの倫理観を基礎に、過去一千年にわたって奉じられてきた多数の宗教のどれかに指針を求めている。人間が生まれつきもっている倫理観のひとつは、正邪の感覚だ。何が正しいのかについては人によって見方が違っているが、正邪を判断すること自体は、誰にとっても生まれつき必要不可欠だ。この必要に基づいて、どの社会でも統治の基礎になっている法律が作られている。この感覚に基づいて、各人が自分の行動に責任を負う仕組みができている。

エコノミストは人間の性質の研究を避けるわけにはいかない。とくに熱狂と恐怖の研究を避けるわけにいかない。熱狂は、人生の素晴らしさを謳歌するものである。人が生きつづけたいと思うには、人生が楽しいと感じられなければならない。しかし、熱狂があらわれる時期には、不可能なことが可能だと思われるようになることがある。そのときに厳しい現実をつきつけられると、熱狂は恐怖に変わる。恐怖は、人が誰でも生まれつきもっている感情のなかでもっとも根深いもの、自分の命を守ろうとする感情が刺激されたときに起こる。経済的な反応にも、恐怖が基礎になっているものが多い。たとえば、リスク回避があり、国内から国外へと投資を拡大し、取引を拡大していこうとする意欲を制約する。リスク回避が極端になると、市場から撤退する動きが起こることもあり、経済活動が深刻な打撃を受ける原因になる。

人間の性質のなかでとくに重要なものに知性の水準があり、人びとが生き残っていくために必要な生計手段を獲得していくのにどこまで成功するかに大きく関係する。本書の最後に指摘する点だが、最先端の技術をもつ国では、労働生産性を長期にわたって年平均三パーセントを超える率で高めていくことはできないようだ。イノベーションによって生活水準を高めていくペースとしては、年三パーセントが限界のようなのだ。これが人間の知性の限界であるように思える。

いまの新しい世界には、じつに多数の人にとって恐怖の対象になる点がたくさんある。たとえば、アイデンティティと安全とをもたらしてきた安定した基盤の多くがくつがえされている。とくに変化が急速な国では、所得分配での格差拡大が最大の問題になっている。現在はまさに波乱の時代であり、激動がもたらす人的なコストを軽視するのは賢明ではないし、道義にも反している。世界経済の統合が深化するなか、世界の人びとは大きな選択を迫られている。自由市場と開かれた社会が世界全体にもたらす利点、つまり、多数の人が貧困から抜け出せるようにし、スキルを高めて生活水準を向上させ、有意義な人生を送れるようにする利点を活かそうとするとともに、公正さという基本的な問題があることに留意するのか、それとも、この機会を無視して、排外主義、民族主義、大衆迎合主義《ポピュリズム》など、アイデンティティが脅かされ、もっとよい選択肢が見つからないときの逃避先になる主義を奉じるのかという選択である。今後数十年に人類はきわめて大きな問題に直面することになり、それを乗り越えられるかどうかは今後の努力にかかっている。アメリカは、スキルの高い世界の労働力に国境を開放すること、教育改革を進めていくことを、政策の優先課題にしなければならない。メディケア（高齢者向け医療保険制度）の危機が迫っており、その解決策をみつけださなければならない。これらの点については本書の最後で扱う。最後の章の結論として、わたしはこう論じる。人間には数多くの欠陥があるが、人類が逆風に耐えて前進を続けてきたのは偶然ではない。それが人間の性質なのである。この点から、わたしは過去数十年に人類の将来について心底、楽観的な見方を強めてきた。

第一章　ニューヨークの子供時代

マンハッタンの西側を走る地下鉄に乗って北に向かい、タイムズ・スクウェア、セントラル・パーク、ハーレムをすぎるとすぐに、わたしが生まれ育ったワシントン・ハイツがある。マンハッタン島のなかで、ウォール街とはほぼ逆の側にあり、オランダ西インド会社のペータ・ミヌイットがマンハッタン島を二十四ドルでインディアンから買ったとされている草地がすぐ近くにある（その場所には取引を記念する岩がある）。

周囲には煉瓦作りの中層アパートが並んでいて、第一次世界大戦前にヨーロッパから移住してきたユダヤ人と、アイルランド系、ドイツ系の住民が住んでいた。わたしの家族は父方のグリーンスパン家がルーマニアから、母方のゴールドスミス家がハンガリーから、どちらも二十世紀初めに移住してきた。わたしの一族もそうだが、近所に住んでいる家族の大部分は中流の下位に位置していて、ロワー・イースト・サイドに住む極貧のユダヤ人とは階層が違っている。小学生のころは大恐慌の最悪の時期にあたっているが、食事にことかくようなことはまったくなかった。親戚のなかには生活が苦しかった人もいたのかもしれないが、わたしは知らなかった。小遣いももらっている。週に二十五セントだった。

わたしはひとりっ子であり、一九二六年に生まれた直後に両親は離婚した。物心がつく前のことだ。父のハーバートは出身地のブルックリンに戻った。祖父母と暮らしていたが、やがて再婚して子供も生まれた。わたしは母のローズに育てられた。まだ二十六歳で魅力的だったが、旧姓に戻り、再婚することはなかった。ブロンクスのラドウィッグ・ボーマン家具店の販売員の職をみつけ、大恐慌の時代にも働きつづけることができた。経済的に自立していた。

母は五人きょうだいの末っ子で、母とわたしは大家族のなかで暮らしていた。いとこや伯父、伯母がいつも出入りしていたので、父親やきょうだいがいない寂しさをある程度補ってくれた。しばらくは祖父のネーサン、祖母のアンナと同居していた。ゴールドスミス家はみな、陽気で音楽好きだ。伯父のマリーはピアニストで、とくに複雑なことで有名な名曲でも、初見で演奏できた。マリオ・シルバの名前で芸能界に入り、ブロードウェイのミュージカル『愛の調べ』を書いた。作曲家のロベルト・シューマンを主人公とする作品だ。後にハリウッドに行き、『愛の調べ』はキャサリン・ヘプバーンとポール・ヘンリードが主演する映画になっている。数か月に一度、家族が集まると、伯父がピアノをひき、母が歌った。母はソウルフルな低音で歌い、ヘレン・モーガンの歌を真似るのが好きだった。モーガンはブロードウェイでも活躍したトーチ・シンガーで、『ショウ・ボート』で歌った「あの人が忘れられない」などで有名だ。ふだんの母は家族を大切にして静かに暮らしている。楽天的で落ちついており、知的な趣味はなかった。読むのはタブロイド版のデイリー・ニュース紙だけであり、居間には本棚はなく、小型のグランド・ピアノがあった。

ウェスリーという四歳年上の従兄がいて、兄に近い存在だった。夏になると、ウェスリーの一家はクイーンズの南端にあるエッジメアという町で、海に近い家を借りる。ウェスリーとわたしは海岸で硬貨を探した。二人でたくさんの硬貨をみつけた。一九三〇年代の初め、大恐慌がとくに深刻だった時期だが、それでも硬貨をもって海に行き、砂浜に落としてくる人がたくさんいたのだ。子供のころに硬貨探しを楽しみにしていたので、わたしはいまでも下をみて歩く癖が抜けない。誰かに聞かれると、「金が落ちているかもしれないからだ」と答える。

しかし、父親がいないために、わたしの生活にはぽっかり穴があいているようだった。月に一回ほど、地下鉄に乗って、ブルックリンにいる父に会いにいく。父はウォール街で働いており、たぶんいまでは誰も聞いたことがない小さな証券会社で、セールスを担当していた。やせていてハンサムで、『雨に唄えば』などで有名なジーン・ケリーに似ていなくもなかった。押し出しも立派だったが、大金を稼いだことは一度もない。わたしと話すときはいつも居心地が悪そうなので、わたしも気詰まりだった。だが頭がよく、一九三五年、わたしが九歳のときに『来るべき回復』という本を書いて、わたしに捧げてくれた。ローズベルト大統領のニューディール政策によってアメリカ経済が回復すると予想した本である。父はわたしに本をわたすとき、わざわざ手書きの献辞を書いてくれた。

息子のアランへ
おまえのことをつねに考えながら進めてきたこのはじめての試みが、今後、無数の試みを生み出し、おまえが大人になったときに振り返って、この論理的な予想の背景にある根拠を解釈し、おまえ自身の仕事をはじめるよう期待している。父親より

ＦＲＢ議長だったとき、この本を何人もの人にみてもらった。すると誰もが、議会で曖昧模糊とした証言をする能力は父親から受け継いだものに違いないと思ったようだ。だが九歳だったわたしは、さっぱり理解できなかった。数ページを読んだだけであきらめてしまった。

数が好きなのはたぶん、父に似たためだろう。まだ小さかったころ、母は親戚の前でわたしに計算をさせた。「アラン、三十五足す九十二はいくつ」。暗算で答えると、もっと大きな数字の問題をだし、つぎには掛け算の問題をだした。これですっかり得意になってもおかしくなかったが、わたしはいつも自信のもてない子供だった。母親は家族の集まりでスターになれたが、わたしは隅っこで目立たないようにしていた。

九歳のころ、野球が大好きになった。ニューヨーク・ジャイアンツの本拠地、ポロ・グラウンドがすぐ近くにあり、近所の子供は無料で試合を観戦させてもらえることが多かった。しかしわたしはヤンキースのファンで、ヤンキー・スタジアムには地下鉄に乗らなければ行けない。そこでたいていは新聞で試合結果を読んでいた。一九三六年のワールド・シリーズはラジオの中継で楽しんだ（レギュラー・シーズンの試合のラジオ中継がはじまったのは一九三九年からだ）。中継放送を聞きながらスコアをつける方法を、自分なりに開発した。いつも緑の紙を使い、精巧な記号を工夫して、各試合の様子を一球ずつ記録していく。それまでは空っぽ同然だった頭が、野球のデータで一杯になった。い

までも、一九三六年のワールド・シリーズでのヤンキースのスターティング・メンバーと守備位置、打率を覚えている（ジョー・ディマジオが新人だった年で、打率は三割二分三厘だった。ワールド・シリーズでは、ヤンキースが四勝二敗でジャイアンツを破っている）。打率の計算のために割り算を覚えた。十一打数三安打なら二割七分三厘、十三打数五安打なら三割八分五厘、二十二打数七安打なら三割一分八厘といった具合だ。答えが〇・四以上になる割り算はうまくならなかった。四割以上を打つバッターはめったにいないからだ。

野球選手になりたいとも思った。町のチームに入り、うまくなった。わたしは左利きであり、敏捷だったので、一塁手として成功した。十四歳のとき、四歳ほど年上の選手にこういわれた。「いまの調子でうまくなっていったら、いつか大リーガーになれるぜ」。いうまでもなく、わたしは舞い上がったが、ちょうどこの年に進歩が止まってしまった。その後は守備も打撃もうまくいかなくなった。ピークは十四歳のときだったのだ。

野球以外では、モールス信号に夢中になっている。一九三〇年代後半、西部劇が流行りだった。近くの映画館に行き、二十五セントを払ってホパロング・キャシディ・シリーズの最新作をみる。だが、キャシディよりも、電信技師に興味津々だった。電信機を使って即座に外部と連絡をとることができ、電信線が切られていなければ、物語の決定的な瞬間に援軍を求めたり、インディアンの襲撃を知らせたりする。それに、電信の技術は芸術的でもある。熟達した電信技師なら、一分間に四十語から五十語を送信できる。受信する側の技師も同じように熟達していれば、電文を聞き取れるだけでなく、独特のリズムと音から誰が送信しているかを聞き分けられる。「ジョーが打ってるな」とつぶやく。友だちのハービー・ホームズと二人で電池と電信機二台を手に入れ、モールス信号を練習した。打つ速度は亀のように遅かったが、モールス信号を覚えただけでも電信の世界に触れたようで興奮した。それから何十年もたって、通信衛星を使って世界各国の中央銀行家と話し合うようになったときにも、同じ興奮を味わえている。

わたしは内心、ニューヨークから抜け出したいと思っていた。夜になるとラジオのダイヤルをまわして、はるか遠くにある局の放送を聞こうとすることもあった。十一歳のころから、全米の鉄道の時刻表を集めるようになった。路線を覚え、全米四十八州の町の名前を覚えるのに時間をかけた。そして、列車の旅を想像する。たとえば、グレート・ノーザン鉄道でミネソタ州、ノースダコタ州、モンタナ州の大平原を西に向かい、ファーゴ、マイノット、ハーバーなどを経由して、ロッキー山脈を越える。

十三歳のとき、父が思いがけず、シカゴに出張するので一緒に行こうといってくれた。ペンシルベニア駅からペンシルベニア鉄道を代表するブロードウェイ特急に乗った。この特急はまず南に向かって、フィラデルフィアから西に向かう。ハリスバーグ、アルツーナを経てピッツバーグに着くころには夜になっていた。暗闇のなか、巨大な溶鉱炉の炎と火花が見えた。後に鉄鋼産業を専門にするようになるが、製鉄所をはじめて見たのはこのときだ。シカゴでは、ウォーター・タワー、レーク・ショー・ドライブなどの名所の写真をとり、帰ってから自宅の暗室で現像した（写真も趣味のひとつだった）。この旅行で、ワシントン・ハイツの目立たない子供という生活から抜け出し、もっと面白い生活をみつけたいという夢が強まった。この夢を誰かに話したことはなかった。母はわたしが時刻表を集めているのを知っていたが、それが何を意味するかには気づかなかったと思う。母の世界から抜け出そうとしていたのだ。

もうひとつ、熱中していたのが音楽だ。十二歳のとき、従姉のクレアの演奏を聞いて、クラリネットの練習をはじめた。毎日、三時間から六時間、必死になって練習した。はじめはクラシック音楽だけだったが、すぐにジャズも練習するようになる。友だちのひとりが蓄音機をもっており、ベニー・グッドマン楽団が演奏する「シング・シング・シング」のレコードをかけてくれたのを聞いて、とたんに夢中になったからだ。

当時は新しい音楽が登場して興奮に満ちた時期であった。ベニー・グッドマン、アーティ・ショウ、フレッチャー・ヘンダーソンが、一九二〇年代のダンス・ミュージックにラグタイム、黒人霊歌、ブルース、ヨーロッパ音楽の要素をくわえて、いわゆるビッグ・バンド・サウンドを生み出した。人気を集め、影響力が大きかったことから、一九三八年にはグッドマン楽団がカーネギー・ホールに招かれ、クラシック音楽以外でははじめてのコンサートを行っている。わたしはクラリネットにくわえて、テナー・サックスを練習するようになった。わたしの耳には、ビッグ・バンド・サウンドのなかで、テナー・サックスがもっともジャズらしい素晴らしい楽器だと思えたのだ。

当時、憧れの的のひとりがグレン・ミラーだ。クラリネットとアルト・サックス二本、テナー・サックス二本をひとつのグループにまとめて、それまでになかったやわらかな音を作りだしたからだ。十五歳だった一九四一年、地下鉄に乗ってホテル・ペンシルベニアに行き、グレン・ミラー楽団の演奏を聞いた。最前列の席になんとか座り、グレン・ミラーから三メートルほどのところで聞くことができた。楽団がチャイコフスキーの交響曲第六番をダンス風にアレンジした曲を演奏しだしたとき、わたしは思わず「悲愴だ」と叫んだ。グレン・ミラーはわたしに顔を向けて、「よく知ってるな」といった。

ジョージ・ワシントン高校がアパートから二キロほどのところにあり、ニューヨーク市でも最大級で、成績もトップ・クラスの公立高校であった。一九四〇年の秋に入学したとき、夜間も合わせて三千人が学べる教室があったが、実際の生徒数ははるかに多かった。学区外から通う場合は入学試験があった。生徒はよく勉強し、競争が激しかった。大恐慌という時代も影響している。有利な条件が何もないまま社会にでていくことになるので、しっかり勉強しておかなければと感じていた生徒が多い(註1)。戦争も不安のタネになっていた。ラジオでは、真珠湾攻撃は一年以上先の話だが、ナチス・ドイツが西ヨーロッパを征圧したところであった。大西洋で貨物船がUボートに沈められたというニュースを頻繁に伝えていたし、ロンドン特派員のエドワード・R・マローが、ドイツ空軍の空襲を受けるロンドンの様子を雑音まじりの音声で伝えていた。

ジョージ・ワシントン高校では、クラスが難民でふくれあがっていたので、戦争にはとくに敏感だった。難民の多くは数年前にナチスの支配から一家で逃れてきたユダヤ人だ。ヘンリー・キッシンジャーはわたしが一年生のときに三年生だった。もっとも、知り合ったのは三十年たってからだが。よく覚えているのは、ジョン・ケメニーと数学の授業を受けていたときのことだ。ケメニーはハンガリーからの難民で、後にアインシュタインの数学助手になり、トーマス・カーツとともにコンピューターのBASIC言語を開発し、さらに後にはダートマス大学の学長になっている。当時はアメリカにきてから日が浅く、訛りがひどかったが、数学の成績は抜群だった。たぶん、ハンガリーで優れた教育を受けたことも一因になっているのではないかと思って聞いてみた。「ヨーロッパからきたから、そんなに数学ができるのか」。そうだといってくれれば、天賦の才能に違いがあるわけではなく、猛勉強すれば追いつけるかもしれない。しかし、ケメニーにとって意外な質問だったようで、肩をすくめてこういった。「ヨーロッパからきたやつなんて、いくらでもいるじゃないか」

高校ではよく勉強したが、成績はどの科目もよかったわけではない。集中して勉強した科目では成績がよく、数学ではとくによかった。しかし、興味をもてなかった科目ではまずまずの成績にすぎなかった。野球と音楽に時間をとられていたからだ。とくに音楽は生活の中心になっていった。演奏で小遣いを稼いでもいる。楽団に入って週末に仕事をすると、十ドル稼げる。

日本軍が真珠湾を攻撃した日、どこで何をしていたかをよく覚えている。自分の部屋でクラリネットの練習をしていたのだ。一休みしようとラジオをつけると、発表があった。真珠湾がどこにあるかは知らなかった。当時は誰も知らなかったのだ。「これで戦争だな」とはすぐには思わなかった。こういう悲惨なことがはやく終わればいいのにと思っただけだ。十五歳の少年なら、関心のないことはすぐに忘れるものだ。自分がやっていることだけに熱中する。

もちろん、戦争は無視するわけにいかない。翌年の春には配給制がはじまった。生徒の大多数は高

註１　スポーツでも競争が激しかった。野球とアメリカン・フットボールで、市内有数の強さを誇っていた。

校を卒業して十八歳になれば、軍隊に入ることになる。一九四二年の夏の間、わたしは六人の楽団に入って、ニューヨーク州のキャッツキル山地にあるリゾート・ホテルで演奏した。若者はあまりおらず、客の大半は親に近い年齢だった。雰囲気は暗かった。春の間、アメリカ軍は太平洋で負けつづけ、ミッドウェー海戦では決定的な勝利を収めたが、その後も報道に検閲があったので、戦況がよく分からなかった。だが、戦況がよいと思えたことはめったになかった。

一九四三年六月にジョージ・ワシントン高校を卒業したとき、大学に進学しようとは考えなかった。一九四四年三月には十八歳になる。徴兵されるまでの時間を音楽の練習に使いたいと思ったのだ。そこで、小さなバンドで演奏を続けながら、ジュリアード音楽院でいくつかの授業を受けることにした。ジュリアードはニューヨーク市で最高の私立音楽学校であり、わたしはそこでクラリネット、ピアノ、作曲を学んだ。将来について考えていたことがあるとすれば、軍楽隊に入れないかという点だけだった。

翌年の春、召集令状を受け取った。地下鉄に延々と乗って、マンハッタン島の最南端、バッテリー公園にある旧税関に作られた徴兵所に身体検査を受けに行った。そこは巨大な建物で、彫刻や壁画があり、反響の大きな部屋に同い年の数百人の若者が列を作っている。すべてが順調に進んでいたが、X線透視機で肺結核の検査を受けたとき、わたしだけ呼び止められて、軍曹の机のところにくるようにいわれた。「胸に影がある。活動性かどうかは分からないが」。そういって書類をわたされた。その一枚には結核専門医の住所が書かれている。翌日に専門医の診察を受けたが、明確な診断は下されなかった。「一年間は経過を観察しなければいけない」といわれ、兵役に不適格とされた。

ショックだった。全員が軍に入っている。わたしだけが除け者にされたのだ。それに、深刻な病気ではないかと恐れてもいた。自覚症状はない。息苦しくなることもない。それにクラリネットとサックスを吹いているのだから、肺が悪ければ気づくはずだ。だが、X線検査で影が見つかったのは事実だ。その週の後半にガール・フレンドとジョージ・ワシントン橋の見える斜面に行き、草の上に座ってこういったのを覚えている。「結核だったら、人生お終いだな」

この憂鬱な気分を吹き飛ばしてくれたのは、テナー・サックスの教師のビル・シャイナーだ。ジャズ・ミュージシャンの間で伝説の教師のひとりといわれている。サックスとクラリネットで四人か五人の小さなアンサンブルを組み、自分たちで作曲し演奏するよう求める方法をとっていた。シャイナーはわたしに、小さなアンサンブルでスタンリー・ゲッツという十五歳の少年の隣りに座るように指示した。ゲッツはいまでは、マイルス・デイビスやジョン・コルトレーンと並び称されるほど、偉大なジャズ・ミュージシャンだといわれている。そのゲッツに負けないようにしろというのだから、カクテル・ラウンジのピアノ弾きにモーツァルトと競演しろというようなものだ。ゲッツとは仲良かったが、ゲッツが演奏をはじめると、わたしは聞きほれるばかりであった。素晴らしい能力をもった人物に出会ったとき、そこまでの能力を獲得する道がみえて、自分も努力すれば同じ道を歩めるのではないかと思える場合がある。しかし、その能力は生まれつきのもので、いくら努力しても追いつけるはずがないと思える場合もある。スタン・ゲッツの場合は生まれつきの才能だと思えた。いくら努力しても追いつけないと感じたのだ。

それでもゲッツらとのセッションを続けた結果、わたしはサックスがはるかにうまく吹けるようになった。シャイナーが教師としていかに優れていたかが分かる。徴兵検査で不合格になったと話すと、シャイナーは笑ってこういった。「だったら、職についても何の問題もないわけだ」。ヘンリー・ジェローム楽団に空きがあるから、行ってみろという。

ヘンリー・ジェローム楽団は十四人で構成され、東海岸ではかなり有名であった。オーディションに合格して楽団にくわわったことで、わたしの生活は大きく変わる。大リーグというよりトリプルAに近かったが、それでもプロであることに変わりはない。組合費を支払い、当時としてはかなりの給料がもらえた。そして、一年のほぼ半分はニューヨーク市にいるが、残りの半分は東部の各地をまわるので、わたしははじめて、自力でニューヨーク市から離れることができた。

それまでに演奏した楽団とは比較にならないほど優れていた。ヘンリー・ジェロームは前衛に属していた。後に、リズム感を強調して、ビッグ・バンド・サウンドにチャーリー・パーカーやディジー・ガレスピーのビーバップをとりいれている。楽団として名を残すことはなかったが、当時の仲間や後輩には、その後に有名になった人が驚くほど多い。トロンボーン奏者のひとり、ジョニー・マンデルはハリウッドに行き、『いそしぎ』や『マッシュ』などのテーマ曲を作曲して、アカデミー賞を一回、グラミー賞を四回、受賞している。ドラマーのスタン・リービーは後にチャーリー・パーカーと共演した。ラリー・リバースはポップ・アートの作家として有名になった。サックス奏者の仲間だったレニー・ガーメントは、ニクソン大統領の法律顧問になっている。

一九四四年に戦争の風向きが変わると、ヘンリー・ジェローム楽団のスタイルが人気を集めるようになった。それから十六か月、ニューヨークのホテル・リンカーンのブルー・ルーム、タイムズ・スクウェアのチャイルズ・パラマウント・レストランなど、有名な会場で演奏するようになる。ニューポート・ニューズの郊外にあるバージニア・ビーチではダンス音楽を演奏したが、そのときの客はほぼ全員、造船所従業員か海軍将兵の家族だ。劇場で演奏するときには、歌手やダンサーと共演することもあった。たとえばハリウッドでの映画出演を控えた子供のダンス・チームや、アル・ジョルソンの全盛期に活躍し、その時点にも歌っていた歌手と共演している。一九四四年十二月には一か月、ニューオリンズのローズベルト・ホテルで演奏した。ニューヨークからここまで遠くにきたのははじめてであった。ある夜、川の近くの道を歩いていたとき、ふと見上げると、タンカーが航行していた。ニューオリンズの市街が海面のはるか下にあることが、このとき以来、強い印象として残っている。二〇〇五年にハリケーン「カトリーナ」の直撃を受けて堤防が決壊したとき、被害の大きさをすぐに理解できた。

楽団にいたとき、労働組合の規則にしたがって、四十分演奏すると、二十分休む。四十分の演奏時間は楽しかった。優れた楽団で演奏していると、客席の最前列で聞いているのとはまったく違った形で音楽を実感できる。音と倍音が四方八方から聞こえてくる。リズム・セクションは骨に響く。そして楽団の全員が影響を与え合いながら演奏する。その基礎があるから、ソリストは自分の音楽を表現できる。わたしはベニー・グッドマンやアーティ・ショウの即興演奏に憧れたが、ソロを吹きたいとはめったに思わなかった。伴奏で満足し、誰かが書いた譜面通りに演奏した。

楽団で、わたしは知識人だとされていた。仲間とは仲がよかったが（納税申告を引き受けていた）、趣味が違っていた。休憩時間になると、みな楽屋に入り、タバコを吸って酒を飲む。わたしは二十分の休憩に本を読んだ。一晩で一時間ほど読書の時間がとれる。ニューヨーク公共図書館で借りた本は、ふつうなら若いサックス奏者が読むような本ではない。父がウォール街で働いていたためなのか、数字が好きなためか、経営と金融に興味をもった。真っ先に読んだ本のひとつは、イギリスの株式市場に関するものだ。アメリカとは言葉が随分違うのが面白かった。エドウィン・ルフェーブルが書いた『欲望と幻想の市場——伝説の投機王リバモア』も読んだ。一九二〇年代の有名な投機家で、相場少年と呼ばれたジェシー・リバモアについての本だ。一九二九年の暴落の直前に空売りし、一億ドルを儲けたという。大金持ちになり、三回破産し、一九四〇年に自殺している。人間の性質を研究した人物であり、この本には相場の格言がたくさん書かれている。たとえば、「強気のブルも弱気のベアも儲けられる。だが貪欲なピッグは生き残れない」といった具合だ。

J・P・モルガンについての本は、見つかったものをすべて読んだ。モルガンはUSスチールに資金を提供し、鉄道業界の統合を進め、電機会社数社をまとめてゼネラル・エレクトリックを設立したが、それだけではない。FRBが設立されるまで、アメリカの金融システムに安定をもたらす実力者であった。わたしはモルガンの巨額の富に驚嘆した。議会が第一次世界大戦の直前にモルガンのトラストを解体したとき、公聴会でモルガンが二百億ドル以上を支配していると証言されている。それ以上に興味をもったのは、モルガンの性格だ。J・P・モルガンの言葉は証書と同じだといわれているし、一九〇七年には、他の銀行家に対する影響力を駆使して、恐慌を招きかねない金融パニックの拡大を防いでいる。(註2)

これらの本を読んで、時刻表と同じように想像力を刺激された。ウォール街は魅力に満ちている。

間もなくこう考えるようになった。「つぎに目指すのはこの世界だ」

戦争が終わりに近づき、未来の可能性が開けていた。一九四四年に復員兵援護法が制定され、退役兵が帰国して学校に入るようになっていた。自分にも未来があると考えるようになってきた。結核専門医の診察を定期的に受けたが、肺の影の原因が何であろうと、活動性の結核ではないと診断されるようになっていた。

金融の世界で成功できるかどうか、自信はなかった。一九四五年秋にニューヨーク大学商業会計金融学部に入学することになったとき、高校を卒業してから二年たっていたこともあって、どうしようもなく不安だった。そこで夏の間に、一年のときの教科書をすべて買い、授業がはじまる前に読んでおいた。ところが驚いたことに、一学期の成績は二科目でBだっただけで、残りはすべてAであり、二学期からはすべてAであった。ジョージ・ワシントン高校のときよりはるかによい成績だったのだ。

商学部はニューヨーク大学のなかでもっとも大きく、おそらくもっとも評価の低い学部であった。学生数は一万人であり、大学というより職業学校のようなものだというのが当時の見方だ（かつて、「巨大な教育工場」だと胸をはった学部長がいた）。しかし、これは過小評価だと思う。わたしは素晴らしい教育を受けている。教養課程のカリキュラムも素晴らしかったし、もちろん、会計、基礎経済

註2　わたしは一九七七年にJPモルガン社の社外取締役になり、一九〇七年の金融危機を解決する際に舞台になったウォール街二十三番地の会議室にも入った。ウォール街二十三番地のビルは、歴史を作ってきた建物だ。二〇〇三年に同社が売却したのは残念だった。

学、経営、銀行、金融も学んだ。とくに論理とデータが絡む科目に興味をもち、高等数学の授業をいくつも受けた。経済学にははじめから魅力を感じた。供給曲線と需要曲線、市場均衡、貿易の進化といった理論に熱中した。

第二次世界大戦の直後、経済学はとくに関心を集めていた（経済学以上に関心を集めていたのは原子物理学だけだろう）。理由は二つある。誰でも認めているように、第二次世界大戦中、アメリカ経済は政府の計画のもと、産業面で連合国の勝利を支えている。それだけでなく、新たな国際機関が設立され、新しい経済秩序が登場していた。一九四四年七月、欧米各国の指導者がニューハンプシャー州ブレトン・ウッズに集まり、国際通貨基金（ＩＭＦ）と世界銀行を設立した。ヘンリー・モーゲンソー財務長官が語ったように、これで「経済のナショナリズム」は終わったのだ。世界の繁栄を維持するには繁栄を独占しようとしてはならず、先進工業国には貿易と金融の障壁を引き下げる責任があることに、各国指導者は同意した。

この動きの多くについて理論的な基礎を作ったのはケンブリッジ大学の偉大な経済学者、ジョン・メイナード・ケインズだ。名著、『雇用、利子、通貨の一般理論』はローズベルト大統領のニュー・ディール政策の理論的な基礎になり、当時の学生はみな読んでいる。ケインズはこの本で、マクロ経済学と呼ばれるようになる分野を作り上げた。そして、自由市場の動きを放置していれば、社会にとって最適の結果になるとはかぎらず、大恐慌で悲惨な状況になったように、雇用が落ち込んだときは政府が介入すべきだと論じた。

若者の想像力をかきたてる点で、ケインズを上回る人物を作りだすのはむずかしいだろう。商学部で同級だったロバート・カベッシュはいまではニューヨーク大学の経済学名誉教授だが、比較的最近、BBC放送で、一九四〇年代後半に経済学を学んだ学生は使命感をもっていたと語っている。「われわれを結び付けていたのは、経済学が過渡期にあり、われわれがその最先端に位置しているという感覚だった。経済学を学んでいたものはみな、大恐慌の再来を許してはならないと考えていた。一九三〇年代の大恐慌が第二次世界大戦の原因になった。だから当時の学生は、大恐慌のような悲惨な状況が起こるのを二度と許してはならないという使命感をもっていたのだ。民主党、ジョン・メイナード・ケインズ、そしてケインズの考え方から、つまり、経済の動きを決めるうえで政府が重要な役割を果たすことができるし、果たすべきだとする考え方から強い影響を受けなかった学生はまずいなかった」

カベッシュをはじめ、大半の学生はケインズ派だったが、わたしは違っていた。『一般理論』は二度読んだ。たしかに素晴らしい名著だ。しかし、わたしが興味をひかれたのは数理分析での革新と構造分析であって、経済政策に関する考え方ではない。そのときも、伴奏で満足する気持ちをもっていた。技術的な問題に集中し、マクロ経済については考えなかった。経済政策には関心をもたなかったのだ。

カベッシュとはクラシック音楽という共通の趣味があった。授業の合間にワシントン広場に行って女性の品定めをし、それに飽きると、どちらかがモーツァルトのピアノ協奏曲の一節をハミングし、もうひとりが何番なのかをあてる遊びに興じた。プロとして演奏することはなくなったが、クラブ活動で音楽を楽しんでいる。グリー・クラブで歌い、オーケストラでクラリネットを吹き、シンフォニック・ソサエティというクラブの設立にくわわり、週に一回レコードを聞くか、ゲストの話を聞いた。
だが何よりも興味をひかれたのは数学だった。教授は熱心な学生を好むものだし、わたしの熱心さは目立っていたはずだ。エコノミストとしてはじめて仕事をしたのは三年生のときだ。統計学の教授で、後にニクソン政権の労働省労働統計局長になるジェフリー・ムーアに呼ばれ、ブラウン・ブラザーズ・ハリマンに行って、パートナーのＪ・ユージーン・バンクスに面会するようにといわれた。同社はウォール街でもとくに歴史が長く、規模が大きく、格式が高い投資銀行だ。伝説の政治家、Ｗ・アベレル・ハリマンがローズベルト政権にくわわるまでジェネラル・パートナーを務めていた。ブッシュ元大統領の父親で、ブッシュ現大統領の祖父のプレスコット・ブッシュは、上院議員を務める前後に、同社のパートナーであった。まさにウォール街にあり、ニューヨーク証券取引所のすぐ近くに位置している。バンクスに会いにいった朝、わたしはそういう場所にはじめて足を踏み入れることになった。オフィスに入ると、天井は金色に輝き、ロールトップのデスクがあり、絨毯は分厚く、由緒正しい上流階級の富を扱う神聖な場所にきたように感じた。ワシントン・ハイツで育った若者にとって、足が震えるような場所であった。

バンクスはすらりとし、親切で、穏やかに話す人物で、三十代後半であり、経済動向の分析を担当していた。とくに感情をまじえることもなく、ＦＲＢが発表する百貨店売上高について、週ごとの季節調整済みの数値がほしいという。これは要するに、ＦＲＢが発表する月次の季節調整済みの数値をもっと細かくしたものだ。いまなら、コンピューターにいくつかのコマンドを打ち込むだけで、数分のうちに作成できる。しかし一九四七年にはいくつもの統計を重ね合わせて手作業で計算するしかなかった。鉛筆と紙、計算尺、加算機だけが頼りだった。

バンクスは詳しく指示することはなかったが、それで問題はなかった。商学部の図書館に行って教科書や専門誌の論文を読み、週次の季節調整をどのように行うのかを調べた。つぎに基礎データを集め、計算にとりかかった。バンクスには進捗状況をときどき報告しただけだ。とんでもない量の計算とグラフ作成が必要だったが、それを二か月続けた。バンクスはとても喜んでくれたし、わたしは季節調整の方法を学んだうえ、データを組み合わせて結論を導き出す方法も学んだ。

翌年の卒業は通過点にすぎなかった。ニューヨーク大学に残り、奨学金を得て夜間の修士過程で学ぶと決めていたからだが、それでも自活のために仕事を探す必要があった。二つの仕事が見つかった。ひとつは広告代理店で、もうひとつはコンファレンス・ボード（全米産業審議会）であり、指導を受けた教授のひとりがチーフ・エコノミストの地位にあった。広告代理店は週給六十ドルだったが、学べることが多いはずだと考えて、週給四十五ドルとはるかに低いコンファレンス・ボードの職を選んだ。これは全米の大企業が会員になっている民間機関であり、一九一六年にロビー活動団体として設立されたが、一九二〇年代に客観的で厳密な調査活動に重点を移している。客観的な知識が入手できれば、経営者と労働組合指導者が共通の基盤にたって議論できるようになると考えたからだ。会員企業はゼネラル・エレクトリック、インターナショナル・ハーベスター、ブラウン・ブラザーズ・ハリマン、ヤングスタウン・シート&チューブなど、二百社を超えていた。かなり以前から、民間機関としてはもっとも優れた経済調査を行っている。たとえば、一九一三年に消費者物価指数を開発しているし、他の機関に先駆けて産業災害を防ぐ安全分析や女性の労働の調査を行っている。政府よりも優れた情報を提供することもある。大恐慌の時代に失業統計を発表していたのはコンファレンス・ボードであった。

一九四八年に勤務をはじめたとき、コンファレンス・ボードは活気にあふれていた。グランド・セントラル駅の近く、パーク街にある大きなオフィスには、何列も並ぶデスクに数十人の研究員が陣取り、製図室では何人ものデザイナーが高いスツールに座って製図板に向かい、精巧なグラフや図を書いていた。とくに感激したのは資料室だ。そこにはアメリカの主要な産業のすべてを対象に、五十年以上にもわたる統計資料が集められていた。各産業の詳細を説明した本も、ずらりと並ぶ書棚に収められていた。鉱業、小売業、繊維産業、鉄鋼業、広告、貿易など、経済のすべての分野に関する資料も収集されている。たとえば、『綿花産業の顧客調査』と題する分厚い本があった。全米綿花評議会の年次調査報告であり、当時の世界で重要産業であった綿産業について詳細に説明している。この本を読めば、綿花の種類と等級、用途、当時の綿織物産業で最先端の機器、工程、生産効率など、あらゆることが分かる。

資料室は書棚で埋まっていて資料を読む場所はなかったので、わたしはもてるだけの本を抱えて、自分のデスクまで運んだ。本はたいてい埃《ほこり》をかぶっていた。調査のテーマはチーフ・エコノミストから与えられるが、数か月もすると、わたしはデータのことなら何でも知っているとみられるようになる。ある意味で、たしかにそうだった。資料室の書棚にある知識をすべて吸収しようとしていたからだ。十九世紀の新興成り金についての本を読んだ。一八九〇年の国勢調査報告書を何時間も飽きずに読んだ。当時の貨物列車の積み荷について調べた。南北戦争後の数十年の短繊維綿花価格の動向を調べた。広範囲なアメリカ経済の詳細について、つぎつぎに調べていった。退屈ではなかった。それどころか、楽しくてしかたなかった。『風とともに去りぬ』を読むよりも、『チリの銅鉱石埋蔵量』を読むほうが楽しかったのだ。

勤務をはじめて間もなく、わたしはコンファレンス・ボードが毎月発行するビジネス・レコード誌に記事を書くようになった。はじめて書いた論文は中小企業の利益動向をテーマにしたもので、連邦取引委員会と証券取引委員会が発表しはじめた新しい経済指標を活用している。この経済指標から得られる情報を細かく分析した後、いかにも若者らしい熱意をこめて、こう論じた。「中小企業は景気の動向を示すバロメーターになりうるので、中小製造業企業の短期動向と長期動向の調査はとくに興味深い」

その後の数年間、仕事に勢いがついてきた。わたしの論文に注目した人がいて、ニューヨーク・タイムズ紙の記事で取り上げ、わたしの名前まで書いてくれた。ニューヨーク大学で修士号を取得し、住宅着工件数、新車市場、消費者信用などの現状についての論文をつぎつぎに書いていた。データを分析し、それが物語るものを指摘する能力に自信をもつようになった。経済全体の動きを理解しようと試みる点では自信がもてなかったが（マクロ経済はケインジアンに任せておこうと考えていた）、経済のさまざまな部分と、各部分の関係については理解を深めていった。

レビットタウンにはじめて行ったのは、一九五〇年のクリスマス休暇のときだ。若い夫婦が子供をもうけると市内を離れ、郊外の一軒家を購入してアメリカン・ドリームを実現する話は、もちろん、それ以前から聞いている。わたしはそれまで、マンハッタン島のアパートにしか住んだことがなかったので、レビットタウンがあまりに静かなのに驚いた。家は小さいが、表と裏に芝生の庭があり、道は広く、高い建物はない。そこの家を当時は八千ドルで買えたのだ。まるで桃源郷であった。

そこに行ったのは、ティルフォード・ゲインズに夕食に招待されたからだ。大学時代の友人で、ニューヨーク連銀に入り、副総裁補になっていた。夫人のルース、小さな娘のパムの一家三人で、そこに引っ越したばかりであった。ゲインズの同僚もきていた。プリンストン大学を卒業してニューヨーク連銀に入ったばかりの二十三歳の青年で、身長が二メートルを超える巨漢であり、ポール・ボルカーという名前であった。

その夜のことは、いまだに忘れられない思い出になっている。快適な居間に座って、冗談をいいあっていた。暖炉には火があった（そう、薪を燃やす暖炉があったのだ）。みな、楽観的だった。その夜だけではない。あの時代には楽観的な見方が強かった。アメリカは絶好調だった。アメリカ経済は圧倒的に強かった。競争はないに等しい。アメリカの自動車組立工場は世界の憧れの的だった（レビットタウンには、買ったばかりの青いプリマスに乗っていった。研究員としての収入で新車を買ったのだ）。繊維産業や鉄鋼産業が輸入品との競争を懸念することはなかった。輸入がわずかしかなかったからだ。第二次世界大戦を経て、アメリカ企業の管理者は世界でもっとも優秀だし、労働者は世界でもっとも能力が高かった。復員兵援護法のために、教育水準が急速にあがっていた。

だがこの年の十二月には、新たな脅威が認識されるようになってもいる。その一年半前、ソ連がはじめての核実験に成功したとき、核対決の脅威が現実の問題になるとは思えなかった。しかし冷戦の現実がアメリカでも実感されるようになると、脅威がもっと具体的なものとして感じられるようになる。アルジャー・ヒスがスパイ容疑をかけられて偽証罪で有罪になり、ジョゼフ・マッカーシー上院議員が、いまここに二〇五人の共産主義者のリストがあると語った有名な演説を行った。アメリカ軍は朝鮮半島で「治安維持活動」を行っていた。そのため国防総省は、第二次世界大戦の後に縮小していた陸軍部隊、戦闘機と爆撃機の部隊を急速に再拡大していた。今後はどうなるのかと、アメリカ国民はみな不安になっていた。

その年の秋、わたしはコロンビア大学の博士課程に進み、そこでの研究とコンファレンス・ボードでの調査を何とか両立させようと苦闘していた（当時も、エコノミストとして昇進するには通常、博士号が必要だった）。指導教官はアーサー・バーンズであり、コロンビア大学の専任教授であると同時に、そのころはニューヨークにあった全米経済研究所（NBER）の上級研究員も務めている。この研究所はいまでも、アメリカ最大の独立系経済研究所である。当時は、一九三〇年代に政府と協力して、国民所得勘定と呼ぶ体系を作り上げたことが有名だった。これは巨大な会計体系であり、これによってアメリカ政府ははじめて、国民総生産（GNP）を正確に把握できるようになっている。戦争に向けて経済力を総動員したとき、この体系があったために、計画当局は軍需品生産の目標を設定し、軍を支えるために国内でどれだけの物資割当が必要になるかを計算できた。全米経済研究所は景気の山と谷を確定する権限をもっている。いまでも、同研究所の調査によって、景気後退がいつはじまり、いつ終わったのかが公式に決定される。

アーサー・バーンズは親切な学者で、いつもパイプをくわえている。景気循環の研究で重要な業績を残している。一九四六年にウェズリー・クレア・ミッチェルとの共著として発表した著作は、一八五四年から一九三八年までのアメリカの景気変動を分析した不朽の名著だ。実証的な事実に基づいて演繹的に理論を組み立てていく研究姿勢をつらぬき、経済学の主流派とは一線を画していた。

バーンズは大学院生の間で意見が対立するように仕向けるのを好んだ。ある日、インフレが国富に与える悪影響を論じる授業で、教室内を歩きながら、こう質問した。「インフレの原因は何か」。誰も答えられなかった。教授はパイプをふかし、口から離してこう語った。「政府の過剰支出がインフレを引き起こす」

いつか、経済全体の動きを理解し、予想できるかもしれないと思うようになったのは、別の教授の教えを受けてからだ。一九五一年、わたしは統計数学の授業を受けた。経済全体の内部の動きと相互関係は数学的に研究し、計測し、モデル化し、分析できるとする見方に基づく技術的な分野の授業だ。いまではこの分野は計量経済学と呼ばれているが、当時はまだ一般的な概念を寄せ集めただけの新しい分野で、教科書はなく、名前もまだない。教授はジェーコブ・ウルフォウィッツである。ジョージ・W・ブッシュ政権の国防副長官として、そして世界銀行の総裁として知り合うようになるポール・ウルフォウィッツの父親だ。教授は黒板にチョークで方程式を書き、それをガリ版刷りにしてわたしてくれた。わたしはこの新しいツールの力をすぐに理解した。実証的な事実と数学を使って経済を正確にモデル化できるのであれば、経済全体の動きを組織的に予想できるようになり、経済予想家の多くとは違って、完全に科学的とはいえない直観に頼る必要がなくなる。わたしはこのツールを実際にどう使えるかを考えた。そして何よりも重要だったのは、二十五歳にして新興の分野、それも自分が勝てそうな分野をみつけたことだ。

後に、わたしは大規模な計量経済モデルを構築する技術をある程度習得し、そうしたモデルの使い方、とくに限界を深く理解するようになった。現代の経済は変化が速く、基本的な構造を正確に読み取ろうとしても、その作業が終わる前にもう変化している。ごく初期の写真機で人物を撮影しようとすると、かなりの時間じっとしていてもらわないと、まともな写真がとれなかった。撮影が終わるまでに動くと、ぼやけた写真になった。計量経済モデルにも同じことがいえる。計量経済の専門家は正式なモデルに一時的な調整をくわえて、予想を適切なものにする。これを専門家は、モデルの方程式へのアド・ファクターと呼ぶ。モデルそのものの結果よりも、アド・ファクターの方がはるかに重要だということも少なくない。

モデルの予想能力がそれほど低いのであれば、なぜモデルを使うのか。正式なモデルにはまず語られることのない利点があり、モデルを使えば、予想に使う想定を設定するにあたって、国民経済計算の基本的な法則を守り、経済的な整合性を確保できる良さがあるのだ。それにモデルは、確実だと考えられる少数の情報を最大限に活用する一助になる。モデルは目的が具体的なほど、そしてデータが多いほど、役立つものになる。わたしがつねに主張してきた点だが、直近の四半期に関する詳細なデータを使う方が、モデルの構造を高度にするより、予想の精度をあげるうえではるかに重要である。

同時に、当然ながら、モデルの構造はきわめて重要だ。現実の裏付けのない抽象的なモデルを作ることはできない（少なくともわたしには）。モデルは事実から推論したものでなければならない。わたしの頭のなかでは、抽象的な概念は現実の世界の事実から切り離されることはない。概念はつねに現実に根ざしていなければならない。だからわたしは、現実に何が起こっているのかを知るために、考えられるかぎりの事実を探し出そうとする。抽象的なモデルは詳細なほど、わたしが理解しようとする現実の世界に近いものになる可能性が高い。

わたしは当初、全体のなかのごく小さな部分の動きを細部にわたって徹底して調べ、その部分がどう動いているのかを推論する訓練を積んできた。そしてこの方法をキャリアの全体にわたって使ってきた。二十代に書いた論文を読み返すと、そのたびに懐かしさがこみあげてくる。論文の内容ははるかに単純な世界を扱っているが、分析の方法はいま使う方法のどれと比較しても古くなっていない。

第二章　エコノミストへの道

わたしはラジオをかけたまま、仕事をすることがある。一九五〇年と五一年には朝鮮戦争がニュースの中心になっていた。アメリカ軍は中国軍との激しい戦闘を続けていた。トルーマン大統領は、中国に宣戦を布告するよう公の場で主張したマッカーサー元帥を解任した。国内では核実験場がニューメキシコ州からネバダ州に移された。そして赤狩りの嵐が吹き荒れている。ローゼンバーグ夫妻がスパイ罪で死刑判決を受けた。この混乱した時期にとくに興味をひかれたのが、原子力時代の幕開けであった。第二次世界大戦の時期に書かれた論文の一部が機密扱いを解かれ、わたしは余暇に原子物理学の本を熱心に読むようになった。最初に読んだのは、政府の後援を受けて、原子力の分野で機密扱いになっていない情報を集めた『原子力資料集』だ。その後、天文学、物理学一般、科学哲学の本を読むようになる。

科学が好きな人の多くがそう考えたように、わたしも原子力がその後数十年に開発されるフロンティアのなかでもっとも重要な分野だと考えた。この期待は、みなが感じていた核戦争への恐れと表裏一体の関係にあった。原子物理学は魅力にあふれていた。原子力によって、人類はまったく新しい領域を切り開きうる力を得ることになった。この点から、新しい考え方が必要になってもいる。

マンハッタン・プロジェクトに参加した科学者のうち何人かが、経験主義のひとつ、論理実証主義という哲学に賛同していることに気づいた。ルートビヒ・ウィトゲンシュタインにはじまる哲学であり、知識は事実と数値からのみ得られるとする見方が中心になっていて、厳密な論証を重視する。絶対に正しいといえることはない。価値観や倫理、行動様式は文化を反映しており、厳密な論理の対象にはならない。これらにはとくに根拠があるわけではない違いがあるので、厳密な思考の対象にはならない。そう考える。

わたしは数学が好きなので、厳密な分析を重視するこの見方に魅力を感じた。これこそいまの時代にふさわしい厳密な哲学だと思えた。知りうる重要なことだけにみなが関心をもつようになれば、世界はもっとよくなるとわたしは考えた。これはまさに、論理実証主義が目的としている点だ。

一九五二年には、わたしは経済学博士号を得るための研究に夢中になっていた。年に六千ドルを超える収入があった。友人や同僚はみな、それほど金持ちではなく、これだけの収入があれば十分すぎるほどだ。わたしは母とともに郊外に引っ越した。レビットタウンまでは行かなかったが、クイーンズのフォレスト・ヒルにある二世帯用住宅に移った。周囲は緑が多く、通勤電車の駅から徒歩圏にある。ついに、混雑したニューヨーク市から逃れることができた。大きな一歩だった。

もうすぐ、人生のなかでとくに苦しい混乱の時期がはじまると誰かにいわれても、まず信じなかっただろう。しかしそれから二年間に、わたしは結婚して離婚し、大学院を中退し、コンファレンス・

ボードを辞めて独立した。そして、世界観が完全に変わることになる。

結婚相手はジョアン・ミッチェルといい、カナダのマニトバ州ウィニペグ出身の美術史家で、ニューヨーク大学美術部で学ぶためにニューヨークにきていた。最初に会ったときは、共通の知人に紹介されたブラインド・デートだった。教えられたアパートに行くと、大好きなレコードがかかっていた。クラシック音楽が共通の趣味だった。数か月、デートを重ねた後、一九五二年十月に結婚し、約一年後に離婚している。詳しくは書かないが、問題は主にわたしの側にあった。結婚に何が必要なのか、ほんとうのところは理解できていなかったのだ。心ではなく、頭で考えて相手を選んだ。「すごく知的だし、美しい女性だ。これ以上の相手はみつからないだろう」と考えたのだ。ジョアンは人並みはずれた女性なだけに、自分の間違いに心が痛む。幸いなことに、ジョアンとはいまでも友人として付き合っている。

ジョアンの親友がナサニエル・ブランデンと結婚していた。ブランデンはアイン・ランドの若い弟子であり、後に恋人になっている。こうした関係で、わたしはアイン・ランドに出会った。ランドはロシアからの亡命者で、小説『水源』が戦争中に大ベストセラーになっている。このころ、ハリウッドからニューヨークに移り、少人数だが強い支持者を集めていた。わたしはランドの小説を読んで、感激した。ハワード・ロークという建築家の物語であり、自分の理想の実現をはばむ圧力に雄々しく抵抗する。大規模な公共住宅プロジェクトで自分の設計が変更されていることを知って、工事中の建物を爆破するが、裁判で無罪判決を勝ち取る。ランドがこの小説を書いたのは、理性、個人主義、洗練された自己利益を強調する哲学を示すためである。後に、ランドはこの哲学を客観主義と呼ぶようになる。いまでは、自由意思論（リバタリアニズム）と呼ばれている。

客観主義は自由放任の資本主義が理想の社会形態だと主張する。当然ながら、ソ連の共産主義を嫌悪する。ソ連で教育を受けたランドは、共産主義とは粗暴な共同体主義だと考えていた。ソ連の最盛期に、その体制は根本から腐敗しているので、いずれ内部崩壊すると主張していた。

ランドのグループでは自分たちを共同体と呼んでいた。共同体主義とは対極にある考え方のもとで集まった集団なのだから、これは仲間うちのジョークだ。東三十四丁目のランドのアパートメントに少なくとも週に一回集まり、世界の動きについて徹夜で議論していた。ジョアンの紹介で参加したとき、グループは少人数で、七人か八人が質素な居間に集まっていた。ランド、夫で画家のフランク・オコナー、ブランデン夫妻と、あと何人かがいた。アイン・ランドはごく質素で、四十代後半の小柄な女性だった。顔は厳しいといえるほど個性的で、口は大きく、額は広く、目は知的で黒く大きい。黒い髪を少し内側にカールさせ、顔の特徴を際立たせていた。アメリカに移住して二十五年になるが、ロシア語訛りが目立った。論理的に考える姿勢をとり、あらゆる考えを分析して基本的な要因に分解する態度が徹底しており、世間話には興味を示さない。このように外見は厳しそうだが、議論の際にはおおらかだった。誰のどのような考えでも検討し、先入観をまじえずに判断するようだった。

わたしはしばらく黙って話を聞いていたが、何回目かの集まりで論理実証主義の立場を表明した。何を議論していたときかは忘れたが、何かのきっかけで、絶対に正しいといえる点はないという持論を主張したのである。アイン・ランドはこの主張に飛びついて、「どうしてそういえるの」と質問した。

「合理性に徹するのであれば、十分な証拠がないかぎり、確信をもつことはできないからです」とわたしは説明した。

「どうしてそういえるの」とランドはもう一度いい、「自分はたしかに存在するといえるのですか」と質問した。

「それは……、確信できません」

「では、自分は存在しないといえるのですか」

「いえるかもしれません」

「だったら、そう話しているのは誰なのですか」

たぶん、その場にいなければ、このときの衝撃は理解してもらえないかもしれない。それ以上に、二十六歳の数学オタクでなければ。だが、この会話は衝撃的だった。わたしの主張が矛盾していることを、ランドは見事にあきらかにしたのだ。

だが、矛盾をつかれただけではなかった。わたしは自分の論理力を誇っていて、知的な議論なら誰にも負けないと思っていた。だが、アイン・ランドと話していると、チェスでうまく指せていると信じていたのに、突然、詰んでいることに気づくような印象を受けた。自分が正しいと信じてきたことの多くがまったくの間違いなのかもしれないと思うようになった。もちろんわたしは強情だし、当惑もしたので、すぐに負けを認めることはなかった。ただ黙り込んでいた。

その夜、ランドはわたしに「葬儀屋」というあだ名をつけた。わたしがいつも真面目くさっていたからであるが、スーツとネクタイがいつも黒っぽかったからでもある。後で聞いた話だが、それから数週間、「葬儀屋は自分の存在を認めたの」とランドは何度も聞いていたという。

少なくとも、コンファレンス・ボードでの仕事は順調だった。それまでになかったほど野心的な調査課題に没頭していた。朝鮮戦争と冷戦に対応して、国防総省が進めていたジェット戦闘機、爆撃機などの軍用機の増産を分析したのだ。いくつもの謎を解いていく必要があった。朝鮮戦争がはじまると、国防総省は調達計画を機密扱いにした。航空機メーカーは受注残高を知っているが、この情報は軍事機密なので、他の企業やウォール街は調達計画を知りえない。だが、国防総省の調達は経済に与える影響がきわめて大きく、無視するわけにいかない。第二次世界大戦の後、国防費は減少していたが、一九五三年にはGNPに対する比率が十四パーセント近くにまで上昇している（ちなみに、二〇〇六年には四パーセントである）。このため、素材や機器の市場が混乱し、当然ながら、熟練機械工や技術者が不足したし、景気の見通しでも大きな不確定要因になった。航空機の増産でとくに影響を受けるのはアルミ、銅、鉄鋼のメーカーだ。これらは戦争に不可欠な素材として規制対象になった。

鉄鋼や非鉄金属の市場についてはかなりの知識があったので、わたしは航空機増産を分析したいと申し出て、上司の許可を得た。まず、公開されている資料を調べたが、まったくといっていいほど役に立たない。軍需品生産計画に関する議会の公聴会は非公開で開催され、その後に発表された議事録にはかなりの編集のあとがあった。製造する軍用機の数と種類はすべて空白になっている。飛行大隊当たりの軍用機の数、航空団当たりの飛行大隊の数、予備機の数、種類別の非戦闘損失の数もすべて空白だ。そこで、一九四〇年代末の議会公聴会の議事録なら必要な情報がもっと得られるだろうと考えた。そのころには、軍事機密はとくに重視されていない。国防総省は軍の規模を縮小している段階にあり、高官が議会の国防予算小委員会に出席して、あらゆる点の計算方法を詳細に説明していた。一九五〇年になっても、軍需品の調達が一九四九年から大きく変わっているはずはない。

一九四〇年代末の議会公聴会の議事録から得た情報を分析の基礎にした。つぎに必要なのは、公開情報をすべて集めて組み合わせる作業だ。技術マニュアル、設計マニュアル、組織図、連邦政府予算の膨大な統計表、国防総省が発行する資材発注書の複雑な文言を検討していった。徐々に、すべてのデータがうまく組み合わされるようになった。たとえば、ある機種の総重量が分かっているとき、アルミ、銅などの素材がどのような比率で使われているかを推定できた。そうした情報から、需要を推定した。

調査の結果は一九五二年春に、「航空戦力の経済学」と題する長い論文として、ビジネス・レコード誌に二回に分けて掲載された。その後、国防総省の計画担当者がこの分析結果が機密扱いの数値に近いのに驚いていたという話を人づてに聞いている。それ以上に重要だったのは、同誌の読者がこの情報に飛びついたことだ。いくつもの企業からもっと詳しい情報を提供するよう求められた。

そのころ、コンファレンス・ボードのアナリストのひとり、サンフォード・パーカーが、フリーランスの調査の仕事をまわしてくれるようになった。みなにサンディと呼ばれていたパーカーは、小柄で身なりにかまわない精力的な人物で、十歳ほど年上だ。一九三九年から毎週、ビジネス・ウィーク誌にコラムを書いて有名になった。このころにはコンファレンス・ボードに勤務しながら、副業としてフォーチュン誌に経済記事を書いている。その一部をまわしてくれたので、わたしはその機会に飛びついた。

フォーチュン誌がパーカーに執筆を依頼したのは、新しいトレンドが生まれようとしているとみて、それを利用したいと編集者が考えたからだ。ビジネスの世界は知的水準が高いとはいえないが、産業界や金融界はエコノミストの意見に興味をもつようになってきたようだった（ジョン・ケネス・ガルブレイスは一九四〇年代にフォーチュン誌のスタッフだったが、編集者がこのトレンドに気づく一助になったかどうか、疑問だと思う）。パーカーは一流のエコノミストだし、わたしにない技術をもっていた。たとえば、断定的な短いセンテンスを明快に書く方法を知っており、わたしにその方法を教えて、わたしはほぼ身につけるところまでいった。FRB議長になったとき、わたしはこの方法を捨てなければならなかったのだが。フォーチュン誌がパーカーを高く評価したのは、経済全体の動きを自信をもって論じられるからであり、創造的だからである。トレンドを見つけ出し、分析するにあたって、驚くばかりの斬新な方法をあみだすことが少なくなかった。

ともに仕事をしていて、パーカーが権威を認められているのは主に、誰よりも経済をよく知っているからであることに気づいた。わたしはパーカーほど広範囲な知識をもっているわけではないが、差はそれほど大きくない。それに毎日、好きな仕事をするなかで学んでいる。仕事を続け、学びつづけていれば、いつか追いつけるだろうと考えた。

一九五〇年後半、パーカーはコンファレンス・ボードを退職し、フォーチュン誌のはじめてのチーフ・エコノミストになった。そしてエコノミクス部門を作っていたので、そこに参加したいと思っていたが、フォーチュン誌からは常勤の職ではなく、フリーランスの仕事を提示された。パーカーらの何人かの執筆者とともに「変化するアメリカ市場」と題した大型の連載記事を準備するよう求められたのである（この記事は最終的に、二年間にわたる十二回のシリーズになった）。新しい収入源があったので、ある程度のリスクをとれると感じていた。

そのころ、ウィリアム・ウォレス・タウンゼントという投資アドバイザーから電話がかかるようになった。ウォール街のタウンゼント・スキナー社のシニア・パートナーであり、同社はコンファレンス・ボードの会員のなかでとくに小規模な企業だった。わたしの調査報告を読んでくれていて、その内容について電話で話すことがあった。一九五三年初め、「バンカーズ・クラブで昼食をとらないか」と誘われて、わたしは同意した。

地下鉄に乗って、バンカーズ・クラブにでかけた。金融街でとりわけ目立つエクイタブル・ビルの最上階まで三つの階を占めている。このうち一番下の階にロビーがあり、上の二つの階に図書室とレストランがある。窓からの眺めは素晴らしく、室内は分厚い絨毯が敷きつめられ、重厚な家具と上等なカーテンがあった。電話で話したときの印象で、たぶん四十歳前後の人なのだろうと考えていた。タウンゼントもわたしが四十歳前後なのだろうと考えていたという。しかしエレベーターを降りて案内を頼むと、六十五歳ぐらいの人物だった。その人の席に行き、自己紹介を済ませた後、二人は吹き出した。これですぐに打ち解けることができた。

タウンゼントは一八八八年にニューヨーク州北部に生まれ、浮き沈みの激しい人生を送ってきた。一九二〇年代には社債の専門家としてウォール街で活躍し、二百万ドルもの資産を築いている。債券販売についての独立銀行協会の本を執筆した。ところが一九二九年の大暴落ですべてを失う。一九三〇年代には小さな企業を設立し、株式相場と債券相場の予想に使う経済・金融指標を組み合わせて顧客に提供する仕事で、ふたたび成功を収めるようになった。

はじめて会ったころ、タウンゼントは「貯蓄貸付レター」と題するレポートを発行し、貯蓄金融機関に定期講読されていた。パートナーだったリチャード・デーナ・スキナーはニューイングランドの旧家の出身で、『帆船航海記』で有名なリチャード・ヘンリー・デーナ・ジュニアの孫の孫にあたる。タウンゼント・スキナー社の顧客には有名人が多く、たとえば、航空機製造のパイオニアでダグラス航空を設立したドナルド・ダグラスや、ハーバート・フーバー元大統領がいた。フーバー元大統領は当時、ウォルドーフ・タワーに住んでいて、タウンゼントがしばしば訪問している。しかし、スキナーは数年前に死亡し、ともに働いていたタウンゼントの義理の息子も、連邦住宅貸付銀行制度の資金調達責任者に転身しようとしていた。タウンゼントがこの日、昼食に誘ったのは、このような背景があったからだ。「うちの会社にきてくれないか」という。

転職にあたって思い悩むことはなかった。フォーチュン誌の仕事があったうえ、フリーランスの調査の仕事で着実な収入があったし、新しい顧客からの電話がたえずかかってきた。責任を感じる相手もいない。ジョアンとは離婚に同意していて、数か月後には三十五丁目にアパートメントを借りてマンハッタンに戻ることになっていた。

タウンゼント・グリーンスパンは一九五三年九月に事業を開始し、一九五四年に正式に会社を設立した。オフィスはニューヨーク証券取引所の少し南のブロードウェイにあった。タウンゼントの部屋とわたしの部屋があり、リサーチ・アシスタント二人と秘書一人が使う共通スペースがあるだけで、ごく平凡な事務所だ。

タウンゼントとわたしはそれぞれ違う仕事をした。タウンゼントはニューズ・レターの発行と投資顧問の仕事を続けていた。わたしの顧客は当初、コンファレンス・ボードのときからの知り合いであった。ウェリントン・ファンド（現在のバンガード・グループ）が最初の顧客だ。アメリカ第三位の鉄鋼会社、リパブリック・スチールがつぎの顧客であり、その後の二年にUSスチール、アームコ、ジョーンズ&ラフリン、アレゲニー・ラドラム、インランド、カイザーなどの鉄鋼会社十社が顧客になっている。タウンゼント・グリーンスパンにとって、最高の宣伝材料になった。鉄鋼業界は当時、アメリカの強さの象徴であり、一九五五年から発表されるようになったフォーチュン誌五百社のリストをみていくと、上位にこれらの鉄鋼会社が並んでいる。やがて顧客は幅広い産業に広がっていった。アルコア、リライアンス・エレクトリック、バーリントン・インダストリーズ、メロン・ナショナル銀行、モービル石油、テネコなどの企業である。

その結果、犠牲になったのが博士号だ。仕事が忙しすぎて、博士論文を書く時間がなくなったのだ。毎月何度も、ピッツバーグやシカゴやクリーブランドの顧客を訪問するために航空機で出張しなければならない。それ以外の時間はレポートを書くのに忙しかった。博士論文のテーマに選んだのはアメリカの家計の消費と貯蓄のパターンであり、気に入ったテーマだったので、何とか続けたかった。しかし、口頭試問を受け、博士論文を書き上げるには最低でも六か月はかかる。そのためには事業を縮小するしかない。博士課程を中退しても失うものはないと自分に言い聞かせた。仕事のなかで経済学の論文を読み、研究を続けていくからだ。ところが何か月かごとにバーンズ教授と顔をあわせることになった。そのたびに、「いつ戻ってくるんだ」と聞かれて、心が痛んだ（かなり後の一九七〇年代に、わたしはニューヨーク大学の大学院に戻って、博士号を取得している）。

タウンゼント・グリーンスパンでとくに気をつけていたのは、経済分析の結果を企業経営者の意思決定につながる形で示すことであった。たとえば、景気が拡大する時期に入ろうとしているとしよう。製造業企業の経営者はたいてい、営業職か技術者、管理者として社内で昇進してきた人だ。こういう経営者にとって、国民総生産（ＧＮＰ）の今後についての予想は何の役にも立たない。だがたとえば、自動車部品メーカーの経営者に、「今後六か月のシボレーの生産台数は、ゼネラル・モーターズの発表とは違ったものになるでしょう」ということができれば、経営者は理解できるし、意思決定に役立てることができる。

現在ではサプライ・チェーンの統合が進んでいて、メーカーとサプライヤーの間で情報が自由に流れている。ジャスト・イン・タイムの生産方式には情報の自由な流れが不可欠だ。だが、当時はメーカーとサプライヤーの関係はポーカーのゲームのようだった。家電企業の購買部長が冷蔵庫の製造に使う鋼板を買おうとしているとき、鉄鋼会社の営業担当者に鋼板在庫の水準を知らせると、価格交渉力が低下するだけになる。

需要家の在庫に関する情報がなかったため、鉄鋼会社は製造計画を立てるにあたって、半ば目隠しをされているような状態になっていた。さらに、鉄鋼の需要家の多くも、市場のうち自社が関係する部分しか知らなかった。鉄鋼需要の見通しは、乗用車、高層ビル建設、油田掘削用パイプなどの需要の変化で劇的に変わりうるし、缶詰の需要の変化によっても変わりうる。そしてこれらの需要は短期的にみれば、鉄鋼の消費量だけでなく、鉄鋼在庫の状況によっても変化する。

景気の転換点の予想は過去の動きに関するデータベースに基づいて行うものなので、予想システムの正確さはデータベースの質に左右される。そのため、乗用車とトラックの生産水準、航空機の生産計画などを調べた。品目別、需要産業別の鉄鋼出荷量は、アメリカ鉄鋼協会が発表する月次統計を使い、輸出入の数量は商務省の統計を使った（当時は輸出がきわめて多く、輸入はないに等しかった）。国内の出荷量と輸出入の数量を組み合わせて、鉄鋼の品目別、需要産業別の出荷トン数を把握することができた。つぎの問題は、四半期ごとの出荷量から、鉄鋼消費量と在庫の増減を産業ごとに算出することだ。この推計のために、第二次世界大戦と朝鮮戦争の時期の統計を調べた。戦時生産局が戦争中に産業用原材料割当制度を運用した際に作成した金属産業の大量の統計が、機密扱いを解かれていたからだ。自動車、機械、建設、油田掘削などの需要産業にはそれぞれ独自の在庫循環があり、そのすべてが戦時生産局の統計に示されていた。

さらに分析を進め、パーカーから学んだマクロ経済予想の方法を組み合わせて、鉄鋼産業全体の出荷水準を予想できるようになった。やがて、鉄鋼各社の市場シェアの推移も把握できるようになった。この情報を提供することで、顧客の鉄鋼会社が数四半期にわたる計画を立てるときに、資源をどこに配分すれば利益を最大限に増やせるのかを、出荷見通しに基づいて的確に判断できるようになったのである。

一九五七年には、鉄鋼会社に助言するようになって数年が経過していた。年末近くにクリーブランドに飛び、リパブリック・スチールのトム・パッテン最高経営責任者（CEO）をはじめとする経営委員会にプレゼンテーションを行った。そのときわたしの予想システムでは、在庫が急速に積み上がっており、したがって、鉄鋼産業の生産量が鉄鋼の消費量を大幅に上回っていることが示されていた。在庫の増加を抑えるためだけでも、鉄鋼の生産量をかなり減らさなければならない。そして、近く大きな問題にぶつかる状況にあったのは、鉄鋼産業だけではなかった。「一九五八年は苦しい年になるでしょう」と話した。パッテンは同意しなかった。「受注は好調だ」といい、リパブリック・スチールは生産計画を変えなかった。

三か月ほどたって、鉄鋼需要は急減した。一九五八年の景気後退がはじまり、戦後では景気の冷え込みがもっとも厳しくなった。つぎにクリーブランドに行ったとき、パッテンは経営委員会でわたしの予想に触れて、「君の意見が正しかった」と認めてくれた。

一九五八年の景気後退にいたった景気の減速を予測したのは、わたしにとって経済全体に関するはじめての予想であった。わたしは鉄鋼産業の調査に時間をかけていたので、景気の減速を予想するうえで絶好の立場にあった。当時のアメリカ経済では、鉄鋼産業は現在とは比較にならないほど中心的な地位を占めている。経済全体にとって、耐久財がはるかに重要であり、その大部分は鉄鋼で作られている。鉄鋼産業の減速が経済全体に与える影響を予想して、鉄鋼会社以外の顧客にも景気後退を事前に警告できた。

一九五八年の景気後退を正しく予想したことでタウンゼント・グリーンスパンの評判が高まったが、

顧客に評価してもらえたのは、マクロ経済予想が当たったこと自体ではなかった。われわれの仕事は、経済の現状がどのような要因によって動かされているのかを分析し、評価することであった。先行きの予想は、現在の不均衡が最終的にどのように解消されていくのかを考えた結果にすぎない。われわれが提供したのは、経済の現状を形作っている要因について、顧客が理解を深められるようにする情報であった。この情報をどう使うかは顧客が決める。大企業の経営者は、三十歳の若者が景気の先行きについて論じても、信じたりはしない。しかし、各種の要因がどのように関係しあっているかという話であれば、意見を聞いてくれるし、その話を自らの知識でチェックできるのであれば、なおさら熱心に聞いてくれる。わたしは「経済成長率がどうなるか」ではなく、「六か月後に工作機械の需要がどうなるか」や「広幅織物の価格がどうなり、男性用スーツの市場がどうなる可能性が高いか」という観点で話すように心掛けた。経済全体の動きを考え、つぎにそれが個々の企業にどのような影響を与えるかを考えて、顧客に伝えるようにした。この観点が付加価値になり、タウンゼント・グリーンスパンは好調になった。

重工業の顧客が多かったことから、わたしは資本主義の発展をもたらす中心的な力を深く理解するようになった。「創造的破壊」はハーバード大学の経済学者、ジョゼフ・シュンペーターが一九四二年に発表した概念である。強力な概念の多くがそうであるように、この概念も単純だ。市場経済はたえず内部から再活性化されており、再活性化をもたらす要因として、破綻した古い企業が解体されて、新しく生産的な企業に資源が再配分されていくというものである。わたしは二十代にシュンペーターを読み、それ以来、まさにその通りだと考えてきた。そしてキャリアを通じて、創造的破壊の様子を見守ってきた。

電報が好例だ。電報産業は、友だちのハービーとモールス信号で遊んでいた一九三〇年代が最盛期だった。一八五〇年代、六〇年代、神業のようにモールス信号を操った電信技師の時代にはじまり、アメリカ経済の全体を変えてきた。一九三〇年代後半には、一日当たり五十万通を超える電報が使われ、ウェスタン・ユニオンの電報配達員は現在のフェデックスの配達員と同じように、街で目立っていた。電報はアメリカ各地の都市や町を結び付け、企業や家庭が連絡をとりあうのに要する時間を短縮し、アメリカの産業と金融市場を世界各地と結び付けていた。当時は家族でも企業でも、とくに重要な連絡や緊急の連絡には電報が使われている。

しかし、これほどの大成功を収めていた電報産業が、消えようとしていた。子供のころに憧れた神業のような電信技師は、すでにかなり以前に退場している。キーがひとつしかない電信機に代わってタイプライターが使われるようになったからだ。ウェスタン・ユニオンのオペレーターはタイピストとして電文を英語のままで送信しており、モールス信号は使わなくなっていた。モールス信号の練習は文字通り、子供の遊びにすぎなくなっていたのである。

そして当時、電話が新たな成長産業になっている。遠方との通信の手段として、電報に代わって電話が使われるようになってきたのだ。一九五〇年代後半には、タウンゼント・グリーンスパンでは、ウィリアム・タウンゼントが古くからの顧客に電報を打つことがたまにあったが、もはや事業の重要な手段として電報を使うことはなかった。顧客との連絡には主に電話を使っている。効率的だし、コストが低く、したがって生産的だ。新しい技術が浸透して、モールス信号の名人が退場して名人芸が失われたことを、わたしは残念に思っていた（もっとも、モールス信号の名人が登場したために、その前の時代に早馬の駅伝で郵便物を運んだポニー・エクスプレスが消えている）。

この盛衰のパターンを、わたしは繰り返しみてきた。コンサルタントだった時代には、リング・サイドの特等席でブリキ缶の衰退の様子をみていた。一九五〇年代はツナ缶と缶詰スープの時代であった。缶詰などの加工食品を使って家族のために夕食を作るのが、郊外型の生活の象徴であり、缶切りはモダンなキッチンに欠かせない道具であった。食品会社は缶詰が大好きだった。野菜や肉、飲料を詰め、長距離を輸送し、長期間にわたって貯蔵できるからだ。昔ながらの食料品店では店員が食品を計り売りしていたが、時代の流れに取り残されることになる。もっと効率的で、安い価格で販売するセルフ・サービスのスーパーマーケットとの競争に負けて、姿を消していったのだ。

一九五〇年代の缶詰はスチール缶だが、実際にはブリキ、つまり錫メッキをした鋼板で作られている。タウンゼント・グリーンスパンの顧客だった鉄鋼会社は缶詰用の錫メッキ鋼板を大量に販売していた。一九五九年には約五百万トンであり、鉄鋼業界全体の生産量の約八パーセントを占めている。このころ、鉄鋼産業は苦境にあった。全米規模の激しいストライキがあり、四か月近くも生産が止まった。このときはじめて、大手鉄鋼会社はドイツ、日本の鉄鋼会社との競争に直面するようになった。

アルミ産業も苦境にあった。景気後退でアルコア、レイノルズ、カイザーという大手三社で利益が減少していた。年に五百万トンというのは巨大な市場であり、見逃す手はないように思えた。アルミ缶はそのころに開発されたばかりで、スチール缶にくらべて軽く、製造が簡単でもあった。スチール缶は三枚の板から作られるが、アルミ缶は二枚の板で作られるからだ。それに色彩豊かなラベルを印刷するのも、アルミ缶の方が容易だ。一九五〇年代後半にはすでに、冷凍濃縮ジュースの容器の底と蓋にアルミが使われている。そして、クアーズ・ブリューイング社が七オンス（約二百ミリリットル）の小型アルミ缶でビールを売り出し、人気を集めた。通常のスチール缶の十二オンス（約三百五十ミリリットル）より小さいサイズにしたのが人気の一因になったようだが、実際には十二オンスのアルミ缶を製造する技術がまだ確立していなかったのである。だが一九六〇年代初めには、缶メーカーがこの問題を解決している。

最大の影響を与えた技術革新はプル・トップであり、一九六三年に登場した。これで缶切りが不要になった。そして、プル・トップが使えるのはアルミ缶だけだ。アルミ業界最大手のアルコアは、わたしの顧客であった。CEOが収益性の高い新分野に進出して事業を多角化する道を探していた。競争相手のレイノルズが家庭用アルミホイルの市場を開拓したのに倣おうとしたのだ。執行副社長はアルミ缶に熱意を燃やしていた。「ビール缶にアルコアの未来がある」が口癖だった。プル・トップがあらわれたとき、CEOと執行副社長は熱心にこれを推進している。

ビールにプル・トップ缶をはじめて使ったのはシュリッツだ。他社もすぐに採用し、一九六三年末にはアメリカのビール缶の四十パーセントがプル・トップのアルミ缶になっている。ソフト・ドリンクの巨大企業がこれに続いた。一九六七年にはコカ・コーラとペプシがアルミ缶に転換している。飲料用のスチール缶は電信機と同じ道をたどることになった。そして、投資資金は技術革新の後を追う。アルミ缶への転換で、アルコアは一九六六年秋に創業以来七十八年で最高の利益をあげた。一九六〇年代後半には成長株がもてはやされたので、アルミ株は大人気になった。

鉄鋼会社にとって、ビールと清涼飲料の缶の市場を失ったのは、その後長期にわたって続く苦境と低落の第一歩になった。それまで、アメリカは鉄鋼をあまり輸入していない。外国製の鉄鋼はアメリカの品質基準を満たしていないというのが常識だったからだ。しかし、一九五九年のストライキが二か月目に入り、さらに三か月目に入ると、自動車メーカーなどの大口需要家は他国に供給先を探さざるをえなくなった。そして、ヨーロッパや日本からの輸入品が一流の品質であり、しかもその多くが価格も安いことに気づいた。一九六〇年代末になると、鉄鋼産業はアメリカ経済の象徴の地位を失い、代わって、ＩＢＭなどの高成長企業がもてはやされるようになっている。シュンペーターがいう「つねに吹き荒れる創造的破壊の嵐」が大手鉄鋼会社に打撃を与えるようになったのだ。

タウンゼント・グリーンスパンでは需要は十分にあったが、事業の拡大を急ぎすぎないように注意した。規模よりも利益率に重点をおき、四十パーセント台に維持するようにした。そして、一社や一業種の顧客に依存しすぎないようにし、主要な顧客を失っても経営が傾く事態にならないようにした。ウィリアム・タウンゼントはこの方針に全面的に同意してくれた。わたしにとって、これ以上は考えられないほどの理想のパートナーであった。一九五八年に心臓発作で亡くなったので、ともに仕事ができたのはわずか五年だったが、その間にほんとうに親密になっている。心優しい理想の父親のような人だった。利益を公平に分けるべきだと主張し、最後にはわたしの取り分の方がはるかに多くなるようにしてくれた。嫉妬や競争といった感情はまったくなかった。タウンゼントが亡くなったとき、わたしは会社の株式を遺族から買い取ったが、遺族にお願いして社名にタウンゼントの名前を残すことにした。どうしても残したいと思ったのだ。

アイン・ランドはわたしにとって、人生に安定をもたらす存在になった。短期間のうちに、考え方が一致するようになった。というより、主にわたしがランドの考え方を理解できるようになったのだ。一九五〇年代から六〇年代初めにかけて、ランドのアパートメントで開かれた毎週の集まりに、わたしは常連として出席している。ランドはまったく独創的な思想家であり、鋭い分析力、強い意思、あくまでも筋を通す姿勢をもち、合理性こそが最高の価値だと一貫して主張した。この点で、わたしの価値観もランドの価値観に一致していた。数学と厳密な思考が重要だと考えていたのだ。

しかしランドの思想はそれだけに止まらない。わたしとは比較にならないほど幅広い思想をもっていた。アリストテレスの哲学、とくに、意識とは切り離された客観的な現実があって、それを知ることができるという見方に心酔していた。自分の哲学を客観主義と呼んだのはこのためだ。また、アリストテレス倫理学の基本的な考え方、つまり、各人には生まれつき高貴な性格が備わっており、この潜在的な高貴さを活かすのが人間にとってもっとも重要な義務だとする考え方をとっていた。ランドと議論して思想を追求していくと、論理学と認識論の最高の講義を受けているようであった。わたしはランドの主張の大部分を理解できるようになった。

ランドの「共同体」はわたしにとって、大学と経済専門家の集まり以外でははじめての議論と社交の場であった。徹夜の議論に参加し、新しい思想に触れた若者に特有の熱意をこめて、ニューズレターに熱心に寄稿した。そうした若者がみなそうであるように、新しい思想を極端な形、単純化した形でとらえようとした。ほとんどの人は思想を当初、単純な概要の形で理解し、複雑な部分や限界を理解するのは後になる。単純な形で理解しなければ、限界は分からないし、何も学べない。だが、自分が獲得した新しい考え方に矛盾があることが分かるようになると、熱意は薄れていった。

とくに考えさせられる矛盾があった。社会にとって必要な機能を政府が果たすためには税金が不可欠だが、税金をとりたてるために権力を行使するのは道徳に反すると考えるのであれば、警察力によって個人の権利を保護するために必要な経費をどのようにして賄うのか。政府が必要だと理性的に判断したものが自主的に資金を拠出するべきだというのがランド主義者の答えだが、これでは不十分だ。人はみな自由な意思をもっている。資金の拠出を拒否した場合にはどうするべきか。

それでも、制約のない市場の競争を重視する見方は全体として説得力があるとみていたし、いまもそうみている。だが、自分の見方の体系に限界があるのであれば、その体系を受け入れるように他人に主張することはできないことに、しぶしぶとではあるが気づくようになる。一九六八年の大統領選挙でニクソン陣営に参加するかなり前から、わたしは批評家としてではなく、政権の一翼を担う政策担当者として、自由市場資本主義の発展に尽くそうと考えていた。大統領経済諮問委員会委員長への就任に同意したとき、憲法はもちろん、連邦法のすべてを支持すると誓約しなければならないことは分かっていた。その多くは間違いだと考えていたのだが。民主主義社会に法の支配を適用するとき、公共の問題のほぼすべてで何らかの意見の不一致があることが前提になっている。妥協は、文明の発達の代償であって、原則の放棄ではない。

フォード大統領が出席して、大統領執務室で大統領経済諮問委員会委員長就任の宣誓式が行われたとき、アイン・ランドがわたしの隣にいたことは少しばかり注目された。ランドは一九八二年に死亡したが、それまで親しい関係が続いていた。わたしの人生に大きな影響を与えてくれたことをいまでも感謝している。ランドに会うまで、わたしの知識は狭い範囲に限られていた。それまでのわたしの仕事はすべて事実と数値に基づくもので、何らかの価値観を追求するものではなかった。経済分析には熟達したが、それだけであった。論理実証主義の立場をとり、歴史や文学を軽視していた。チョーサーは読む価値があるかと聞かれれば、「時間の無駄だ」と答えていただろう。ランドからは人間を観察し、各人がどのような価値観をもっているか、どのように仕事をしているのか、何をしており、その理由は何なのか、どのように考え、その理由は何なのかを観察することを学んでいる。このため、それまでに学んできた経済学のモデルから、はるかに大きな分野へと視野が広がった。社会がどのように形成され、文化がどのような影響を与えるかを学び、経済学と経済の予想がそのような知識に依存していることを学んでいる。文化が違えば、物質的な富もまったく違う形で作られていく。こうした見方はすべて、アイン・ランドから学んだものだ。わたしがそれまで関心をもたなかった広大な現実に、目を開かせてくれたのである。

第三章　経済学と政治の出会い

経済予想は一九六〇年代に、ワシントンに旋風をまきおこしている。そもそもの始まりはミネソタ大学教授で、このとき大統領経済諮問委員会の委員長を務めていたウォルター・ヘラーが、減税を実施すれば景気を刺激できるとケネディ大統領に進言したことであった。大統領は消極的だった。何しろ、アメリカ国民に自己犠牲を呼びかけて大統領になったのだから。それにこのときの状況では、減税を実施すれば財政政策を大きく転換することになる。財政収支が赤字だったからだ。当時、経済は家計をモデルにして運営されていた。財布の紐を締めて、収支の均衡をはからなければならないとされていたのである。アイゼンハワー大統領がある年に、財政収支が三十億ドルの赤字になったことを国民に謝罪したほどだ。

しかしキューバのミサイル危機の後、一九六四年の選挙が近づいてきた時期に、景気が低迷を続けていたため、ケネディ大統領もようやく納得した。一九六三年一月に議会に提案された百億ドルの減税案は劇的だった。第二次世界大戦後、現在にいたるまで、ＧＤＰに対する比率でみてこれほど大規模な減税は例がない。現在のブッシュ政権のもとで実施された三回の減税の合計に匹敵するほどの規模だったのだ。

ケネディ暗殺の直後に、リンドン・ジョンソン大統領が署名して減税法案は成立した。幸い、減税の効果は大統領経済諮問委員会が約束した通りになった。一九六五年には景気が好調になり、経済成長率が六パーセントを上回り、ウォルター・ヘラーが計量経済モデルで予想した水準になったのだ。

エコノミストは歓喜した。経済予想の謎をついに解明できたと考え、手放しに喜んだのである。大統領経済諮問委員会は一九六五年一月に発表した年次報告書でこう論じている。「経済政策の新しい時代が近づいている。経済政策のツールが高度になり、効果的になって、伝統や誤解、空理空論に振り回されなくなってきた」。経済政策の策定にあたっては経済の動きに受動的に対応するだけでなく、「将来の動きを予想し、形作る」べきであると。株式市場はブームにわき、一九六五年末にはタイム誌が、ジョン・メイナード・ケインズの写真を表紙に掲げて（一九四六年に死亡してから二十年近くたった人物としては異例のことだが）、「いまやわれわれはみな、ケインジアンだ」と宣言した（註1）。

わたしには信じがたいことであった。マクロ経済の予想に自信をもったことはなかったし、タウンゼント・グリーンスパンでは経済予想を顧客に提供していたが、事業の柱ではなかった。ヘラーが成功を収めたのは確かだ。しかし、パイン通り八十番地のオフィスで、ブルックリン橋を眺めながら、「ヘラーの職についていなくてよかった」と思ったのを覚えている。マクロ経済予想は科学よりも芸術に近いことをわたしは知っていた。

減税の効果で好調になった経済はその後、ジョンソン政権が偉大な社会政策とベトナム政策に巨額の予算をつぎ込んだことで、悪化していった。わたしはタウンゼント・グリーンスパンの事業に必要なこと以外に、政府の財政政策に強い関心をもつようになり、ジョンソン政権に批判的な論評や記事を新聞や経済誌に書くようになった。朝鮮戦争の戦費を分析した経験があったので、ベトナム戦争の戦費にはとくに興味があった。一九六六年前半、フォーチュン誌のチーフ・エコノミストを続けていたパーカーに、戦費の検討を手伝うよう依頼されたとき、わたしは喜んで引き受けた。

ジョンソン大統領が発表した戦費には、計算が合わない部分があった。アメリカ軍の増派について分かっている点を基準にすると、戦費に関するジョンソン政権の推計は低すぎるように思えたのだ（ウィリアム・ウェストモーランド将軍が政府内で、ベトナム駐留兵力を四十万人にするように求めたと伝えられていた）。そこで一九六六年七月一日にはじまる新年度について、ジョンソン大統領が議会に送った予算案を検討し、国防総省の支出の慣行とパターンに関する知識を適用した結果、予算案では戦費の予想が少なくとも五十パーセント、金額にして百十億ドル以上、低く見積もられているとの結論に達した（予算案には露骨な脚注があり、一九六七年について、六月三〇日に作戦が終了するので、その後には戦争で失われた軍用機などの装備の補充に要するコストは発生しないと想定すると記されていた）。

フォーチュン誌は一九六六年四月に「ベトナム戦争の戦費計算」と題する記事で、この調査結果を

註１　リチャード・ニクソンが一九七一年にこの言葉を使って、財政赤字と経済介入政策を正当化した。

発表した。そして結論として、「予算案はベトナム戦争で今後発生する戦費の水準をほとんど明らかにしていない」と断じている。定評のあるビジネス誌の記事だったので、ジョンソン政権がベトナム戦争の戦費を隠しているのかどうかをめぐる論争がさらに激しくなった。(註2)

しかし、戦費に関して疑問をもっていた点を除けば、わたしはこの時代の流れとは無縁だった。一九六〇年代というと、公民権運動、反戦デモ、セックス、ドラッグ、ロックンロールを思い浮かべる。文化が派手に激変した時代なのだ。だがわたしは、世代の断絶の反対側にいた。一九六六年に四十歳になった。つまり大人になったのは一九五〇年代であり、背広とネクタイでパイプをふかす時代だったのだ(パイプにつめたのは、刻みタバコだ)。一九六〇年代にもモーツァルトやブラームス、ベニー・グッドマンやグレン・ミラーを聞いている。ポピュラー音楽はエルビス・プレスリーが登場してからは、まったくといっていいほど理解できなくなっていた。雑音に近いと感じたのだ。ビートルズはそこそこ優れていると思っていた。歌がうまいし、人間としての魅力がある。その直後にあらわれたミュージシャンの一部とくらべると、ビートルズの音楽はクラシックといえるほどだ。一九六〇年代の文化になじめなかったのは、反知性主義だと思えたからだ。わたしには保守主義と文明への信頼が深く根づいている。だから、この時代の風潮には共鳴しなかった。わたしには参加しない自由があり、参加しない道を選んだ。

政治に関係するようになったのは一九六七年、大統領選挙運動でニクソン候補の陣営に参加したときだ。そのころわたしは、本来の仕事とは別に、コロンビア大学で金融論を教えるマーティン・アンダーソン教授とともに経済学の教科書を書いていた。教授に都市再開発を批判した著書の『連邦政府のブルドーザー』で保守主義者の間で有名になり、ニクソンに注目された。教授とわたしは自由放任の資本主義の教科書を書く計画を立てていて、皮肉をきかせる意味もあって、学者のアンダーソン教授が企業経営に関する章を担当し、経営コンサルタントのわたしが理論を扱う章を担当することにした。だが、執筆がはじまってそれほどたたないころ、教授はニクソン候補から国内政策顧問の責任者に就任するよう要請された。

アンダーソン教授はニクソン陣営にくわわるとすぐに、少人数で政策立案とスピーチライティングを行っているので手伝ってくれといってきた。その時点には、選挙運動の主要なスタッフは、マーティン・アンダーソン以外に四人しかいない。責任者のパット・ブキャナン、ウィリアム・サファイア、レイ・プライス、レナード・ガーメントだ。そのうちガーメントだけは知り合いだったが、ヘンリー・ジェローム楽団で二十年以上前にともに演奏して以来、ごくたまに会うだけであった。そのときにはニューヨークにあるニクソンの法律事務所、ニクソン・マッジ・ローズ・ガスリー・アクレサンダー＆ミッチェルのパートナーになっていた。わたしはスタッフ五人とともに昼食に行き、選挙運動にどのように協力できるかを話し合った。そのときに話したアイデアのうちいくつかが気に入ってもらえたようで、最後にブキャナンが、話を進める前に候補者に会ってほしいといった。

註２　ジョンソン大統領は当初から予算の扱い方が杜撰《ずさん》だった。たとえば、歴史家でジョンソン大統領の顧問だったエリック・ゴールドマンは一九六九年の回顧録で、はじめての予算案の際に、「経済最優先の姿勢と政策目標を達成する能力に関する印象を強めるために」、大統領がマスコミに間違った情報を与えたと記している。

二日ほど後に、わたしはニクソンに会うためにオフィスに行った。この人が政治の世界に戻ってきたのかと興味津々だった。誰でもそうだが、一九六二年のカリフォルニア州知事選挙に負けたとき、記者に向けた捨て台詞をわたしも覚えている。ニクソンは新聞報道が敗因になったと考えていて、こういった。「みなさんは今後、ニクソンをいじめることはできなくなる。なぜなら、これがわたしの最後の記者会見だからだ」。ニクソン・マッジ・ローズにあるニクソンのオフィスに入ると、記念品や署名入りの写真が所狭しと並んでいる。かつての大物政治家がこの小さなオフィスで、思い出の品に囲まれてひっそりと余生を送っている、そういう場所に来たように感じた。しかしニクソンは高級な服を着こなしていて、ニューヨークで成功を収めている有力弁護士のように見えるだけでなく、まさに有力弁護士として振る舞っていた。世間話に時間を無駄にすることもなく、経済と政策に関する巧みな質問でわたしの意見を聞き出した。自分の意見を話すときには、そのままでセンテンスとパラグラフが見事に整った文章になる話し方をする。これには感心した。その後、選挙運動が白熱するようになったころ、記者会見にのぞむニクソンに問題を説明する機会が何度かあったが、そのときも、神経をはりつめて事実を追求する弁護士の姿勢になった。それまでそれほど知らなかったはずの問題について、たとえば最新のニュースについて、話を五分間聞いただけで記者会見にのぞみ、その問題を専門にする教授と変わらないほど豊富な知識をもっているかのように発言する。わたしが関わった大統領のなかで、ニクソンとクリントンは飛び抜けて優秀だと思う。

ニクソンの選挙本部はパーク街五十七丁目の旧アメリカ聖書協会ビルにあった。はじめは週に二回、午後に働くだけだったが、選挙が本格化すると週に四回になり五回になり、それ以上になった。わたしは「経済・国内政策顧問」という肩書だったが、最後まであくまでもボランティアとして協力している。マーティン・アンダーソン教授はコロンビア大学を休職にしてフルタイムで働いており、わたしは教授に密接に協力した。仕事のひとつは浮かび上がってきた問題への対応を調整することだった。急いで調査し、結果をその夜のうちにニクソンと選挙運動チームにファックスで送信する。ニクソンはつねに問題を把握しているという印象を与えたいと望んでおり、わたしは各種の経済問題を協議する専門委員会をいくつも組織した。専門委員会の最大の目的は、人材を陣営に引きつけることだった。当時は民主党員数が共和党員数の二倍に近かったので、（註3）できるかぎり人材を引きつける必要があった。それぞれの専門委員会は会合を開き、各委員がニクソンに意見を話し、全員がにこやかに握手をかわして写真をとる。これが仕事のひとつだったが、わたしにとってもっとも楽しく、選挙運動にわたしなりの貢献ができたと思うのは、州や地方の世論調査結果をまとめて、全体の動向をつかめるようにしたことだ。二〇〇四年の選挙運動のときであれば、五十州の世論調査結果に基づく選挙人獲得数予想が毎日更新されているので、政治家はインターネットでこの予想を簡単に利用できた。だが一九六八年にはそのような仕組みはなかった。そこでわたしは当時としては最善だと思えるものを開発した。各州の世論調査結果をできるかぎり入手し、過去の投票パターンやトレンドと関連づけ、世論調査がなかった州の動向を推計する。そして、有権者の票と選挙人の票を予想したのである。

註3　アメリカ有権者研究委員会の調査によれば、民主党員の一千七百万人に対して、共和党員は九百万人だった。

一九六八年七月後半、共和党大会の一週間前、ニクソンは選挙本部の幹部をロング・アイランドの東端、モントークにある海岸のリゾート・ホテル、ガーニーズ・インに集めた。十五人ほどが参加し、何か月か前に働きはじめたときにいた少数の幹部も全員参加している。共和党候補への指名に必要な票数はすでに獲得していたので、指名受諾演説で取り上げたい点を議論することが目的だった。だが、会議室で席についたとき、ニクソンはなぜか不機嫌だった。そして、政策について議論するはずの場で、民主党がいかに悪辣かを非難しはじめた。声をはりあげたわけではないが、口調は厳しく、四文字言葉がつぎつぎに飛び出して、マフィア映画の主人公、トニー・ソプラノでも赤面するに違いないと思えるほどだった。わたしは愕然とした。こんな人のために働いてきたつもりはない。そのときにはまだ、ニクソンの人格の重要な側面をみたのだとは思わなかった。ひとりの人間にこれほど違った面があることが理解できなかっただけだ。しばらくするとニクソンは落ちつき、会議がはじまった。だがそれからは、ニクソンを以前と同じようにみることができなくなった。わたしは困惑し、選挙の後にホワイトハウスのスタッフになるよう求められたとき、「自分の仕事に戻りたい」といって断っている。

ニクソンの粗野な側面はもちろん、五年後にウォーターゲート事件のテープが公表されてあきらかになっている。このテープで、きわめて優秀でありながら、とんでもなく偏執的で、人間嫌いで、冷笑的だとみられるようになった。後に、クリントン政権の高官が、ニクソンはユダヤ人嫌いだと非難したので、わたしはこう話した。「それは誤解だ。とくにユダヤ人が嫌いだというわけではない。ユダヤ人を嫌い、イタリア系を嫌い、ギリシャ系を嫌い、スロバキア系を嫌っていた。好きな人間はひとりもいなかったと思う。人をみな憎んでいた。ヘンリー・キッシンジャーを酷評していたが、それでも国務長官に任命した」。ニクソンが辞任したとき、わたしはほっとした。何をするか分からない人物であり、その人物が強大な権力をもつ大統領の地位にあるのは恐ろしかったのだ。軍の将校は憲法を守ると宣誓しており、「大統領、それはわたしにはできません」というのは容易ではない。

もちろん、ニクソンは極端だ。しかしわたしは、権力の頂点に立つ人間がみな、かなり変わっているのをみてきた。ジェラルド・フォードは大統領としてはめずらしいほど変わったところが少なかったが、選挙で選出されてはいない。わたしは長年、憲法修正条項を提案してきた。「アメリカ合衆国大統領に選出されるために必要なことを行おうとする人物は、ここに大統領への就任を禁止される」というものである。わたしは半分本気である。

ニクソン政権で正式なポストにつくことはなかったが、ワシントンでの活動がわたしの生活で重要な部分になった。大統領就任式までの間、予算責任者を務め、ニクソン政権にとってはじめての予算案の策定にあたっている。いくつかの委員会の委員にもなった。とくに重要なのは、マーティン・アンダーソンが中心になって計画した完全志願制軍隊に関する大統領委員会であり、議会が徴兵制を停止する道を開くことになった(註4)。政権で経済や内政を担当する高官になった友人や知人が多かったので、ワシントンですごす時間が長くなっていった。

註4　マーティン・アンダーソンは委員会を設立したが、参加はしていない。委員長はアイゼンハワー政権の国防長官だったトーマス・S・ゲイツ・ジュニアである。

ベトナム戦争と国内の混乱の影響を受けて企業が苦闘していたため、経済は乱調だった。戦費を賄うためにジョンソン大統領が遅まきながら連邦所得税に十パーセントの付加税を課し、ニクソン大統領がこれを維持したことも、景気の重荷になった。一九七〇年には景気後退に陥り、失業率が六パーセントに上昇し、約五百万人が職を失っている。

同時に、インフレ率が景気と関係なく動くと思えるようになった。どの経済予想モデルでもインフレ率が低下するはずだとされたこの時期に、約五・七パーセントになっている。その後の水準と比較すれば低いが、当時の基準では不気味なほど高かった。当時の主流だったケインズ経済学の見方では、失業率とインフレ率はシーソーに乗っている子供のような関係にあって、一方が上がれば、他方は下がるとされている。ぎりぎりまで単純化するなら、失業率が高ければ、賃金と物価の上昇圧力は弱くなるし、失業率が下がり労働市場が逼迫すれば、賃金と物価が上昇する可能性が高いと主張されていたのだ。

ケインズ経済学のモデルでは、失業率とインフレ率が同時に上昇する可能性は考慮されていなかった。失業率とインフレ率が同時に上昇し、スタグフレーションと呼ばれるようになる現象に直面したとき、経済政策担当者は困惑した。十年前には予想ツールを使いこなす政府のエコノミストは経済の先を見通せると思えたのだが、実際には政府が景気を微調整できるほど、予想ツールの性能はよくなかったのだ（数年後の世論調査で、エコノミストの予想能力は占星術師と同等と評価されていた。その結果をみて、占星術師はそれほど間違ってばかりいるのだろうかとわたしは首をひねった）。

経済の苦境を解決する政策をとるよう政府に求める政治的圧力が高まった。アーサー・オーカンはジョンソン政権の大統領経済諮問委員会委員長だった経済学者であり、皮肉っぽいユーモアのセンスでも有名だが、このジレンマを示すものとして「不快指数」を開発した。失業率とインフレ率を合計しただけの単純な指数だ。不快指数はこのとき十・六パーセントであり、一九六五年以降、上昇しつづけていた。(註５)

わたしはワシントンにいる友人がひとつの政策から別の政策へと揺れ動くのをみていた。景気後退に対応し、所得税付加税の景気抑制効果に対抗するために、ＦＲＢは政策金利を引き下げ、資金を市中に供給した。これで景気は回復したが、インフレがさらに悪化することにもなった。ニクソン政権内では、大統領選挙の際に協力した自由市場経済の信奉者が忌み嫌う政策、賃金と物価の統制を導入しようとする動きが強まっていた。旧師であり、その後も親しくしてきたアーサー・バーンズさえ、一九七〇年にニクソン大統領に指名されてＦＲＢ議長に就任していたが、これに似た所得政策について語るようになっている。バーンズが意見を変えたのはショックだった。政治的に苦しい時期だったうえ、ＦＲＢ議長という新たな立場から、経済に警戒すべき動きがあることに気づいているのだろうとわたしは考えた。ＦＲＢが経済の先行きを懸念しているのはあきらかだ（いまの時点から振り返ってみると、バーンズは賃金と物価の統制を正式な政策として採用しないよう求めるために、所得政策という考え方をもちだしていたのかもしれない）。そして一九七一年八月十五日日曜日、自宅の電話

註５　不快指数は後に窮乏指数と呼ばれるようになり、少なくとも二回の大統領選挙で使われた。一九七六年にジミー・カーター候補がフォード大統領を批判するために使い、一九八〇年にロナルド・レーガン候補がカーター大統領を批判するために使っている。

が鳴った。ニクソン政権の大統領経済諮問委員会委員、ハーバート・スタインからだ。「キャンプ・デービッドから大統領の指示を受けて電話しています。今晩、全米に向けてテレビ演説を行い、賃金と物価の統制を発表するので、事前にお知らせします」。この夜は二つの理由で忘れられないものになった。第一に、ニクソン大統領の演説で、大好きな西部劇の「ボナンザ」が放送されなかった。第二に、床においてあるものを取ろうとして、腰をいためた。それから六週間、ベッドから離れられなかった。わたしはいまでも、賃金と物価の統制が腰をいためた原因だと思っている。

政権に入らなくてよかったと思った。バーンズ夫妻はウォーターゲート・アパートメントに住んでいて、わたしはときおりそこで夕食をご馳走になった。そんなおり、バーンズはホワイトハウスの最新の政策に触れて、「何ということだ、いったい何をしようと考えているのだろう」というのだった。ニクソン大統領が賃金と物価を統制するようになった後、わたしはワシントンに飛んでドナルド・ラムズフェルドに会った。賃金と物価を統制するために政府に設立された経済安定化プログラムの責任者になっていたからだ。ラムズフェルドは生計費会議の議長も務めていて、ディック・チェイニーが副議長だった。わたしが助言を求められたのは、個々の産業の動きに詳しかったからだ。しかしわたしにできたのは、ある部分で価格を凍結したときにどのような問題が起こるかを示すことだけだ。市場経済に中央計画を導入すると、市場はかならず統制の試みを出し抜くので、問題にぶつかることになる。ある週には繊維産業で問題が起こった。農業団体は政治力があるので、政府は綿花の価格を統制できなかった。綿花は値上がりする。だが、加工の第一段階にあたる未漂白未染色の綿織物の価格には上限を設けていた。このため紡績会社が苦しくなった。原料価格は上昇しているのに、商品価格はあげられないからだ。そこで、未漂白未染色の綿織物の製造を止める。すると突然、仕上げ加工会社と縫製会社が、材料が入手できないと悲鳴をあげるようになった。ラムズフェルドは「どうすればいいんだ」と質問し、わたしは「簡単だよ、価格をあげればいい」と答える。こうした問題が毎週でてきて、二年もすると賃金と物価の統制は完全に崩れてしまった。かなり後に、賃金と物価の統制は最悪の政策だったとニクソンは語っている。だが、悲しい現実がある。これが悪い政策であることを、ニクソンははじめから知っていた。それでも政治的に得策だとして採用した。多数の経営者が賃金の凍結を望んでいた。多数の消費者が物価の凍結を望んでいた。だから、賃金と物価を凍結する政策をとったのである。

一九七三年十月、アラブ産油国がアメリカへの原油輸出を禁止したことで、インフレ率と失業率がさらに上昇した。そして、アメリカ人は自信と自尊心を打ち砕かれた。消費者物価指数は急激に上昇し、翌一九七四年には「二桁インフレ」という言葉が生まれている。同指数上昇率が十一パーセントに達して衝撃を与えたからだ。失業率も五・六パーセントと高く、株価は急落し、経済は一九三〇年代以降では、最悪の不況に突入しようとしていた。そして、ウォーターゲート事件がすべての面に影を落としていた。

このように気が滅入るニュースが続いていたとき、ウィリアム・サイモン財務長官から電話があり、ハーバート・スタインが辞任することになったので、大統領経済諮問委員会の委員長を引き受けないかと聞かれた。大統領経済諮問委員会委員長といえば、エコノミストにとって、財務長官、ＦＲＢ議長と並んで、ワシントンでとくに重要な職のうちのひとつだ。ふつうなら、胸の高鳴りを感じながら引き受けたはずだ。だがこのときには、ニクソン大統領の政策の多くに同意できなかった。だから、わたしにはうまくつとまらないだろうと感じた。そこで、そういっていただけるのはありがたいし、他の候補者を推薦することもできるが、就任は辞退したいとサイモンに伝えた。一週間ほどたって、サイモンからもう一度電話があった。「ありがたいが、辞退したいというのは本気だ」というと、「ヘイグに会うだけでも会ってもらえないか」という。アレグザンダー・ヘイグはニクソン大統領の首席補佐官だ。会うことに同意すると、翌日、ヘイグから連絡があり、フロリダ州キー・ビスケーンに来てくれないかという。ニクソン大統領が休暇によく利用する保養地だ。ヘイグはホワイトハウスが真剣であることを示した。キー・ビスケーンまでの往復のために、軍の高官用ジェット機をスチュアード付きで派遣してくれたのだ。到着後、ヘイグと二人で長時間話し合った。わたしはこう話した。「わたしは適任ではない。委員長になった後に同意できない政策がとられれば、辞任するしかなくなる。そんな人間を選ぶことはない」。賃金と物価の統制はこの時点で大部分が撤廃されていたが、インフレを解消するために再導入するよう議会が強い圧力をかけていた。再導入されれば辞任するしかなくなると話した。ヘイグはこう語った。「その方向はとらない。だから、辞任する必要があると感じるようにはならないはずだ」。わたしが帰る時間になって、ヘイグが「会っていくか」とたずねた。ニクソン大統領にである。「会う理由はないと思う」とわたしは答えた。実際には、そのころでもニクソンに不安を感じていたのだ。また、大統領経済諮問委員会委員長の件で確信がもてなかったし、大統領にノーというのは世界でいちばんむずかしいとも感じていた。

ニューヨークのオフィスに帰るとすぐに電話が鳴った。今度はアーサー・バーンズだった。会いたいのでワシントンに来てくれないかといわれて、わたしは同意した。これが間違いだった。旧師はパイプをふかしながら、わたしの後ろめたさを刺激した。「ニクソン政権は麻痺状態にある。だが、経済活動は続いているのだから、経済政策をやめるわけにはいかない。国のために働く義務があるはずだ」。さらに、タウンゼント・グリーンスパンを設立して二十年になるのだから、会社が自立できるかどうか、試してみる時期ではないかとも指摘した。話し合いが終わるころ、わたしはワシントンで何か役に立つことができるかもしれないと思うようになっていた。しかし、アパートは月極めで借り、いつでも辞める姿勢を示すために、スーツケースに身の回りのものをつめて、ドアのところに置いておこうと考えた。

ニクソン大統領があれほどの苦境になければ、この職を引き受けなかっただろう。わたしは職務代行に近い仕事を引き受けたように感じていて、当面の混乱を抑えるために協力するつもりだった。長く続けるとは思っていなかった。ニクソン大統領が任期まで職に止まっていたとすれば、たぶん、一年は続かなかっただろう。しかし、事態は思わぬ方向に急転回する。上院での承認のための公聴会が一九七四年八月八日木曜日に開催された。その日の夜、ニクソン大統領はテレビ演説で辞任を発表した。

フォード副大統領にはそれまで、一度しか会っていない。数週間前に経済について一時間ほど話し合っただけだ。しかしそのときに気があっていたし、政権移行チームの責任者になったラムズフェルドの主張もあって、フォードはニクソンによる任命を確認した。

大統領経済諮問委員会は要するに小さなコンサルティング会社であり、たったひとりの顧客、大統領のために働いている。ホワイトハウスから道を隔てたところにある行政府ビルにオフィスがあり、三人の委員と少数のエコノミストがいて、たいていは大学から一年か二年の休職を認められた大学教授だ。ニクソン政権のもとで大統領経済諮問委員会はきわめて政治的になり、スタイン委員長が政権を代表して発言することが多かった（通常、経済問題で政権のスポークスマンを務めるのは財務長官である）。わたしは委員会の役割を本来の顧問業務に戻したいと考えた。他の二人の委員、ウィリアム・フェルナー、ゲーリー・シーバースと少し相談した後、毎月の定期記者会見を取り止めた。公の場での発言は最小限に抑え、議会との接触も必要最小限に抑えることにした。もちろん、議会に求められれば、証言しなければならないが。

大統領経済諮問委員会の委員長として、わたしは異例だった。博士号をもっていないし、大部分の経済学者とは違った観点で経済をみているからだ。タウンゼント・グリーンスパンにあるコンピューターと最先端の計量経済モデルは、どの経済学教授にも高く評価されるはずだが、われわれが重視してきたのは産業レベルの分析であって、失業率や財政赤字といったマクロ変数ではない。

フォードはニクソンと、昼と夜のように違っていた。フォードは精神的に安定しており、いままで知り合ったなかで、これほど心理的なこだわりの少ない人はあまりいないといえるほどだ。奇異な印象を受けるようなことはないし、隠れた動機があると感じることもない。怒っているときは、当然だと思える理由がある。だが、怒ることはまずなく、これほどいつも冷静な人は少ない。一九七五年、サイゴン陥落の直後に、クメール・ルージュがカンボジア沖の航路を航行していたアメリカのコンテナ船、マヤグエズを拿捕《だほ》した。経済に関する会議があって、わたしはフォード大統領の隣りに座っていたのだが、国家安全保障会議担当の大統領副補佐官、ブレント・スコウクロフトが入ってきて、大統領の前にメモを置いた。大統領はそれを開き、読んだ。これが第一報だった。大統領はスコウクロフトに顔を向け、「許可する。われわれが先に発砲しないことが条件だ」といった。そして会議に戻って議論を続けた。わたしはメモをみていないが、クメール・ルージュから発砲を受けた場合、必要なら反撃する許可を与えたのはあきらかだった。

フォードはいつも、自分が知っていることが何で、知らないことが何なのかを理解していた。ヘンリー・キッシンジャーとくらべて自分の方が知的に優れているとか、外交政策についてよく知っているとか考えていなかったが、気押されることはなかった。自分をよく知っていた。心理テストで正常という結果がでる人はめったにいないが、おそらく、そういう人のひとりなのだろう。

経済に極端に明るいわけではないが、経済政策に関する見方は洗練され、筋が通っている。下院歳出委員会で長年活躍してきたなかで、連邦予算について知るべき点はすべて把握しており、大統領になって編成した予算はたしかにフォードの予算であった。それ以上に重要な点として、歳出の抑制、財政均衡、安定した長期的な経済成長が重要だとみていた。

フォード大統領はインフレを解決する政策の開発を最優先課題とし、最初の議会演説で、インフレこそが国民にとって第一の敵だと指摘している。この年、インフレ率が十パーセントを超えたことから、誰もがインフレに怯えていた。消費者は生活費が足りなくなるのを恐れて、支出を減らす。企業はインフレによる不確実性とリスクの高まりで事業計画を立てるのがむずかしくなり、採用や、工場建設などの成長のための投資を控える。これが一九七四年の状況であり、設備投資が事実上凍結されて、景気後退がはるかに厳しくなった。

わたしは大統領の優先課題に賛成だったが、ホワイトハウスのスタッフがそのために策定した計画には仰天した。ホワイトハウスのローズベルト会議室で開かれた会議にはじめて出席したとき、すぐにニューヨークに帰ろうかと考えたほどだ。上級幹部の会議で、スピーチライティング部門が「インフレ撲滅運動」と名付けたキャンペーンの計画を披露した。これにWINという略語をつけ（「分かりますか」とスタッフのひとりがたずねた）、企業に自主的な価格凍結を呼びかけ、十月にワシントンでインフレについて議論する大規模な会議を開催し、そのために各種の専門家委員会を作り、全米各地で小規模な会議を積み重ねるなど、大がかりな計画を立てていた。「インフレ撲滅運動」と書かれたバッチを何百万個も注文しており、そのサンプルが会議に出席した全員に配られた。まったく現実離れした話だ。会議に出席していた幹部のうち、エコノミストはわたししかおらず、わたしはこう思った。「信じがたいほど愚かな話だ。とんでもないところに来てしまった」

政権に参加したばかりだったので、どう振る舞うべきかが分からない。自分の考えていることをそのまま話すべきだとは思えない。そこで、経済的に問題のある点に焦点を絞ることにした。「中小企業の経営者に、値上げを自主的に見合わせるよう求めるのは無茶だ。中小企業の利益率はごく低いし、仕入れ先が値上げするのを止める力はもっていないのだから」。それから数日の間に、計画の一部を薄めることができたが、その年の秋、インフレ撲滅運動が華々しくはじまった。経済政策は落ちるところまで落ちたのだ。大統領経済諮問委員会の定例記者会見を取り止めておいてよかったと思った。

インフレ撲滅運動を公の場で擁護する必要に迫られることがなかったからだ。年末になると、景気後退が深刻化して、インフレ撲滅どころではなくなっていた。

ホワイトハウスでは経済政策を議論する主要な場、経済政策委員会の会議が毎朝午前八時半に開かれる。経済政策は当時、政治的な関心を集めていたので、誰もが参加したがった。五人か六人の閣僚、行政管理予算局長、連邦エネルギー局長をはじめ、多数が参加した。とくに重要な問題が議論されるときは、ＦＲＢのアーサー・バーンズ議長が助言者として参加する。二十五人前後になる日が多かった。問題を提起するには適しているが、真剣に議論して決定する場にはならない。経済政策を真剣に議論する場ははるかに少人数で、サイモン財務長官、ロイ・アッシュ行政管理予算局長（後に後任のジム・リン）、アーサー・バーンズ議長、わたしの四人だった。

当初は、悪いニュースを大統領に伝える仕事しかしていないように思えた。九月後半、失業者数が突然増加した。すぐに、受注、生産、雇用が一斉に減少しだした。感謝祭のころには、「来年の春にかけて、きわめて深刻な問題にぶつかる可能性がある」と大統領に伝えた。クリスマス・イブに経済政策委員会は、失業がさらに増えて、第二次世界大戦後の最悪の不況に陥る可能性があると警告するメモを大統領に送った。何ともひどいプレゼントだ。

それだけでなく、景気後退がどれほどの規模になるのか、われわれには分からないと伝えなければならなかった。景気後退はハリケーンと同じで、軽度のものから深刻な被害を及ぼすものまである。軽度の景気後退は通常の景気循環によるものだ。企業在庫が必要な水準を上回るようになり、過剰在庫がはけるまで、企業が生産を急激に減らしたときに起こる。これに対して、ハリケーンでいえばカテゴリー五にあたる深刻な不況は、在庫調整に止まらず、需要そのものが急減したときに起こる。消費者が支出しなくなり、企業が投資しなくなったときである。いくつかの可能性について議論しているのを聞いて、フォード大統領はアメリカ経済が需要の減少、レイオフ、悲観という悪循環に陥るのではないかと心配した。既存の経済予想モデルはどれも、このときに直面した状況に対応していないので、われわれは手さぐりで道を探すような状態になっていた。大統領に進言できるのは、在庫調整の景気後退が石油ショックとインフレで悪化しているだけで、ハリケーンでいえばカテゴリー二か三程度かもしれないが、カテゴリー五の可能性もあるということだけであった。

大統領は政策を決めなければならない。不快指数が二十パーセントに近づいたことから、議会は減税か財政支出の大幅増かによって、劇的な政策をとるよう求める政治的な圧力を強めていた。これは、カテゴリー五に対応した政策だ。短期的には景気が回復するが、インフレ率が一層上昇することになりかねず、長期的には悲惨な結果になりかねない。他方、在庫調整による景気後退が起こっているにすぎないのであれば、政治的にみたときには最善だといえないだろうが、経済という観点で最善の政策は、なるべく何もしないことである。パニック・ボタンを押さないように我慢していることができれば、景気は自然に回復する。

フォード大統領はパニックになるような人物ではない。一九七五年一月初め、できるかぎり穏やかな政策を立案するよう指示した。結局、エネルギー危機を緩和するための手段、歳出伸び率の抑制、家計を助けるために実施する連邦所得税の一回限りの戻し税を柱とする政策がまとまった。戻し税は民間のエコノミストで、ジョンソン政権の時代に黒人としてはじめてＦＲＢ理事になったアンドルー・ブリマーが提案した方法だ。フォード大統領はこの政策を発表する数日前に、百六十億ドルの戻し税が経済の長期的な成長に打撃になることはないかと、わたしにそっと質問した。経済的にみれば、戻し税は賢明な政策ですとわたしは答え、こう説明した。「一回限りの政策に止め、恒久的な制度にしないのであれば、経済にそれほど打撃を与えることはないでしょう」

大統領の答えには少々驚いた。「この政策をとるべきだときみが思うのなら、提案しよう」。いうまでもなく、大統領はもっと経験豊富な助言者からも意見を聞いているはずだ。だが、これはすごいとわたしは思った。大統領がわたしの助言を受け入れている。自分の責任を痛感するとともに、うれしくなった。フォード大統領は政治的にしろ何にしろ、わたしに何の借りもない。意見と事実だけが重視されているのだ。

フォード大統領の抑制のきいた政策は、経済という観点からは適切なものだった。わたしが意思決定にあたってとっている原則にも一致している。政策を検討するとき、わたしはいつもこう自問する。政策が間違っていたときに経済に与える悪影響は何だろうか。悪影響がないのなら、どのような政策でも試してみることができる。失敗したときの打撃がきわめて大きくなりうるのであれば、成功の確率が五十パーセント以上でも、その政策は避けるべきだ。失敗したときの打撃を受け入れることができないからだ。とはいえ、フォード大統領はこの政策を選ぶにあたって、政治的にかなりの勇気を必要とした。この政策が不十分だと非難されることは分かっていたからだ。そして、実際に不十分だった場合に、景気の低迷を長引かせかねないことも。

大統領経済諮問委員会はこれを緊急事態として扱うべきだと、わたしは判断した。経済が直面しているのが一時的な在庫調整なのか、それとも需要の急激な落ち込みなのか、大統領に知らせる必要がある。この点を判断するのに使えるたしかな指標は国民総生産（ＧＮＰ）であり、商務省経済分析局（ＢＥＡ）が膨大な経済統計をまとめて、経済全体の動きを示すものとして作成している。だが、ＧＮＰは四半期ごとにしか発表されず、かなり後にならないと経済の動きがつかめない。バックミラーだけを見ながら車を運転するわけにはいかない。

そこでわたしは緊急用のヘッドライトを装備しようと考えた。週ごとにＧＮＰを作成して、景気後退の動きをリアルタイムで把握できるようにしようと考えたのだ。これが可能だと思ったのは、タウンゼント・グリーンスパンで月次のＧＮＰを開発していたからだ。意思決定のためにＧＮＰを必要としているが、公式のＧＮＰが四半期ごとに発表されるのを待てないという顧客に喜ばれていた。したがって理論的な基礎はできている。週次のＧＮＰ統計を作成するには、作業を増やすだけでよい。小売企業の販売統計、失業保険新規受給申請者数などの決定的な経済指標は週ごとに発表されているので、この部分では問題は少ない。自動車販売台数や、耐久財（工場の機械、コンピューターなど）の受注と出荷の統計は通常、十日ごとか月に一回発表されている。在庫統計も月一回だ。だが、調査結果は往々にして不正確で、後に大幅に改訂されることがある。

情報にはこのようにかなりの不足部分があるが、この穴を埋めるために電話を使った。わたしは長年のうちに、顧客や情報交換先として、企業、業界団体、大学、規制当局などに広範囲な人脈を築いてきた。その多くは電話して助力を求めると、親切に対応してくれた。企業は受注状況や採用計画などの秘密情報を提供してくれた。経営者や専門家は事実や見方を示してわれわれを導いてくれた。こうして得られた個別の情報と、素材価格、輸出の状況、納期など、在庫に敏感に反応する指標とを組み合わせて、たとえば在庫の状況をある程度正確につかむことができた。

大統領経済諮問委員会が集めた情報はそれでも断片的であり、経済分析局が公式のGNP統計を作成するために使う情報の基準でみれば、まったく不十分であった。だが、このときの目的には十分だった。経済統計局のエコノミストや統計専門家はわれわれが何に取り組んでいるかを知ると、分析システムの構築に協力してくれた。そのときちょうど、大統領経済諮問委員会の少数のスタッフは二月初めに発表する年次報告書の作成で忙しい時期にあたっていたのだが、それでも二週間か三週間にわたって深夜まで作業を続けた結果、週次GNPのシステムが完成し、動きだした。これでようやく、フォード大統領に当て推量ではなく、最新の事実を報告できるようになった。

それ以降、経済政策の課題をはるかに明確につかめるようになった。毎週、定例の閣議で、わたしは景気後退の最新の状況を報告する。十日ごとの自動車販売台数、週ごとの小売企業販売統計、さらには住宅着工許可件数と住宅着工件数、失業保険システムから提供される詳細な情報などを検討していった結果、この景気後退が軽度のものだと確信するようになった。消費者は問題にぶつかりながらも、健全なペースで支出を続けている。そして在庫は急速に取り崩されており、この勢いが続けばすぐに在庫がなくなる状況にある。したがって、生産がすぐに消費に追いつくはずだ。

このため、大統領と閣議に景気は底を打つ段階に入ったと報告することができた。わたしは確信をもってこう話した。「正確に何月何日になるかは分からないが、個人消費か住宅市場が突然悪化する事態にならないかぎり、景気はまもなく回復します」。その後のどの週にもデータが示すものは明確だった。このときの景気後退は幸い、動きが明確だし確実に把握できる点で、めずらしい性質のものだったのである。そこで一九七五年三月、議会で証言することになったとき、わたしは景気が「予定通りに」回復に向かっているといえるほど、強い確信をもっていた。つぎの四半期も景気が悪く、失業率が九パーセントに達する可能性があるが、「少し楽観的」になれるようになったと証言した。そして、パニックに陥って財政支出を増やしたり、減税を実施したりして景気を刺激しすぎ、インフレの悪循環にふたたび陥るような政策をとるべきではないと警告した。

フォード大統領の経済政策をめぐって、この春に巻き起こった政治の嵐をみておくべきだろう。議会には強い恐れが広まっていた。議会に証言に行くときは防弾チョッキが必要だというのが、このころわたしが何度も使った冗談だ。ニューズウィーク誌は一九七五年二月にわたしの写真を表紙に使い、「どこまで落ち込むのか」という見出しをつけた。ヘンリー・ロイス下院議員は、フォード大統領が一九三〇年代のフーバー大統領と同じように大恐慌への道を歩んでいると考えていて、こう語ったと報じられている。「大統領は経済について、ハーバート・フーバーと同じ種類の助言を受けている」。わたしが上院予算委員会で証言したとき、エドマンド・マスキー委員長はフォード政権の経済政策が「小さすぎるし遅すぎる」と断じた。議会では景気を刺激するための提案がいくつもだされており、財政赤字が当時としてはとんでもなく巨額の八百億ドル以上になるものもあった。アメリカ労働総同盟産別会議（ＡＦＬ－ＣＩＯ）のジョージ・ミーニー会長はそれ以上に強硬だった。議会証言で、「アメリカは大恐慌以降では最悪の経済危機に陥っている。いまでは恐ろしい状況になっており、日に日に悪化している。これは普通の景気後退ではない。第二次世界大戦後の五回の景気後退とはまったく違うからだ。いまでは景気が自然に回復しうる状況ではまったくなくなっている。政府の大がかりな行動が必要だ」と語った。ミーニー会長は財政赤字が一千億ドルになる規模の経済対策で、低所得層と中間層を対象とする大型減税などを実施するよう要求した。

誰にとっても意外だったのは、抗議行動が起こらなかったことだ。公民権運動とベトナム反戦運動の一九六〇年代を経験してきただけに、失業率が九パーセントに達すると予想するのであれば、同時に、大規模なデモが起こり、街頭にバリケードが築かれると予想しても不思議ではなかった。アメリカだけでなく、景気の落ち込みがやはり深刻だったヨーロッパや日本でも、大きな抗議行動が起こると予想したはずだ。だが、そうはならなかった。石油ショックとそれまでの十年間に、世界は疲れきっていたのかもしれない。いずれにせよ、抗議行動の時代は終わっていた。この景気後退の時期には逆に、アメリカは結束力を取り戻したように思える。

フォード大統領は政治的な圧力に冷静に対応し、所得税戻し税を中心とする政策がやがて議会で可決された（議会は戻し税の規模を五十パーセント近く拡大し、平均的な世帯で約百二十五ドルとした）。それ以上に重要だったのは、政権が約束した通り、一九七五年半ばに景気が回復をはじめたことだ。経済成長率が跳ね上がり、十月にはそれまで二十五年間で最高になった。インフレ率と失業率は徐々に下がりはじめた。よくあることだが、このときも危機を大げさにいいたてる政治的な発言は一夜にしてなくなったし、恐ろしい事態になると予言された事実も急速に忘れられていった。七月には危機は去り、緊急事態に対応した週次ＧＮＰの作成も終了したので、大統領経済諮問委員会のスタッフも一息つけるようになった。

まったく注目されていないが、規制緩和はフォード政権の大きな成果のひとつだ。当時、アメリカ企業がどれほどの規制を受けていたのかは、いまでは想像することさえむずかしい。航空、トラック、鉄道、バス、パイプライン、電話、テレビ、証券、金融市場、貯蓄銀行、電力・ガスなどの事業はすべて、厳しい規制の対象になっていた。事業の細部にいたるまで、規制当局が監督していた。当時の規制がどのようなものだったかを見事に表現したのはアルフレッド・カーンだ。コーネル大学の経済学教授であり、言葉遊びを好んだ人物だが、ジミー・カーター大統領に指名されて民間航空委員会の委員長に就任し、航空業界規制緩和の父と呼ばれるようになる。カーンは一九七八年に議会の公聴会で改革の必要性を訴え、民間航空委員会がじつにつまらない点を何千も判断するよう求められていると語った。「短距離の不定期便のために五十席の航空機を購入できるのか。フロリダ州から北東部のある地域まで臨時便で馬を運ぶことは可能か。運休したチャーター便の乗客を、空席のあった定期便で運んだとき、チャーター便と同じ運賃にすることはできるのか。スキー客用の特別運賃を設定し、雪がなかったときに運賃を払い戻すことは可能か。同じ企業グループ内の二つの航空会社で、従業員の制服が似ていてもいいのか」。こうした具体例を挙げた後、カーンは議員を見渡し、こういった。「これが必要なのか、こんなことをさせるために母はわたしを育てたのかと毎日自問しているのは、当然ではないだろうか」

フォード大統領はこうした馬鹿げた規制を撤廃するためのキャンペーンを、一九七五年八月、シカゴで行った講演で開始した。企業経営者の集まりで、「アメリカの経営者にかけられている手かせと足かせを外す」と約束し、「連邦政府が経営者の事業に、生活に、財布に、できるかぎり触れないようにし、できるかぎり経営者に面倒をかけないようにする」と語った。シカゴを選んだのは適切だと思える。規制緩和の経済的な根拠を示したのは、ミルトン・フリードマンら、シカゴ学派と呼ばれる少数派だ。シカゴ学派の経済学者は、中央計画ではなく、市場と価格こそが社会の資源の配分を最適にするとの理論に基づいて、優れた業績を積み上げてきた。ケネディ政権以来、ワシントンで大きな影響力をもっていたケインズ経済学では、経済は管理できると考える。これに対してシカゴ学派では、科学的な規制は神話にすぎないので、政府の介入を増やすのではなく、減らすべきだと主張した。この時点ではスタグフレーションが何年も続いていたし、賃金と物価の統制が失敗した記憶が強く残っていたので、政治家は保守派、リベラル派を問わず、政府による細かな管理が行き過ぎているとの見方に同意するようになっていた。政府の役割を縮小する時期になっていたのだ。

このころ、ワシントンでは経済政策に関して、注目すべき合意が形成されるようになっている。リベラルの左派と保守的な右派の間で見方が近づいていたのだ。気がついてみれば、インフレを抑制し、財政赤字を削減し、規制を減らし、投資を奨励したいと、誰もが考えるようになっていた。フォード政権の規制緩和キャンペーンは当初、鉄道、トラック、航空を標的にした。企業や労働組合が激しく反対したが、数年以内にこれら三つの業界の規制緩和を進めるための法律が議会で可決されている。

フォード政権の規制緩和の重要性はもっと強調されていい。たしかに、規制緩和の成果は大部分、何年もたってからあらわれている。たとえば、鉄道貨物運賃は当初、まったく動かなかった。だが、この政策によって条件が整えられていたからこそ、一九八〇年代に創造的破壊の巨大な波が起こった。AT&Tなどの巨大企業の分割、パソコンや翌日配送の宅配便などの新しい産業の勃興、ウォール街の企業合併・買収（M&A）ブーム、企業の再生がレーガン政権の時代の特徴になった。そしてやがてあきらかになるように、規制緩和によって経済の柔軟性と回復力が大幅に高まったのである。

フォード大統領とは親密になった。経済にとくに必要なのは信認と冷静さを取り戻すことだというのが、大統領の一貫した見方だった。そのため、ケネディ政権の時代にはじまった経済への積極的な介入を否定するよう求め、そして、ニクソン政権のもとで政治的な必要から唐突な政策がとられ、国内が混乱し不確実性が高まった失敗を繰り返さないよう求めた。政策行動のペースを落とし、財政赤字を減らし、インフレ率と失業率を引き下げ、長期的に経済の安定、均衡、着実な成長を達成することを望んだ。わたしもほぼ同じ意見だったので、大統領経済諮問委員会の仕事は楽になった。大統領の意向を探るためにいつも苦労する必要がなかった。問題があれば、それを分析していくつかの選択肢の形でまとめ、大統領に電話をかけ、「こういう問題があり、政策の選択肢が四つあります。どの政策をとりますか」と、質問すればよかった。三分もあれば大統領の明確な指示を得られたのである。

政治の中枢で働くのは、正直にいって楽しかった。一九七六年一月、わたしはジム・リン行政管理予算局長に協力して、一般教書の経済に関する項を執筆した。状況が急速に変化するので、ぎりぎりまで変更をくわえていた。ある夜、ホワイトハウスで遅くまで作業を行っていた。当時はワープロがなく、原稿の書き換えは大変だった。「この職を離れた後になったら、どう感じるだろうね。ビルの外から窓ガラスに鼻を押しつけるようにして中の様子を眺め、政府の高官が何をしてるのだろうと不思議に思うかもしれないね」とリン局長がいったので、みな、吹き出した。外から見れば、鋏とセロハンテープと修正液を使って作業をしているだけだ。だがそれで、大統領の一般教書演説の原稿を書いていたのだ。

ホワイトハウスはテニスをはじめるにも最適だった。十代のころに楽しんだだけで、その後は遠ざかっていたが、気候がよくなり、危機もおさまったとき、ホワイトハウスのテニス・コートで一から練習することにした。コートは南西ゲート近くの屋外にあり、塀があって外部からはまったく見えないようになっている。相手は連邦エネルギー局長をはじめ、エネルギー関連の主要ポストを兼任してエネルギー・ツァーリと呼ばれたフランク・ザーブであり、やはり長い間テニスをしていなかった。だから、誰にも見られないのは好都合だ。

毎週、土曜日か日曜日にはニューヨークに戻った。アパートの植物に水をやり、母と時間をすごした。仕事のためではない。利益相反規則を守るために、タウンゼント・グリーンスパンの事業からは完全に手を引き、持ち株は信託に預けていた。会社の事業は副社長のキャシー・アイクホフ、ベス・カプラン、ルシール・ウー、そして元副社長で、一時的に復帰してくれたジュディス・マッケイの四人の女性に任せていた。タウンゼント・グリーンスパンは経済コンサルティング会社としては珍しく、女性の上司のもとで男性が働いていた（従業員は二十五人ほどだった）。女性のエコノミストを採用したのは、何も女性解放運動に共鳴したからではない。ビジネスという観点で有利だったからだ。わたしは男性と女性を同じように評価するが、他の企業ではそうしていないので、優秀なエコノミストでは女性の方が男性より給料が一般に低くなっていたのだ。女性を雇ったことで、二つの効果があった。タウンゼント・グリーンスパンは同じコストで質の高い仕事ができ、女性の市場価値が若干だが上昇した。

週末にはいつも、大統領経済諮問委員会の仕事を持ちかえっている。週日にはたいてい、十時間から十二時間働く。毎日のスケジュールはほぼ決まっていて、気に入っていた。夜明けに長時間、熱い湯につかる。この習慣は一九七一年に腰をいためたときからのものだ。リハビリのために、毎朝一時間、熱い湯につかるよう整形外科医に勧められた。そして、気に入った。仕事に最適だからだ。書類を読み、ものを書くことができるし、完全にひとりになれる。換気扇をまわせば、外の騒音が気にならなくなる。腰がなおってからも、これを習慣にするようになった。

七時半には出勤する。ウォーターゲートのアパートから行政府ビルまでは近いので、日によっては歩いていく。ニクソン政権の時代にはときおりワシントンに行くと、デモ隊の間をぬって歩かなければならないことが少なくなかったのだが、このころには、ホワイトハウス周辺の道路は静かになっていた。その後の一日は、公職にある人なら誰でも変わらない。ホワイトハウスのスタッフ会議が毎朝八時にあり、八時半からは経済政策委員会の会合がある。そして、その日の仕事が続く。たいていは午後七時まで働き、ときおり休憩をとって、テニスかたまにはゴルフを楽しむ。大統領がときおり、バーニング・ツリーでのゴルフにさそってくれる。女性の入場を断ることで悪名高いゴルフ場であり、いまならここでゴルフをしようとする大統領はいないだろうが、一九七〇年代半ばには批判する人はまずいなかった。夕方にはコンサートに行くこともあり、大統領用のボックスを使うこともあった。ディナーやパーティに行くこともあった。まともな休暇はとらなかったが、好きな仕事をしているのだから、とくに休みたいとは思わなかった。

景気が回復して、一九七六年の選挙でフォード大統領が当選する可能性が大幅に高まった。ウォーターゲート事件、ニクソンへの恩赦、インフレ、石油ショックと石油輸出国機構（ＯＰＥＣ）などの苦い記憶があるので、フォードにしろ他の人にしろ、共和党候補が勝つのは不可能だと、政治評論家の多くは当初予想していた。夏の党大会前の世論調査では、三十ポイント以上の差をつけられていた。しかし大統領の賢明で公平な姿勢、そして実績が評価されて、差はすぐに縮まった。

フォード大統領が当選すれば、新政権でも働きたいとわたしは考えるようになっていた。以前は政府での仕事に懐疑的だったが、ワシントンでよい仕事ができることもあると思うようになっていたのだ。財務長官に就任する機会があれば、喜んだと思う。しかし、フォード大統領の選挙運動にくわわるようにごく初期に求められたとき、わたしは断っている。大統領経済諮問委員会委員長には相応《ふさわ》しくないと考えたからだ。政府の職のうち、国務長官、司法長官、大統領経済諮問委員会委員長は選挙に関与するべきではない。超党派の立場で情報を発信することになっている政府機関の責任者だからだ。フォード大統領はわたしが正しい判断を下したと考えてくれた。

ところが、フォード大統領がジミー・カーター候補に攻勢をかけようという段階になって、わたしは思いもかけず、選挙戦の最後までフォード批判に使われるようになる言葉を提供してしまった。一九七六年の大統領選挙では、景気回復が腰折れしたかどうかが経済に関する最大の争点になった。経済はこの年の第一・四半期に九・三パーセントという猛烈な勢いで回復したが、夏には突然減速し、経済成長率が二パーセントを下回った。エコノミストの観点からは、懸念するようなことではない。現代の経済はじつに多数の部分で構成されているので、一直線に加速したり、一直線に減速したりすることはめったにない。このとき、インフレ率、失業率など、主要な経済指標はいずれも、好調に推移していた。

　そこで八月に閣議で、今回の景気回復が過去の景気回復と同じような進路をたどっていることを、図を使って説明した。「急回復と小休止を繰り返すのが通常のパターンだ。いまは小休止の段階だが、景気回復の基調はしっかりしており、悪化していることを示す事実は見当たらない」。この発言を大統領報道官のロン・ネッセンがマスコミに伝えたところ、大統領批判の決まり文句として使われるようになった。「小休止」とは、「失敗」を婉曲的に表現した言葉だととらえたのだ。

　突然、景気回復がはじまる前の一九七五年初めにさかんだった論争が復活した。フォード大統領は議会から、自分の選挙運動チームからも、長期的で持続可能な景気回復を目指す政策を転換し、景気刺激策をとるよう求める圧力を受けるようになった。十月に行われた大統領候補者のテレビ討論のとき、コラムニストのジョゼフ・クラフトはこう詰問した。「大統領、アメリカはいま、大統領の側近がいう経済的な小休止に陥っています。国民のほとんどにとって、小休止とは低成長、失業、政府最上層部の怠慢、収入の減少、製造業の不振、一層のレイオフを耳障りのよい言葉に言い換えたものではないでしょうか。実際にはフォード政権の失政であり、政権が責任の大半を負わなければならないのではないですか」。大統領は冷静に自らの実績を主張した。その後の動きをみれば、大統領が正しかったことが証明されている。景気回復は続き、その後一年にわたって加速している。だが、その点が明白になったころには選挙は終わっており、フォード大統領は百五十万票の小差でジミー・カーター候補に敗北していた。何年もたって、ヘンリー・キッシンジャーに繰り返しからかわれた。「小休止という指摘は正しかったが、大統領選挙と時期が重なったのは残念だった」

一九七七年一月二十日、ジミー・カーターが第三十九代大統領に就任した。連邦議会議事堂の前で宣誓式が行われていたとき、わたしは昼のシャトル便でニューヨークに帰る途上だった。

第四章　民間人

負けた側の一員という立場が気楽なわけがない。それでもニューヨークに帰ったことを喜ぶ理由はいくつもあった。タウンゼント・グリーンスパンのサービスに対する需要は、それまでになかったほど増えている。わたし個人にもあらゆる機会が開かれるようになり、時間が許すかぎり、興味深い仕事を引き受けた。タイム誌のエコノミスト委員会とブルッキングズ研究所の経済活動パネルに復帰し、ウォルター・ヘラー、マーティン・フェルドスタイン、ジョージ・ペリー、アーサー・オーカンらとともに活動するようになる。講演を増やして、月に二回か三回は企業、経営者団体、業界団体の集まりで、たいていは業界と経済の見通しについて話すようになった。

大企業の取締役に就任するよう求められるようにもなり、アルコア、モービル、ＪＰモルガン、ゼネラル・フーズ、キャピタル・シティーズＡＢＣなどの社外取締役になった。フォーチュン誌五百社の取締役を引き受ける理由は人によって違うが、わたしにとっては、経済の動きのうちよく知っているようで、じつは理解できていなかった点を学ぶ機会になることが最大の理由だった。たとえば、ゼネラル・フーズのクール・ホイップやポスト・トースティーズといった商品がいい例だ。同社の取締役になるまで、わたしは加工食品事業の内部がどうなっているのかをよく知らなかった。タウンゼント・グリーンスパンでは小麦やトウモロコシ、大豆については分析を行ってきたが、テレビのコマーシャルやスーパーの棚で見るような加工食品は分析したことがなかった。たとえば、ゼネラル・フーズの傘下にマックスウェル・ハウスがある。スターバックスが人気を集めるようになるまではコーヒー市場で圧倒的なシェアを誇るブランドであった。いわれてみれば当然のことなのだが、マックスウェルが他のブランドのコーヒーと競争しているだけでなく、清涼飲料やビールとも競争していることを学んだときは驚いた。同社のマーケティング部門は各種の飲み物と競争して自社のコーヒーのシェアを高めようと努力しているのだ。また、経営史を身近に感じるようにもなった。ゼネラル・フーズにはその時点でも、創業者のマージョリー・メリウェザー・ポストの影響が色濃く残っていた。ポストは二十七歳のときに父親に死なれ、家業のポスタム・シリアル社の経営を引き継いでいる。そして、四人の夫のうち二番目の夫だったウォール街の金融家、E・F・ハットンとともにポスタムを育て、ゼネラル・フーズを作り上げた。わたしが取締役になったのはポストが死んでから数年後だが、ひとりっ子で女優のダイナ・メリルが社内で重要な地位を占めていた。

企業経営について長年学んできていても、社外取締役になった企業のうちいくつかがいかに大きいかを理解するのは簡単ではなかった。モービルは一九七七年の売上高が二百六十億ドル、フォーチュン誌五百社で第五位であり、北海、中東、オーストラリア、ナイジェリアなど、世界各地で事業を展開している。取締役会にくわわってはじめてのディナーに出席したとき、わたしは乾杯の音頭をとり、たぶんエコノミストだけに通用するジョークをはさんだ。「ここにきて、自分の家に戻ったように感じています。モービルはアメリカ政府と同じ単位を使っていて、財務諸表の〇・一は一億ドルを意味しているからです」

いくつもの企業の取締役になったが、いちばんうれしかったのは、JPモルガン社の取締役になったことだ。同社は世界一の銀行だともいえるモルガン・ギャランティの持ち株会社だ。取締役会にはアメリカ経済界を代表する経営者が集まっていた。IBMのフランク・ケアリー、イーストマン・コダックのウォルター・ファロン、キャンベル・スープのジョン・ドランス、ベツレヘム・スチールのルイス・フォイがいた。取締役会はウォール街二十三番地で開かれる。J・P・モルガンがアメリカの金融界を支配していたころに建てたビルだ。要塞のような正面には、一九二〇年にテロ攻撃を受けたときの跡が残っている。忙しい日の最中に、馬車に積んだダイナマイトと砲弾が銀行の正面で爆発し、数十人が死傷した。アナーキストによるテロだとされたが、事件は解決していない。建物のなかは見事な装飾が保たれていて、天井は高く、ロールトップのデスクがあった。取締役会室ではじめての会議に出席したとき、わたしは少々気押された。壁にJ・P・モルガンの肖像画が飾ってあり、わたしが座った椅子はたまたまその正面にあって、顔をあげると、J・P・モルガンがわたしを見据えていたのだ。

モルガンの経営者は血筋がよく洗練されているはずだと思うかもしれない。実際には実力主義で昇進が決まっている。好例がデニス・ウェザーストンだ。一九八〇年代にCEOになったが、大学もでていない。工業専門学校を卒業してモルガンのロンドン支店でトレーダーになった。ウェザーストンが成功したのはコネのためではない。コネはまったくもっていないからだ。

モルガンの取締役を務めたのは、国際金融の内部の動きを知る絶好の機会になった。たとえば、通貨トレーディングで毎月、利益をだしつづけているのが不思議でならなかった。外国為替市場は効率的なので、主要通貨の為替レートを予想しても、コインを投げて表がでるか裏がでるかを予想するのと同じ程度の正確さしか保てない。やがて経営陣に質問した。「知っているかぎりどの研究でも、外国為替市場で一貫して利益をだしつづけることはできないとされている」

「たしかにそうだ。しかし、利益をあげているのは予想が正しいからではない。われわれはマーケット・メーカーだ。為替相場がどちらの方向に動いても、売り買いのスプレッドで利益を得ている」と経営陣が説明した。いまのイーベイと同様に、取引を仲介して一回ごとに少額を得る。これを大規模に行っているのだ。

ＪＰモルガンの国際諮問委員会にサウジアラビアの富豪、スレイマン・オラヤンがいた。わたしより少し年上の起業家で、一九四〇年代にアラビアン・アメリカン・オイル（アラムコ）に入って、はじめはトラックの運転手をしていた。間もなく独立して、油田掘削の現場で水などを売り、各種のサービスを提供する事業をはじめた。そこから建設業、製造業へと事業を多角化した。サウジアラビアではじめての保険会社も作っている。

オラヤンが巨額の富を築いた後に、サウジアラビアはアラムコを国営化し、自国の原油を管理するようになった。ＯＰＥＣが力をつけるようになると、オラヤンはアメリカの銀行に注目した。ＪＰモルガン社の株式を一パーセント買い、さらにチェース・マンハッタン、メロン、バンカーズ・トラストなど、アメリカの大手銀行、約十行の大株主になった。オラヤンと夫人のメアリーとの付き合いは楽しかった。夫人はアメリカ人であり、アラムコで働いていたときに出会って結婚している。オラヤンはわたし以上に情報の吸収に熱心で、アメリカ経済のいろいろな面について、わたしを質問攻めにした。

本人に直接聞いたわけではなく、後になって気づいた点だが、オラヤンはモルガンの諮問委員会にくわわって、オイル・マネーの動きをよく理解できたのではないかと思う。当時、アメリカの大手銀行にとって、サウジアラビアなどの産油国から巨額の余剰資金を集め、中南米を中心とする世界各国に貸し付けることが、大きな事業になっていた。産油国は余剰資金の投資リスクをとることを望まなかった。銀行がリスクをとり、後悔する結果になる。

フォード政権での仕事が終わってニューヨークに戻ってからも、バーバラ・ウォルターズと交際を続けていた。出会ったのはワシントンにいた一九七五年、ネルソン・ロックフェラー副大統領が開いた午後のダンス・パーティでだった。翌年の春には、世間の注目をあびることになる移籍をすべきかどうか、むずかしい決断に迫られていたバーバラの相談に乗っている。それまで十二年間、NBCのトゥデー・ショウの共同司会者として人気を集めるようになっていたが、このとき、ABCニュースから女性としてははじめて、夜のニュース番組のアンカーになるよう求められ、百万ドルという破格の年俸を提示されていた。よく知られているように、バーバラは結局、ABCに移籍することにした。

優秀な女性と付き合うのが苦になることはない。現に、そういう女性と結婚している。わたしにとって、空虚なデートほど退屈なことは考えられない。これは独身時代に失敗を重ねて学んだ点だ。

バーバラと交際するようになるまで、夜にはエコノミスト同士で夕食をとりながら議論することが多かった。これに対してバーバラは、ニュース、スポーツ、メディア、芸能の世界の有名人といつも付き合っていたし、女優のジュディ・ガーランド、アイゼンハワー元大統領の夫人のメアリー、ニクソン元大統領、エジプトのサダト大統領ら、広範囲な有名人にインタビューをしてきた。ショウ・ビジネスにも関係が深い。父親のルー・ウォルターズは一流のナイトクラブを所有し、ブロードウェイのプロデューサーであった。マンハッタンとマイアミ・ビーチにあったラテン・クォーターは一九五〇年代を代表するクラブであり、一九三〇年代のストーク・クラブのようなものであった。当時なら、ディスコ時代のスタジオ五四のようなものだというべきだろうが。

交際していた数年間とその後（いまでも親しい友人として付き合っている）、わたしはバーバラ・ウォルターズとともにたくさんのパーティに出席し、そういう機会がなければ出会わなかったはずの人たちと知り合うようになった。たいてい、料理は美味しいが会話は退屈だと思った。もちろん、わたしも退屈な男だと思われただろう。エコノミストはパーティでうまく振る舞えるようにはできていない。

それでも、ニューヨークで素晴らしい友人のサークルを築くことができた。バーバラはわたしの五十歳の誕生日に、自宅でパーティを開いてくれた。ニューヨークの友人といえる人が多数集まった。元国務長官のヘンリー・キッシンジャーとナンシー・キッシンジャー、ファッション・デザイナーのオスカー・デ・ラ・レンタとアネッテ・デ・ラ・レンタ、投資銀行家のフェリックス・ロハティンとリズ・ロハティン、大富豪のブルック・アスター（子供のように天真爛漫な七十五歳の女性だ）、化粧品会社を経営するジョー・ローダーとエスティ・ローダー、タイム誌のヘンリー・グルンウォールドとルイーズ・グルンウォールド、ニューヨーク・タイムズ会長のオスカー・「パンチ」・サルツバーガーとキャロル・サルツバーガー、チェース・マンハッタン銀行会長だったデービッド・ロックフェラーである。その多くとは、それから三十年たったいまでも友人として付き合っている。

バーバラの社交の範囲はもちろん、ハリウッドにも及んでいた。わたしは年に五回か六回、仕事の関係でロサンゼルスに行くと、ヒルクレスト・カントリー・クラブでゴルフをする。そこはジャック・ベニー、グルーチョ・マルクス、ヘンリー・ヤングマンらのコメディアンが毎日、昼食に集まったという場所だ。ロナルド・レーガンも会員だった。タウンゼント・グリーンスパンの顧客、ウィリアム・モリス・エージェンシーのために調査を行っていたし、伝説のプロデューサーといわれるユニバーサル・スタジオのルー・ワッサーマンと親しかったので、メディア産業について少しは知識があった。だが、バーバラに連れられてビバリー・ヒルズのパーティに行くと、何とも場違いなところに来たと感じた。忘れられないのは、スー・メンガーズが俳優のジャック・ニコルソンのために開いたパーティに出席したときのことだ。メンガーズはハリウッドで飛び抜けて強力なエージェントであり、歌手のバーブラ・ストライサンド、俳優のスティーブ・マックィーン、ジーン・ハックマン、マイケル・ケインらの代理人を務めている。そのメンガーズがわたしに抱きついてきて、「わたしを覚えてらっしゃらないでしょうね」といったのだ。わたしが十五歳のとき、メンガーズは十三歳で、ワシントン・ハイツの子供たちの集団でリバーサイド公園の堤防によく遊びにいったという。「気づいてもらえなかったけど、わたしはいつも憧れていました」。そういわれて、十五歳のときにおそらくそうであったように、言葉を失った。

こうして生活を楽しみながらも、わたしはいつもワシントンの動きに注目していた。カーター大統領から声がかかったことはない。二度ほど会ったことがあるだけで、それ以上のことはなかった（いうまでもなく、わたしはフォード政権の一員だったし、カーターはフォードを破って大統領になったのだ）。しかしニューヨークから部外者として眺めていて、政府の動きには拍手を送りたくなる点が多かった。カーター政権と議会は、わたしがワシントンにいれば主張していたはずの政策をいくつもとっていた。

とくに重要な点は、フォード政権がはじめた規制緩和の政策をカーター政権が受け継いだことだ。航空規制緩和法案がエドワード・ケネディ上院議員の主張で、一九七八年に可決されている（ケネディ議員の主任顧問として活躍したスティーブン・ブライヤーは、ハーバード大学法学大学院の教授であり、休職してこの政策の実現に取り組んでいた。後に連邦最高裁判所判事になり、親しくなった）。その後、議会は電気通信業界をはじめ、五つほどの産業を対象に規制緩和を注意深く実行していった。規制緩和は経済の性格を変えることになったが、同時に民主党の性格も変えることになった。労働組合を支持基盤とする党ではなくなり、企業にも支持基盤を広げたのだ。だが、規制緩和は重要な意味をもっていたが、カーター大統領の功績だとはされていない。その主因はカーターの政治スタイルにある。レーガン大統領は経済の再生を重要な政策として華々しくうたいあげる方法を知っていたが、カーター大統領はためらいながら仕方なく取り組んでいるという印象を与えた。他に方法がないからこの政策をとっているだけだとみられたのである。

経済の動向という点で、カーター大統領は不運だった。就任から一年ほどは、フォード政権の時期にはじまった景気回復が追い風になっていた。だがその後は景気が減速し、インフレ率が上昇を続ける不気味な状況に戻っている。そのため、賃金交渉と設備投資の判断に不確実性の暗い影を投じるようになった。世界各国にも悪影響を与えている。他国はドルの安定に依存しており、ドルの購買力が低下を続けていたからだ。一九七八年にはインフレ率が上昇を続けていた。年初には六・八パーセントだったが、六月には七・四パーセントになり、年末には九パーセントに達している。そして一九七九年一月、イランでイスラム原理主義者がパーレビ国王の政権を倒し、第二次石油危機がはじまった。その年の夏、ガソリン価格の管理のためにガソリン・スタンドに給油待ちの車が行列を作るようになると、経済はまたしても不況に突入し、インフレ率はふたたび十パーセントを超え、秋には十二パーセントに達している。

カーター政権が無策だったわけではない。経済対策を七回も提案している。しかしそのどれも、急速に危機に向かっている動きを止められるほど強力ではなかった。政権内の友人や仕事上の知り合いと話した結果、カーター政権が陥っている問題を理解できたと思う。すべての人にすべての点で配慮しなければならないと大統領は感じていた。そこで、新たな社会保障政策を提案するとともに、財政赤字を削減し、失業率を引き下げ、インフレ率を低下させようと試みた。これらの矛盾しあう目標のなかで、経済の長期的な繁栄のためにはインフレの抑制が基本的なものだ。カーター政権のもとでは、最優先課題とされるべきインフレ抑制がとくに重視されることになかった。これは一九八〇年初めにニューヨーク・タイムズ紙に伝えた分析である。わたしはカーター大統領の姿勢をフォード前大統領の政策と比較した。「フォード政権ではインフレを完全に押さえ込むまでは、他の目標は追求しない政策をとっていた」

連邦準備制度理事会（ＦＲＢ）は法律上、ホワイトハウスから独立しているのだが、カーター大統領の優柔不断な姿勢が伝染しているように思えた。旧師のアーサー・バーンズと後任のウィリアム・ミラーは金融政策で、両立しがたい経済目標のどちらも達成できるような中間点を探っているように思えた。金融を緩和しすぎてインフレの火に油を注ぐ結果になるのは望まないが、引き締めすぎてふたたび景気後退を引き起こす結果になるのも望まない。わたしがみるかぎり、ＦＲＢが探っている中間点はどこにもないように思えた。

しかしわたしの見方は少数派だった。経済の危機が迫っているとはみられていなかった。ワシントンでは、インフレを抑え込むために失業率がさらに高まるような政策をとらなければならないのであれば、そこまでの犠牲を払う必要はないというのが大方の見方になっていたのだ。

リベラル派からも保守派からも、たとえば六パーセントのインフレ率なら許容できるとする主張があらわれていた。ブラジルがそうしているように、インフレを見込んで賃金の物価スライド制を導入すればいいという主張である（まともなエコノミストなら予想できたはずだが、ブラジルはやがてインフレ率が五千パーセントに達して、経済が完全に崩壊する事態に陥った）。このような気楽な見方はウォール街にも広まっていた。その点を明確に示すのが債券市場の動向である。債券市場はいつも騒々しい株式市場ほどマスコミの注目を集めることはめったにないが、規模はもっと大きい(註1)。十年物アメリカ国債の利回りは投資家の長期的なインフレ予想を示す指標のひとつだが、一九七九年夏には上昇を続けていたものの、一九七五年の水準をわずかに上回っていたにすぎない。これはアメリカ経済がインフレへの抵抗力をもっていて、問題はすぐに解決すると投資家がみていたことを示している。

みなが夢から覚めたのは、ガソリン・スタンドに給油待ちの車が並ぶようになってからだ。イランで聖職者が政権を握り、やがてイラン・イラク戦争がはじまって、原油生産が日量数百万バレル減少し、原油不足の悪影響が波及していった。生産減少で原油価格が上昇し、インフレ率がさらに高まった。そして原油高で銀行が還流させなければならないオイル・マネーがさらに増え、国際金融が一層不安定になっている。インフレ率の急騰で、カーター大統領はついに、思い切った行動をとらざるを得なくなる。一九七九年七月に閣僚を大幅に入れ替え、同時にFRBのミラー議長の後任にポール・ボルカーを選んだ。ボルカーは、前述のように、プリンストン大学を卒業したばかりのころに会ったことがあるが、それから何年かたって、連邦準備制度でもっとも重要なニューヨーク連銀の総裁になっている。後にあきらかになったことだが、FRB議長に任命するまで、カーター大統領はボルカーという人物を知らなかった。ウォール街の銀行家のデービッド・ロックフェラーとロバート・ローザが、金融界を安心させるにはボルカーを任命するしかないと主張したのだという。ボルカーは宣誓式で、当時の暗いムードをとらえて、こう語った。「われわれは過去に経験したことがない経済的苦境に直面している。経済を管理する方法は分かったという十五年前の陶酔感は失われてしまった」

ボルカーとはとくに親しいわけではない。身長が二メートルを超える巨漢だし、いつも葉巻をもっているので、印象的な人物だが、話をすると内向的で控えめだと感じる。テニスもゴルフもしない。

休暇のときはひとりで出掛け、フライフィッシングを楽しむ。わたしにとって、少し謎の人物だ。もちろん、持ち札を隠しておく方法を知っているのは中央銀行家にとって強みであり、少々変わった外見の裏には魅力的な個性がある。ほぼ一貫して公務員として働いてきたので、資産はあまりもっていない。ＦＲＢ議長を務めていた間、家族はニューヨーク郊外の自宅に残していた。ワシントンでは小さなアパートを借りていただけだ。一九八〇年代初めにメキシコ債務危機について議論するために、そのアパートに招かれたことがある。古新聞などが積み重なっていて、いかにも男ひとりが住む部屋だと感じた。

宣誓してＦＲＢ議長に就任したときから、自分の任務は「インフレという龍を退治することだ」と認識していたと、ボルカーは後に語っている。準備の期間はあまりとれなかった。ＦＲＢ議長になって三か月目に入ろうとするとき、危機が勃発したからだ。世界中の投資家が長期債を投げ売りするようになったのである。一九七九年十月二十三日、十年物アメリカ国債の利回りが十一パーセント近くまで跳ね上がった。投資家は突然、原油価格の上昇にはじまったインフレの悪循環で貿易が低迷し、世界的な不況が起こり、それ以上に悪い状況に陥りかねないと恐れるようになったのだ。危機が起こったのは、ボルカー議長がＩＭＦ年次総会に出席して演説するために、ユーゴスラビアのベオグラードを訪れていたときだ。何年か後の一九八七年、ブラック・マンデーと呼ばれた株価暴落のときにわ

註1　アメリカ証券業・金融市場協会によれば、一九八〇年の時価総額は債券市場が二兆二千四百億ドル、株式市場が一兆四千五百億ドルだった。二〇〇六年末には、債券市場が二十七兆四千億ドル、株式市場が二十一兆六千億ドルである。

たしがそうしたように、ボルカー議長は予定を繰り上げてただちに帰国し、土曜日の午前に連邦公開市場委員会（ＦＯＭＣ）の緊急会合を招集した。

この土曜日にボルカー議長が主導して決定した政策は、過去五十年間の経済政策変更のなかでもっとも重要なものだともいえる。ＦＯＭＣは同議長の主張を受け入れ、短期金利を政策手段として景気の微調整をはかる政策を取り止め、経済に出回る通貨の量を一定に保つ政策をとる決定をくだした。

通貨供給量は当時、M_1と呼ぶ指標ではかられていた。民間に流通する現金通貨に、当座預金などの要求払い預金をくわえたものがM_1である。通貨供給量の伸び率が財とサービスの生産の伸び率より高ければ、つまり、金《かね》が大量にあって物が不足していれば、金の価値は低くなる（つまり、物価が上昇する）。ＦＲＢはマネタリー・ベース（民間に流通する現金通貨と民間銀行のＦＲＢ預け金の合計）を管理することで、間接的に通貨供給量を管理できる。あのミルトン・フリードマンを中心とするマネタリストはかなり以前から、通貨供給量を抑制しなければインフレは退治できないと主張してきた。だが、この主張にしたがってインフレを抑え込むのに必要な政策は、極端に厳しいものになると考えられてきた。マネタリー・ベースの伸びをどこまで抑制すれば、そしてその結果、短期金利がどこまで上昇すれば、インフレを抑え込めるのかは、誰にも分かっていなかったのだ。そして、この政策をとれば、まず間違いなく失業率が上昇し、おそらくは深刻な景気後退になる。抗議行動が大規模になって社会が混乱する可能性もあった。カーター大統領は一九八〇年春にボルカー議長を擁護し、インフレがアメリカにとって最大の問題だと語っている。これに対して、民主党予備選挙で同大統領と争っていたエドワード・ケネディ上院議員は、カーター政権が貧困層に十分な注意を払わず、減税に関心をもっていないと批判した。十月になって大統領選挙が近づいてくると、カーター大統領も減税が必要だと語るようになり、ＦＲＢが厳しい金融政策にすべてを賭けていると批判するようになる。

ボルカー議長はこの政策をとるにあたって、とてつもない勇気が必要だった。当時もそう思ったし、自分がＦＲＢ議長になった後にはその思いがさらに強くなった。ボルカーとこのときのことについて話し合ったことはあまりないが、一九八〇年代初めの厳しい不況をもたらす政策をとったとき、同議長がどれほどつらい思いをしたかは、よく理解できる。

この政策の影響は、ボルカー議長の予想を上回るほど厳しかった。一九八〇年四月、企業や個人の借入金利が二十パーセントを超えた。自動車は売れなくなり、住宅は建設されなくなり、何百万人もの人が職を失った。失業率は一九八〇年半ばに八パーセントに近づいてさらに上昇を続け、一九八二年後半には十一パーセント近くになった。一九八〇年初め、職を失った人からの手紙がボルカー議長に大量に送られてきた。建設業界は住宅建設が止まったことを示すために材木の断片を送りつけた。自動車ディーラーは売れ残りの自動車のキーを送ってきた。だが一九八〇年半ばになると、インフレ率が十五パーセントでピークを打ち、徐々に下がるようになっている。長期金利も低下しだした。それでも、インフレを完全に抑え込むまでには、その後、三年の期間を要している。経済の惨状と、イランの人質事件とが打撃になって、カーター大統領は一九八〇年の選挙で敗北した。

フォード政権の時代を経て、わたしは共和党のなかで、政府の要職にあったものとして、いわばシニア・エコノミストの地位にあった。このため、カリフォルニア州知事のロナルド・レーガン候補の選挙運動に関与するのはごく自然なことであった。四年前の一九七六年の選挙ではフォード大統領とレーガン知事が共和党大統領候補の地位を争ったのだが、とくに気にならなかった。古くからの盟友のマーティン・アンダーソンはニクソン大統領が辞任した後、フーバー研究所の研究員になっていたが、このときレーガン陣営にくわわっている。わたしも、以前と同じ役割を果たすようになる。アンダーソンが国内政策顧問の責任者としてフルタイムで働き、わたしは無給のコンサルタントになり、一九六八年のニクソン候補の選挙運動のときとほぼ同じ関係になったのだ。

わたしは主にニューヨークで働いたが、ときには数日間、遊説チームにくわわって各地に行くこともあった。そんな機会のひとつ、八月の後半に思わぬ偶然から、わたしはレーガン候補の当選に少し寄与することができた。このときには共和党候補としての指名をすでに受けていて、カーター政権への批判を強めていた。オハイオ州で開かれた全米トラック運転手組合の昼食会で演説したレーガン候補は、勤労者が「新たな恐慌、カーター恐慌」で打撃を受けていると語った。これはもちろん、経済学上は不正確な表現だ。わたしはその演説の原稿をかなりの部分書いており、原稿では「過去五十年でとくに大きな景気後退のひとつ」になっていた。これを候補がその場で変更したのだ。マーティン・アンダーソンとわたしはその日の午後、知事の言い間違いだったと記者団に説明した。「深刻な景気後退」といおうとしたのだと。

レーガン知事は間違いを正したことに感謝するといってくれた。だが、主張を変えるつもりはなかった。民主党がこの間違いを攻撃するようになると、記者会見でこう語っている。「わたしの見方では、不況と恐慌の違いは経済学の厳密な定義だけで判断することはできない。人びとの苦しみという観点で判断するべきだ。勤労者が、とくに失業者が、一九三〇年代以降、最悪の苦境に苦しんでいるのだから、これは恐慌だと認識する必要があると考える」。間違いをうまく使って政治的に有利な状況を作りだせることに、わたしは感銘を受けた。

これで話は終わりになるとわたしは思っていたが、この件でレーガン候補は古い記憶がよみがえったようだ。翌週、街頭演説に新たな聞かせどころをくわえるようになった。カーター大統領が辞書を隠れ蓑にしていると非難し、こう語る。「定義がほしいというのなら、大統領にお教えしよう。不況とは近所の人が職を失うときだ。恐慌とは自分が職を失うときだ。景気回復とはジミー・カーターが職を失うときだ」

聴衆は喜び、レーガン候補の発言のなかでもとくに頻繁に引用される一節になった。これには脱帽せざるをえない。経済学上は間違いだと指摘したのは実際にはカーター大統領本人ではなかったし、この一節のうちはじめの二つの部分はトルーマン大統領の冗談として有名な言葉だ。とはいえレーガンは、小さなエピソードを面白く強力な演説材料に変えたのである。

わたしがレーガン知事に魅力を感じたのは、保守主義が徹底していたからだ。街頭演説で繰り返し使われた別の一節がある。「政府は国民ひとりひとりを他人から守るためにある。国民ひとりひとりを本人自身から守る決定を下すとき、政府はこの限界を超えている」。このように語る人は、自分が何を信じるか、明確にしている。当時は保守派でも、社会問題で明快な姿勢をとる政治家はめったにいなかった。だが、レーガン流の保守主義では、愛情をもつ相手に厳しい姿勢をとるのは、相手が個人の場合によいことであり、社会の場合にもよいことだと主張する。この主張は人間性に関する判断を出発点にしている。この見方が正しければ、弱者に対する政府の支援ははるかに縮小するべきだということになる。だが共和党の主流派はそのように考え発言するのをためらっていた。ユダヤ教とキリスト教に共通する価値観に矛盾すると思えたからだ。だがレーガンはためらわない。ミルトン・フリードマンらの初期の自由意思論者もそうだが、対立する見方の両方に配慮しようとしているような印象は与えない。といっても、自分に何の落ち度もないのに厳しい状況に陥った人に同情していないのではない。リベラル派とくらべて、個人の立場で弱者を助けようとする意思が弱いわけでもない。だがそれは政府の役割ではないと、レーガン候補は主張する。強い愛情をもっているからこそ、長期的な視点から厳しい姿勢をとるのだ。

それから少したった時期に、選挙本部の依頼で、大陸横断の空の旅でレーガン候補に同行することになった。わたしは明確な任務を与えられていた。大統領候補者のテレビ討論会が迫っていた。レーガン候補がときに事実に疎いようだと批判されていたことを、選挙本部の幹部は懸念していた。そこでマーティン・アンダーソンがわたしに、大陸横断の空の旅を利用して政策を説明するよう求めたのだ。経済政策だけでなく、国内政策の主要な争点のすべてを説明してほしいという。「フォード大統領に信頼されていたことを知事は知っている。君のいうことなら聞いてもらえる」というのだ。同意すると、政策説明用の書類を取り出してわたしに手渡した。国内政策と書かれたバインダーであり、一センチほどの厚みがあった。「ここに書かれている争点をすべて伝えてほしい」という。

書類を読み、その日遅く、飛行機に乗り込むと、知事の真正面の椅子に案内された。アンダーソンが知事の隣りに座った。みな、同じバインダーをもっている。だがレーガン知事はくつろいだ雰囲気で、ミルトン・フリードマンをはじめ、共通の知人についていろいろと聞いてきた。会話は盛り上がった。このときほど、五時間の間に賢明な話がいくつも聞けたことはわたしの人生でなかったように思う。アンダーソンは何度もわたしに目配せをしたが、レーガン候補にバインダーを開いてもらうことはできなかった。わたしは何度か、国内政策に話題を移そうとしたが、結局うまくいかなかった。目的地についた後、「ありがとうございました。ほんとうに楽しい旅でした」とわたしは礼をいった。「わたしが政策をつめこもうとしないので、マーティ（アンダーソン）は困っただろうね」とレーガンは答えた。

レーガンの性格には魅了された。大統領の地位に明るさと善意をもちこみ、経済の混乱を扱っているときでも、核戦争の危機に対応しているときでも、揺らぐことはなかった。大統領の頭には四百もの小話やジョークがつまっているに違いない。たいていは笑える話だが、そのなかから適切なものを即座に選んで、政治や政策を伝えることができる。知性の形がふつうとは違っているのであり、この知性を活用して、アメリカ人が自国についてもつイメージを変えていった。レーガン政権のもとで国民は、アメリカが没落した大国だとは考えなくなり、自信を取り戻していった。

レーガンの小話にはときに鋭い切れ味があった。大陸を横断する航空機で話してくれた小話のひとつは、とくにわたしに向けられたものだ。ソ連のブレジネフ書記長がレーニン廟に立ち、部下に囲まれてメーデーのパレードを見ている場面からはじまる。ソ連の軍事力が誇示されていく。最初に行進するのはエリート部隊だ。全員が百八十センチを超える長身で、みごとな密集行進をみせる。つぎに登場するのは最新鋭の大砲と戦車だ。そのつぎは核ミサイルであり、ソ連の軍事力をみせつける。だがミサイルに続くのは六人か七人のしまりのない民間人であり、髪はぼさぼさ、服装はだらしなく、まったく場違いだ。側近がとんできて許しを請う。「書記長同志、申し訳ありません。どこの人間でなぜ行進に入り込んだのか、まったく分かりません」

「心配しなくていい、同志。あの連中に行進させたのはわたしだ。われわれの経済学者だが、どれほどの破壊力をもっているか、きみには分からないだろう」

この冗談の背景には、市場への破壊的な介入を主張してきた経済学者に対して、長年もちつづけてきた不信感がある。レーガンはいうまでもなく、自由放任の信奉者だ。経済が活力をもつようにしたいと望んでいた。経済をとくに深く理解しているわけではないし、高度な知識をもっているわけでもないが、自由市場には自動修正機能があり、資本主義には富を生成する基本的な力があることを理解していた。アダム・スミスがいう見えざる手には、イノベーションを促進し、概ね公正だと考える結果を生み出す力があると信頼していた。だからこそ、政策説明用の書類を開かない方が賢明だという場合もある。レーガン候補は大きな構図を強調したことが一因になって、細かな点まで口をださないではいられないカーター大統領に勝てたのである。(註2)

わたしは一九八〇年の大統領選挙に関与していたため、レーガン候補が副大統領候補を選ぶにあたって、ささやかな役割を担うことになった。舞台は七月後半の共和党大会だ。大会がはじまるころにはレーガン候補が指名を受けることは確実になっていたが、カーター大統領との戦いではほぼ互角の形勢であった。世論調査では、副大統領候補の選択が決定的になりうるとの結果がでていた。とくに、フォード前大統領と組めば支持率が二ポイントから三ポイント上がって、当選に十分な率になるとされていた。

この点を聞いたのは、共和党大会がはじまってからだ。この年にはデトロイトで大会が開かれている。レーガン候補はルネサンス・センター・プラザ・ホテルの六十九階に陣取っていた。大会の週の火曜日に、レーガン候補はヘンリー・キッシンジャーとわたしを部屋に呼び、フォード前大統領の感触を探るよう求めた。レーガンとフォードは長年のライバルだが、数週間前にレーガン候補がパーム・スプリングズの前大統領を訪問して、わだかまりを解消していた。おそらくそのときに、レーガン候補はフォードに、副大統領候補になるよう要請している。フォードは断ったが、同時に、カーター大統領を打ち負かすために協力したいと明言している。この火曜日の朝にもこの件を打診したとレーガン候補はわれわれに話してくれた。二人を呼んだのは、フォード政権のときに大統領にとくに近い側近だったからだ（キッシンジャーはいうまでもなく、国務長官だった）。

フォード前大統領はすぐ上の七十階に滞在しており、キッシンジャーとわたしが電話をかけて、お邪魔してもいいかたずねた。その日の夜にわれわれ二人は前大統領に会い、短時間話し合っている。翌日の午後にもう一度会い、副大統領職について、ミースらのレーガン陣営の幹部が書いた論点をキッシンジャーが提示した。大統領経験者が副大統領になった前例はないので、副大統領の役割を拡大し、フォードに相応しく、魅力的になるようにしていた。この案では、フォードが大統領府の責任者

註2　何年かたって、わたしはレーガン大統領が顧問の「過剰説明」をいつも懸念していたことを知った。一九八四年の大統領選挙のとき、モンデール候補との第一回のテレビ討論会で精彩を欠いていたのは、「過剰説明」のためだと語っている。

になり、安全保障政策、連邦予算などで強力な権限をもつことになっていた。企業でいえば、レーガンが最高経営責任者（CEO）になり、フォードが最高執行責任者（COO）になる案だ。

個人的にはフォード前大統領がこの案を受け入れるよう願っていた。アメリカはその手腕を必要としていると思っていたからだ。だが、前大統領は職務と注目を浴びる立場に魅力を感じていたが、「超副大統領」がたしかに機能するのか懐疑的だった。ひとつには憲法に違反しないかという問題がある。副大統領がここまでの役割を担うのはあきらかに、憲法起草者の意図を超えている。また、大統領が職務の遂行にあたって権限の縮小を認めるべきなのか、認めることができるのかは疑問だともみていた。それに、ワシントンに戻ることにも完全に積極的だったわけではない。「公職を離れて四年がたち、パーム・スプリングズで素晴らしい生活を送っている」とわれわれに語っている。とはいえ、カーター大統領は弱すぎると考えていて、再選阻止のために協力したいと強く望んでもいた。両陣営の間で意見のやりとりがあり、その日の終わりにフォードはわれわれ二人にこう語った。「答えはいまでもノーだが、検討はする」

そのころ、党大会の会場ではレーガンとフォードの「ドリーム・チーム」の噂でもちきりになっていた。フォード前大統領が以前から予定されていた通りにCBSイブニング・ニュースに出演したとき、ウォルター・クロンカイトが「共同大統領」の可能性を直截に質問した。フォードもいつもの率直さで答えた。「看板だけの副大統領」としてワシントンに戻るつもりはない。「ワシントンに戻るのは、基本的で決定的で重要な決定のすべてで、意味のある役割を果たせると確信したときだけだ」

この番組を見ていたレーガン候補は憤慨したと伝えられている。内密の交渉について全米向けのテレビ番組で話すとは信じがたいことだったのだ。だがその時点には、レーガンもフォードも、副大統領の役割を変更するのはきわめて広範囲で複雑な問題であり、短時間に解決できるようなものではないと結論づけていたと思う。キッシンジャーはシャトル外交の気分になっていて、木曜日にも交渉を続けたいと望んでいたが、レーガンもフォードも中途半端な状況が長引けばレーガン候補のイメージが傷つくことを知っていた。そこでフォードが決断した。夜十時ごろに下の階にあるレーガンの部屋に行き、前大統領として選挙に協力した方が貢献できると話した。「紳士的な態度だった。いまでは友人だと感じている」とレーガンは後に語っている。レーガン候補はすぐにジョージ・H・W・ブッシュを副大統領候補に選び、その夜のうちに発表した。

レーガン候補が当選したとき、政府の職につくよう求められるとは予想していなかったし、自分がそれを望んでいるかどうかもはっきりしていなかった。大統領就任を控えて、レーガン陣営には才能があり経験が豊富な人材が集まっていて、ポストが足りない状況になっていた。これはどう動くかによって、問題でもあるし機会でもある。マーティン・アンダーソンは内政担当大統領補佐官に任命されたが、レーガンと政権移行チーム責任者のエドウィン・ミースにこう助言したと笑う。「信じがたいほど人材が集まっていますが、早く活用しないと、すぐにわれわれを攻撃するようになります」。レーガンは選挙運動で活躍したチームを解散するのではなく、顧問グループを作り、経済政策委員会と名付けた。ジョージ・シュルツが委員長になり、ミルトン・フリードマン、アーサー・バーンズ、ウィリアム・サイモンら、著名な経済専門家がくわわった。わたしも委員になった。

閣僚レベルのポストに最初に任命されたのは、行政管理予算局長のデービッド・ストックマンだ。

レーガンは減税、軍事力増強、政府の規模縮小を公約してきた。就任までの間にストックマンが連邦予算にいち早く取り組み、厳しい予算削減を既成事実として新閣僚に提示する戦略だった。ストックマンはミシガン州の地方の選挙区から選出された三十四歳の連邦下院議員であり、優秀で野心にあふれていた。レーガン革命と呼ばれるようになる動きの先鋒になるのを喜んでいた。レーガンは政府の規模縮小を厳しい父親にたとえている。「子供に無駄遣いをやめさせるには、息がきれるまで説教をする方法がある。もうひとつ、小遣いを減らす単純な方法もある」。ストックマンは同じ考えをはるかに激烈に表現した。「野獣を飢えさせる」と。

政権移行期間に、ストックマンは極端に厳しい予算を策定し、わたしはこの作業に密接に協力した。大統領に就任する直前のレーガンにデービッド・ストックマンが予算案を示したとき、わたしも同席している。レーガンはこう質問した。「教えてほしいのだが、全員を公平に扱っているだろうか。誰に対しても同じように容赦なく、予算を削っただろうか」。そうしましたとストックマンは答え、レーガンは予算案を承認した。

経済政策委員会は、誰も予想しなかったほど早い時期に諮問を受けることになった。レーガン減税の中心になったのは、ジャック・ケンプ下院議員とウィリアム・ロス上院議員が提案者になった法案だ。企業と個人を対象に三年間に三十パーセントの減税を実施し、二年目に入っていた景気後退からの脱出をはかるように設計されていた。わたしはレーガン政権の提案を分析し、財政支出が提案通りに削減されるのであれば、そして、ＦＲＢが通貨供給量を厳しく管理しつづけるのであれば、納得を得るのは簡単ではないが、適切な政策だと考えていた。経済政策委員会でもこれが一致した見解になっている。

だが、ストックマンとドナルド・リーガン財務長官はこれに疑問をもっていた。連邦財政赤字が年に五百億ドルを超え、さらに増加しているのを警戒していたのだ。そこで、減税を遅らせるよう大統領にひそかに進言するようになった。まずは財政支出を削減するよう議会に働きかけ、その総額で減税が可能になるかどうかを確認するべきだと助言したのである。

減税の延期を求める声が強まるごとに、シュルツ委員長が経済顧問をワシントンに招集した。政権の初年度には五回か六回、そうした動きが繰り返されている。経済政策委員会は毎回、午前九時から十一時まで、ホワイトハウスのローズベルト会議室で会議を開き、経済見通しについて各委員の評価を比較する。十一時になるとドアが開き、大統領が入ってくる。委員会は大統領に直接に報告する。「何があっても、減税を遅らせてはなりません」という。大統領は微笑み、冗談をいう。シュルツやフリードマンらは大統領にとって、古くからの友人なのだ。リーガン財務長官とストックマン行政管理予算局長は会議に出席できるが、投票に参加することも、会議テーブルの席につくことも許されず、壁際の椅子に座って不満そうにしている。会議はこれで終わり、大統領は会議室をあとにするとき、減税政策を追求する決意をさらに固める。いうまでもなく、議会は結局、レーガン大統領の経済政策を承認した。だが議会が財政支出の削減という不可欠な政策の実行を避けたため、財政赤字が大きな問題として残り、深刻になっていった。

レーガン政権の初年度にはもうひとつ、大統領の別の決定にも、わたしは少しばかり寄与している。FRBの政策に干渉しないという決定である。レーガン大統領は民主、共和の両党から、側近のうち何人かからも、ＦＲＢの政策に干渉するよう求められていた。二桁金利が三年目に入り、通貨供給量を増やすよう求める声が強まっていた。大統領がＦＲＢに命令ができるわけではないが、公の場でＦＲＢを批判すれば、ボルカー議長も金融政策を緩和せざるを得なくなるだろうというわけだ。

この問題が浮上するたびに、わたしは大統領に助言した。「ＦＲＢに圧力をかけてはいけません」。ひとつには、ボルカー議長の政策は正しいと思えた。インフレは徐々に抑え込めているようだったのだ。もうひとつ、ホワイトハウスとＦＲＢが公然と対立すれば、投資家の信認が揺らいで、景気回復が遅くなる。

ボルカー議長は新大統領に面倒をかけてもいる。二人は一度も会ったことがなく、大統領は就任から数週間がたって、議長と知り合っておきたいと考えた。ＦＲＢ議長をホワイトハウスに呼び出すような印象を与えるのは避けたかったので、ＦＲＢを訪問してもいいかと問い合わせた。ところが、大統領の訪問は「不適切」だとボルカー議長は回答した。ホワイトハウスのスタッフもそうだが、わたしもこれには首をひねった。大統領が訪問すれば、ＦＲＢの独立性が損なわれるとする理由が果たしてあるのだろうか。

とはいえ、レーガン大統領は繰り返し主張し、結局はボルカー議長が折れて、財務省で会うことになった。リーガン財務長官の部屋での昼食会で大統領が最初に発した言葉は、レーガン伝説のひとつになっている。穏やかな口調でボルカー議長にこう語ったのだ。「いつも不思議に思っているのだが、ＦＲＢがなぜ必要なのかと聞かれることが多いのだ」。議長は仰天したようだったと聞いている。まずは気を落ちつかせて、ようやくＦＲＢの必要性を説得力のある形で説くことができたという。大統領は満足したようで、いつも通りにこやかになった。レーガン大統領は、連邦準備法が改定できるものであることを伝えたのだ。その後、二人は静かに協力しあうようになっている。レーガン大統領は議長が必要とする政治的な後ろ楯になった。FRBを非難する声がどれほど強くなっても、FRBを批判しない方針をとりつづけたのである。そしてボルカー議長は民主党員だが、一九八三年に任期が切れたとき、大統領は同議長の再任を決定している。

一九八一年後半に、レーガン大統領の依頼を受けて、わたしは長年の間にとてつもない頭痛のタネになっていた問題、社会保障基金の資金が尽きかけているという問題を扱うことになった。ニクソン政権の時代、基金が潤沢な資金をもっていたように思えたときに、議会は社会保障年金給付金のインフレ調整という致命的な手段をとった。一九七〇年代にインフレ率が急騰したことから、給付金もインフレ調整によって引き上げられていった。その結果、社会保障制度の財政が逼迫し、制度の破綻を防ぐために、早ければ一九八三年にも二千億ドルの投入が必要になる状況にあった。長期的な見通しはさらに暗かった。

レーガンは選挙期間中、社会保障年金の詳細については語るのを避けている。質問を受けると、制度を維持するとだけ答えた。これも不思議だとはいえない。社会保障の改革はアメリカの政治で最大のタブーなのだから。これほど危ないテーマはない。誰でも知っていることだが、社会保障を改革しようとすると、どのように飾りたてても結局はかならず、増税を行うか、有権者のうち強大な部分が受け取る給付金を引き下げるか、その両方を行うかしなければならなくなる。

だが問題は深刻であり、民主、共和両党の指導者は、何かの手を打たなければならないことを理解していた。手を打たなければ、三千六百万人の高齢者と身体障害者に小切手を郵送できなくなりかねない。基金は底をつきかけていた。レーガン政権は最初の一手として、はじめての予算で社会保障支出を二十三億ドル削減するよう提案した。だが抗議が殺到したため、取り下げざるをえなくなった。三か月後、さらに強硬な姿勢をとって五年間に給付金を四百六十億ドル削減するよう提案した。だが、超党派で妥協をはかる以外に解決の望みがないことはあきらかだった。そこでグリーンスパン委員会が作られた。

もちろん、委員会が作られても、たいていは何もしない。しかしこの委員会を設計したジェームズ・ベーカー大統領首席補佐官は、政府がまともに仕事をするようにすることは可能だと強く信じていた。そして、ワシントンで成果をあげる方法を見事に示す委員会を作り上げた。これは超党派の委員会であり、委員のうち五人はホワイトハウスが選び、五人は上院多数党の院内総務が選び、五人は下院議長が選んだ。委員はほぼ全員、それぞれの分野を代表する大物だ。議会からは上院財政委員会委員長のロバート・ドール、ニューヨーク州選出の優秀な上院議員で一匹狼の「パット」・モイニハン、フロリダ州選出の八十一歳の下院議員で、歯に衣着せぬ発言で高齢者層に強く支持されているクロード・ペッパーが入った。労働界からはＡＦＬ－ＣＩＯのレーン・カークランド会長が入り、やがて親友になった。経済界からは全米製造業協会のアレクサンダー・トローブリッジ会長が入っている。「ティップ」・オニール下院議長は民主党側の代表として、ジョンソン政権の社会保障局長だったロバート・ボールを選んだ。そして大統領がわたしを委員長に任命した。

この委員会では、人口動態と財政の複雑な問題を学んだし、政治的な論争と公聴会のために一年以上がかかったが、詳しく論じようとは思わない。わたしは委員会の運営にあたって、ベーカー首席補佐官が構想した通り、実効性のある超党派の妥協を目指した。社会保障年金改革を成功させるために、四つの主要な手段をとった。この方法はそれ以降も何度も応用したので、以下で説明しておこう。

第一に、問題を限定した。この委員会の場合には、メディケア（高齢者向け医療保険制度）の将来の財源という問題は取り上げなかった。メディケアは法律上、社会保障制度の一部だが、問題がはるかに複雑であり、両方を一度に取り上げれば、どちらも解決できなくなる。

第二に、問題の規模を示す数値について、委員全員の合意を得た。モイニハン議員が後に語ったように、「各委員はそれぞれ意見を述べる権利をもっているが、事実に関しては自説を主張する権利をもたない」のである。長期的に財源が不足することが明白になると、委員は事実に基づかない煽動を行うことができなくなった。給付金の削減か財源の拡大を支持するしかない。連邦政府の一般財源で社会保障制度の資金を賄う方法に戻る案もあったが、それでは社会保障年金が福祉制度になりかねないとペッパー議員が主張し、早い時期に完全に否定された。

第三に、ベーカーの主張で賢明な戦術をとった。妥協を成功させるには、主要な関係者全員を巻き込んでおく必要があるとベーカーは主張した。そこで、レーガン大統領とオニール下院議長につねに進捗状況を報告することにとくに注意した。ボールがオニール議長への報告を担当し、ベーカーとわたしが大統領への報告を担当した。

第四に、妥協に達した後には、民主党、共和党のどちらから修正要求がだされても、委員全員で強く反対することで合意した。後にわたしは記者団にこう説明した。「パッケージのなかからいくつかの項目を削除すれば、意見が一致しなくなり、合意した政策の全体が崩れていく」。委員会は一九八三年一月に報告書を発表した。そして、改革案を議会に提示する段階になると、ボールとわたしがいつも並んで証言することにした。共和党議員からの質問にはわたしが答え、民主党議員からの質問にはボールが答える。そうするように努力したが、議員が協力してくれるとはかぎらなかった。

委員会は多様な委員で構成されていたが、全員で同意する方法を見つけ出した。ペッパー議員や製造業団体の会長といった委員が協力できたのは、負担を分散するように注意したからだ。社会保障制度修正法は一九八三年にレーガン大統領の署名によって成立したが、すべての当事者が痛みを分け合うものになっている。雇い主は給与税率の一層の上昇を吸収しなければならなかった。従業員はやはり給与所得税の負担が増えたうえ、給付が受けられるようになる時期が先送りされた場合もある。高齢者はインフレ調整の時期の遅れを受け入れなければならず、裕福な高齢者は給付金に税がかかるようになった。しかし、これらの方法を使って、社会保障年金の財源をその後七十五年にわたって確保できることになった（社会保険制度では七十五年が通常の計画期間である）。モイニハン上院議員がこの人らしい雄弁ぶりを発揮してこう述べている。「全員が勝利を収めたのだとわたしは強く感じている。社会保障制度は鼠講《ねずみこう》のようなもので、一種の詐欺ではないかという恐れを解消できたのだから」

一九八三年にこの動きが続いていたころ、ニューヨークのオフィスである日、人口予想を詳しく検討していたときに電話がかかってきた。ＮＢＣ記者のアンドレア・ミッチェルからだった。「大統領の予算案について、いくつか質問があります」という。レーガン政権が発表した財政政策の最新の想定が信頼できるものかどうかを調べているところだが、ホワイトハウスの広報担当補佐官、デービッド・ガーゲンがわたしの名前をだした。ガーゲンは「経済についてほんとうに知りたいことがあるのなら、アラン・グリーンスパンに電話すべきだ。誰よりもよく知っているから」といったという。「その言葉をエコノミスト全員に伝えてほしいね。それはともかく、話をしよう」とわたしは答えた。アンドレア・ミッチェルについてはＮＢＣニュースで知っていた。ホワイトハウス担当の記者だ。話が明確だし、信頼できると感じさせる素晴らしい声だと思っていた。それにとびきりの美人でもある。

その日から何回か電話で話すようになり、すぐに頻繁に情報を提供するようになった。それから二年間、アンドレアは大きな経済問題を取材しているときにはいつも電話をかけてくるようになる。テレビ・ニュースで経済問題を扱うときの方法は、好感がもてるものだった。問題が複雑すぎて細部まで論じることができない場合にも、要点をうまく見つける。それに、事実を正確に伝える。

一九八四年に、ホワイトハウス担当記者のディナーがあり、記者が取材先を招待することになっているので、出席しないかと聞かれた。そのときはバーバラ・ウォルターズとともにそのディナーに出席することになっていると伝えざるを得なかったが、「ニューヨークに来る機会があれば、ディナーに行きませんか」と誘った。

実際に会えたのは、それから八か月後だ。一九八四年は大統領選挙の年であり、アンドレアは十一月までとても忙しかった。レーガン大統領がモンデール候補に地滑り的な勝利を収めて再選されている。クリスマス休暇になってようやく時間がとれ、わたしはニューヨークのお気に入りのレストラン、ル・ペリゴールに十二月二十八日の夕食を予約した。その夜は雪になり、アンドレアは時間に遅れて急いで入ってきた。一日の報道を終えた後に雪のなかでタクシーを探して、少し疲れていたようだが、とても美しかった。

この夜、アンドレアもわたしと同じで、以前に音楽家だったことが分かった。ウェストチェスター交響楽団でバイオリンを弾いていたのだ。音楽の趣味が同じで、持っているレコードも似ていた。野球も好きだという。しかし、いちばんの共通点は、戦略、政治、軍事、外交などの時事問題に対する強い興味だ。だから話題に事欠かなかった。

はじめてのデートで話すようなことではないと思われるかもしれないが、レストランでは最後に反トラスト法について議論することになった。このテーマで論文を書いたと話し、わたしのアパートにあるので寄っていかないかと誘った。いまでも妻はこの件でわたしをからかう。「論文で誘うなんて、ロマンチックじゃない」と。結局、二人でアパートに行き、反トラスト法についてアイン・ランドのために書いた論文を読んでもらった。そして議論した。いまでも妻はわたしに試されたようだったという。そんなつもりはなかった。アンドレアを引き止めるために考えられるかぎりのことをしただけだ。

第二期レーガン政権のかなりの期間、ワシントンに行くのは主にアンドレアに会うためになった。政府の高官とも連絡をとりあっていたが、ニューヨークの経営と経済分析の世界にほぼ完全に関心を集中していた。企業エコノミクスが専門分野として成熟してきたことから、この分野の組織に深くかかわるようになった。全米企業エコノミスト協会（ＮＡＢＥ）の会長、企業エコノミスト会議の議長になり、外交問題評議会の金融・経営版にあたるニューヨーク経済クラブの議長候補にもなっている。タウンゼント・グリーンスパンの事業も変化した。ＤＲＩやウォートン・エコノメトリックスなどの大規模な経済予測機関が成長し、経営計画に必要な基礎データの多くを提供するようになった。コンピューター・モデルもかなり普及し、企業の多くはエコノミストを雇うようになった。わたしは投資と年金基金のコンサルティングに事業を多角化してみたが、利益はでたものの、経営コンサルティングほど収益性が高くはない。また、プロジェクトを増やすと従業員が増え、管理に費やす時間が増えることにもなる。

最終的に、自分がいちばん得意な部分だけに事業を絞り込むのが最善の道だと考えるようになった。答えを必要としていて、高額の報酬を支払ってくれる高度な顧客向けに、経済分析上の興味深い難問を解くことである。そこでレーガン政権の第二期には、タウンゼント・グリーンスパンの規模を縮小する計画を立てていた。だが、この計画をまだ実行に移していなかった一九八七年三月、ジェームズ・ベーカーから電話連絡があった。このときベーカーは財務長官であった。四年間にわたってレーガン政権の首席補佐官として多忙な毎日を送った後、一九八五年に異例の交替人事で、リーガン財務長官と入れ替わっている。わたしにとってはフォード政権の時代からの友人であり、財務長官に就任する際には、承認のために上院で開かれる公聴会での証言を準備する作業を手伝っている。そのベーカーが補佐官に電話をさせ、自宅で会いたいのでワシントンに来てほしいといってきた。なぜオフィスではなく自宅なのかと不思議に思いながらも、行くことにした。

翌朝、ワシントンの運転手が、フォックスホールの高級住宅街にあるジョージア・コロニアル様式のベーカー邸に連れていってくれた。驚いたことに、そこにはジェームズ・ベーカーだけでなく、そのときの大統領首席補佐官のハワード・ベーカーもいた。そして、ずばりと用件を切り出した。「ポール・ボルカーがこの夏に任期が切れたとき、退任する可能性がある。われわれは後任を決める立場にないが、念のために聞いておきたい。要請されれば引き受けてもらえるだろうか」

わたしはしばし言葉を失った。数年前まで、ＦＲＢ議長になる可能性など考えたこともなかった。一九八三年にボルカー議長の任期が切れる前に、ウォール街のある企業がアンケート調査を行い、議長が退任する場合の後任は誰になると予想するかを質問した。わたしが一位になっていたので仰天したことがある。

アーサー・バーンズとは親しかったが、ＦＲＢの内部の動きはいつも謎のままであった。バーンズが議長として苦労している様子を見ていたので、自分にできる仕事のようには思えなかった。経済全体の金利を設定する仕事には、わたしの知識をはるかに超える何かが必要なように思えた。とらえどころのない仕事で、事実上、完全な知識をもっていても、間違える可能性が十分にあるように思えた。アメリカ経済のように複雑な経済の動きを予想するとき、九十パーセントの確率で正しい結論を導き出すことはできない。六十パーセントが正しければ、きわめて幸運だというべきだ。それでも、これほどやり甲斐のある仕事はめったにないのだから、断る手はない。要請があれば引き受けると、二人のベーカーに答えた。

怖じ気づく時間は十分にあった。それから二か月、ベーカー財務長官が何度か電話してきて、「まだ協議中だ」、「ボルカーは再任を望むかどうか、まだ結論をだしていない」など、状況を伝えてくれた。わたしは新しい職の可能性に魅力を感じたり、少し不安になったりした。五月末のメモリアル・デーの直前にベーカーが電話で「ポール（ボルカー）が退任するといってきた」と伝え、いまでも興味があるかと聞いた。あると答えると、「数日以内に大統領から電話がある」とベーカーはいう。

二日後、整形外科医の診察を受けにいっていたとき、看護師が入ってきて、ホワイトハウスからお電話ですと伝えた。受付係が悪戯《いたずら》だろうと思ったため、それまでに数分かかっていた。医師のオフィスに案内されて、電話をとった。レーガン大統領はいつものくつろいだ口調だった。「アラン、連邦準備制度理事会の議長になってくれないか」

わたしは光栄です、お引き受けしますと答えた。ほんの少しおしゃべりをした後、わたしは大統領にお礼をいい、電話を切った。

待合室に戻ると、看護師が心配そうだった。「大丈夫ですか、とても悪いお話だったように見えますが」

第五章　ブラック・マンデー

わたしは数十年にわたって、平日には一日も欠かさず経済の動きを分析してきたし、ＦＲＢにも何度も行っている。それでもＦＲＢ議長に指名されたとき、学ぶべき点がたくさんあることは分かっていた。議長に就任してはじめてＦＲＢ本部に足を踏み入れたとたんに、その点を改めて思い知らされることになった。迎えてくれたのは、デニス・バクリー、わたしの任期が終わるまで警護してくれた警備担当者だ。「議長」と呼びかけてきた。

よく考えることもなく、わたしは答えた。「よしてくれ、みなアランと呼んでいる」

バクリーは丁寧に説明してくれた。議長にファースト・ネームで呼びかけるようなことは、ＦＲＢの流儀ではないという。

こうしてアランが議長になった。

つぎに分かったことだが、ＦＲＢのスタッフは婉曲的に「単独セミナー」と名付けた集中講義を用意していた。わたしがその単独の受講者だ。つまりそれから十日間にわたって、ＦＲＢの専門スタッフのうち幹部が四階の会議室に集まり、わたしに仕事を教えるというわけだ。このセミナーで、連邦準備法の条項を学んだ。それまでそんなものがあることも知らなかった条項があり、わたしはそれに責任を負うことになる。銀行規則のうち、まず知られていない部分も教えられた。JPモルガンとバワリー貯蓄銀行の取締役を務めていた間に一度も聞いたことがなかったのだから、驚かされた。もちろん、FRBには国内経済と国際経済のあらゆる部門の専門家がいるし、あらゆるところからデータを入手する仕組みができている。この特権は十分に活用するつもりだった。

わたしは大企業の社外取締役としての経験はあったが、FRBはそれまでに実際に管理したことがあるどの組織とくらべても、規模がまるで違っている。現在、FRBの職員数は約二千人、年間予算は三億ドル近い。幸い、この大組織の管理は議長の仕事ではなかった。長年の慣行で、理事のうちひとりが業務担当理事になり、通常業務を管理することになっている。また、業務担当監事がいて、スタッフ部門の責任者になっている。このため、管理業務のうち通常のものではないか、世論や議会が強い関心をもつ部分だけが議長にもちこまれる。たとえば、二〇〇〇年問題に対応した国際決済システムの更新が大きな課題になったときなどがこれにあたる。そうした問題がなければ、議長は経済動向の分析に集中できる。まさにわたしが望むとおりの仕事に集中できるのである。

FRB議長というと強大な権限をもっているように思えるが、実際にはひとりで決められることはあまりない。法律上は理事会の議題を決められるだけである。その他の点はすべて、理事会の多数決で決定され、議長は七人の理事のひとりとして一票をもっているにすぎない。金融政策の主要な手段であるフェデラル・ファンド金利を管理するのは連邦公開市場委員会（FOMC）だが[註1]、FOMC議長の地位さえ、自動的に得られるわけではない。ＦＯＭＣはＦＲＢの七人の理事と、十二の地区連邦準備銀行の総裁で構成されており、連銀総裁は十二人のうち一度に五人だけが投票権をもつ。ＦＯＭＣの議長は、ＦＲＢ議長が務めるのが慣例だが、正式には毎年、委員の投票によって選ぶことになっていて、ＦＲＢ議長以外の委員を選ぶこともできる。もちろん、通常は慣例が破られることはない。それでもわたしは、六人の理事に見放されれば、何の権限ももたなくなり、理事会の議題を書く以外の仕事ができなくなることをいつも認識していた。

わたしはすぐにＦＯＭＣ事務局長のドナルド・コーンに依頼し、会合の手順をすべて教えてもらった（コーンはわたしが議長を務めた十八年間に、ＦＲＢでとくに優れた政策助言者としての地位を確立し、いまではＦＲＢ副議長になっている）。ＦＯＭＣ会合は非公開なので、通常の議題や議事進行がどうなっているか、誰がまず発言し、席次がどうなっているのか、投票をどう行うのかなどの点がまったく分かっていなかった。また、独特の言葉を使うので、それに慣れておく必要もある。たとえばＦＯＭＣがつぎの定例会合までの間、必要に応じてフェデラル・ファンド金利の誘導目標を引き上げる権限を議長に与える場合、「必要だと判断した場合に金利を引き上げてもいい」という表現は使わない。「引き締め方向の非対称的政策運営方針」を決議するという。(註2) 翌週の八月十八日にはＦＯＭＣ会合が予定されていたので、わたしは必死だった。その週末に家に来たのに、ひたすら『ロバート議事規則』を読んでいたと、いまでも妻は笑う。

必死になるのにはわけがあった。ＦＲＢが近く、大きな決断に迫られることが分かっていたのだ。レーガン政権時代の景気拡大は四年目になっており、経済は好調だが、不安定になる兆候がはっきりしていた。その年、ダウ工業株三十種平均株価は年初にはじめて二千ドルの大台に乗り、四十パーセントを超える大幅な値上がりになって、その時点では二千七百ドルを超えていた。ウォール街には投機の泡が浮かぶようになっていたのだ。商業用不動産市場もこれに似た状況になっている。

一方、経済指標は安心できるものではとてもなかった。レーガン政権のもとで財政赤字が巨額になったため、政府債務残高が政権発足の時点の七千億ドルから、一九八八年度末には二兆ドルを超えるまで、三倍近くに膨らんでいた。外国為替市場ではドルが下落しており、アメリカが競争力を失っているのではないかと懸念されていた。マスコミでは、「日本の脅威」の拡大がさかんに警告されていたのだ。消費者物価指数上昇率は一九八六年には一・九パーセントだったが、わたしが就任した時点にはその二倍近くになっている。一九七〇年代に二桁インフレの惨状に陥ったのと比較すれば、三・六パーセントのインフレ率ははるかに低いが、インフレはいったんはじまると、悪化していくのが通常だ。ポール・ボルカー議長のもと、景気が悲惨なまでに冷え込むというコストをかけて達成された

註1　FOMCがフェデラル・ファンド金利の誘導目標を変更するとき、FOMCはニューヨーク連銀のいわゆるオペ・デスクにアメリカ国債を売るか買うよう指令する。一日に数十億ドルの取引、いわゆる公開市場操作（オペ）を行うことも多い。FRBがアメリカ国債を売ると、市中から資金を吸収するので短期金利が上昇し、景気にブレーキをかける。FRBがアメリカ国債を買うと、その逆になる。現在ではFOMCが設定したフェデラル・ファンド金利誘導目標は公表されているが、当時は公表されていなかった。そのため、ウォール街の各社には「フェド・ウォッチャー」がいて、FRBによるオペの動向や毎週発表されるFRBの貸借対照表データの変化から、金融政策の変化を読み取っていた。

註2　わたしはこの種の「フェドスピーク」を学んでいるときにも、「英語はどうなってしまったのか」とスタッフに冗談をいっていた。

勝利が帳消しになる危険があった。

　これらはもちろん、経済全体にかかわる大きな問題であって、ＦＲＢだけで解決できるようなものではない。とはいえ、何もしないで問題を放置するのは最悪の道だ。政策金利を引き上げるのが賢明だと考えていたが、ＦＲＢはそれまで三年間、利上げを行っていない。この時点で利上げに踏み切れば、大きな政策転換になる。そして、ＦＲＢが金融政策の方向を変えると、市場が動揺しかねない。株式市場が急激に上昇しているときの引き締めは、リスクがとくに大きい。投資家の信認のバブルがはじける可能性があり、その結果、恐怖心が強まれば、深刻な不況の引き金になりかねない。

　ＦＯＭＣ委員の多くとは親しかったが、就任してわずか一週間の議長が会議にはじめて参加し、これほど危険な決定について全員の合意を得られるとは思えない。そこで、利上げは提案せず、委員の意見をよく聞く姿勢をとった。十八人の委員（註3）はみな経験豊かな中央銀行家、エコノミストであり、経済に関する各人の評価を聞いていくと、やはり現状を懸念していることがあきらかになった。ニューヨーク連銀総裁でいつもざっくばらんなジェラルド・コリガンは、利上げが必要だと語った。サンフランシスコ連銀のロバート・パリー総裁は、地区の景気は好調であり、楽観的な見方が強く、完全雇用状態にあると語った。どれも、インフレを警戒すべきだといえる点である。シカゴ連銀のサイラス・キーン総裁もこの評価に同意し、中西部の製造業はフル操業に近くなっており、農業の見通しも改善していると語った。セントルイス連銀のトーマス・メルツァー総裁は、製靴工場すらフル操業になっていると報告した。アトランタ連銀のロバート・フォレスタル総裁は、南部のなかで経済が慢性的に低迷している地域でも雇用が力強く伸びていて、スタッフが驚いていると語った。会議が終わるころには、近く利上げが必要だと全員が考えていたと思う。

利上げのつぎの機会は二週間後の九月四日に開かれる理事会であった。理事会は金融政策のもうひとつの主要な手段、公定歩合を管理している。これはＦＲＢが預金金融機関に資金を貸し出す際の金利だ。公定歩合は通常、フェデラル・ファンド金利に連動する。定例理事会までの数日間、わたしは廊下を行き来して各理事のオフィスを訪ね歩き、根回しをした。理事会では短時間で投票に進み、五・五パーセントから六パーセントへの公定歩合引き上げが全会一致で承認された。

インフレ圧力を抑えるために、借入金利を引き上げて景気を減速させようとＦＲＢは試みたのだ。この動きに対して市場がどこまで大きく反応するかは、予想する方法がない。投資家が投機熱に浮かれているときは、とくに予想がつかない。わたしはニューメキシコ州の砂漠ではじめての原爆実験を行った物理学者の回想を思い出さざるをえなかった。原子爆弾はほんとうに爆発するだろうか。予想通りの威力になるだろうか。連鎖反応が止まらなくなって、地球の大気が燃え上がることにならないだろうか。理事会の会合が終わった後、わたしはニューヨークに飛ぶことになっていた。週末にスイスに行き、先進十か国の中央銀行総裁の会議にはじめて出席する予定になっていたのだ。この利上げを株式市場、先物市場、外国為替市場、債券市場といった主要市場が冷静に受け止めてほしいとＦＲＢは願っていた。たぶん、株式市場の熱気が少しさめ、ドルが買われるとみていた。だがわたしは、

註3　ＦＲＢ理事のうちひとりが空席になっていた。

繰り返しオフィスに電話して、市場の反応を確認した。

その日、空が炎に包まれることはなかった。株価は少し下がり、銀行は公定歩合と同じ幅でプライム・レート（最優遇貸出金利）を引き上げた。そして金融界はわれわれが期待した通り、FRBがインフレ抑制のために動きだしたことを認識した。おそらく、最大の影響は数日後のニューヨーク・タイムズ紙の見出しに示されている。「ウォール街で急騰したのは不安」だという。ポール・ボルカー前議長のメッセージが届いて、わたしはようやく安堵することができた。わたしがどのような思いをしてきたかを正確に理解しており、こう伝えてきたのだ。「おめでとう。これで立派な中央銀行家だ」

これで難局から抜け出せたなどとはまったく考えなかった。経済に問題が起こる兆候は増えつづけている。景気が減速し、ドルの為替相場がさらに下がったことで、ウォール街では不安が高まった。投資家と金融機関が投機に投じた十億ドル単位の資金が回収できなくなる可能性に直面するようになったからだ。十月初めになって、不安が高じてパニック寸前になった。株価は下落し、第一週に六パーセント、第二週にはさらに十二パーセント下がった。とくに下げ幅が大きかったのは十月十六日金曜日であり、ダウ工業株平均株価が百八ドル下がっている。九月末からの半月間に、株式市場だけで五千億ドルに近い評価損がでている。外国為替市場などの他の市場でも、損失が膨らんでいる。下げがきつかったことから、タイム誌がこの週に二ページを株式市場のニュースにあてて、「ウォール街の十月の大虐殺」という見出しを掲げている。

わたしはこの「調整」が、過去の深刻な株価下落と比較すればそれほど大幅ではないことを知っていた。一九七〇年の株価下落はこの二倍であり、大恐慌の時代には株価が八十パーセント下落している。だが、金曜日の引けにかけて、市場の地合いが極端に悪かったため、月曜日に取引が再開したときに何が起こるか、誰もが不安になっていた。

わたしは月曜日の午後にダラスに飛ぶことになっていた。火曜日に米国銀行協会の年次総会で、FRB議長になってはじめての大きな講演をする予定だったのだ。月曜日の午前に理事会で議論した結果、予定通りに出発することにした。キャンセルすれば、FRBがパニックに陥っているとの印象を与えかねないからだ。その日、株式市場は寄り付きから軟調で、出発する時間には下げがきつくなっていた。二百ドル以上下げていたのだ。航空機には電話がなかった。そこで、ダラスに着くとまず、出迎えに来てくれたダラス連銀の幹部に質問した。「株価の終値はどうだった」

「五〇八の下落でした」

ふつう、五〇八といえば五・〇八を意味する。五ドルの下落なら上出来だ。「そうか、見事な反発だ」。そういったが、相手は安堵の表情ではない。五百八ドルの大暴落だったのだ。率にして二十二・五パーセントであり、一日の下げ幅としては大恐慌の発端になった一九二九年のブラック・フライデーすら上回り、史上最悪の暴落だったのである。

わたしはホテルに直行し、夜まで電話にかかりきりになった。FRBのマニュエル・ジョンソン副議長がワシントンのわたしのオフィスに危機管理本部を作っており、そこを中心に電話や電話会議で対応策を作り上げていった。ニューヨーク連銀のコリガン総裁はウォール街の経営者や証券取引所の幹部と話した内容を伝えてくれた。シカゴ連銀のキーン総裁はシカゴの商品先物市場や商品取引会社の責任者と話していた。サンフランシスコ連銀のパリー総裁は、西海岸にとくに多い貯蓄金融機関（S&L）の経営者から状況を聞いていた。

株式市場が暴落したとき、FRBは金融が麻痺するのを防ぐ役割を担う。企業や金融機関が支払いを止めれば、経済活動は止まる。そういう混乱状態に陥るのを防ぐのがFRBの仕事だ。その夜、電話で話した年長の人たちは、状況の深刻さと緊急性をよく理解していた。暴落がこれで止まったとしても、数週間にわたって金融システムの動揺が続くだろう。まずは、大手の金融機関が資金不足に陥ったときに流動性を供給する方法を探った。だが、FRBの若手のなかには、危機の深刻さを理解できない人もいた。FRBの声明の文言について協議していたとき、若手のひとりがこう発言した。

「過剰反応かもしれない。数日待って、様子をみることはできませんか」

FRB議長には就任したばかりだったが、金融市場の歴史は長年にわたって学んできた。だから、そんなわけにいかないことはよく知っている。その夜、このときだけは声をあらげた。「待つまでもない。何が起こってるのかは、十分に分かっている」。そこで少し間をおき、説明した。「銃撃を受けたときどうなるか、聞いたことがあるだろうか。殴られたように感じるが、ショックが大きすぎて、そのときは痛みを感じない。そして一日か二日たつと、強烈に痛くなるのだそうだ」

議論が終わったとき、翌日にいくつもの大きな決定を迫られることがはっきりしていた。コリガン総裁が重々しくこういった。「アラン、いよいよ出番だ。すべてが議長の双肩にかかっている」。したたかな男なので、励ましなのか新議長への挑戦なのかは分からなかった。そこで、「ありがとう、コリガン博士」とだけ答えた。

わたしはパニックになることはなかった。どのような性格の問題に直面するか理解していたからだ。それでも日付が変わるころに電話を終えたとき、はたして眠れるだろうかと思った。それが試練になる。「これで真価が試されるわけだ」と思った。ベッドに入った。そして自慢ではないが、たっぷり五時間眠った。

翌朝早く、電話会議でＦＲＢの声明の文言を推敲していたとき、ホテルの電話交換手が割って入り、ホワイトハウスから電話ですと伝えた。レーガン大統領の首席補佐官、ハワード・ベーカーからの電話だった。長年の知り合いなので、何ごともなかったかのように、わざとのんびり話した。「おはようございます。何か御用でも」。「助けてくれ」とベーカーは哀れっぽい声で話し、「どこにいるんだ」と聞いた。

「ダラスです。何か、問題でも」。ウォール街の危機に政権として対応するのは、通常なら財務長官の役割だ。ところがジェームズ・ベーカー財務長官はヨーロッパにいて、帰国の便を探している。ハワード・ベーカーはひとりで対応することはできないと考えていた。わたしは講演を取り止めてワシントンに帰ることに同意した。いずれにしても帰るべきだと思っていた。株式市場が五百八ドルも暴落したのだから、ＦＲＢが事態を深刻にとらえていることを銀行家に示すには、すぐに帰るのが最善の方法だと思えたのだ。ベーカーは、ワシントンまでの交通手段として軍のガルフストリーム・ジェット機を手配してくれた。

その日の午前、株式相場は大荒れになった。軍のジェット機でワシントンに向かう間、ジョンソン副議長が急造の危機管理本部から動きを逐一知らせてくれた。アンドルーズ空軍基地に着いて車に乗った後の電話では、ニューヨーク証券取引所が一時間後に取引を停止する計画を伝えてきたという。買い手がいないために主要な銘柄で売買が成立していないことがその理由だ。「とんでもないことになる」とわたしはいった。取引が停止されたら、正真正銘の破局をわれわれが処理しなければならなくなる。暴落のときに取引を停止すれば、投資家の苦痛が強まるだけになる。市場が開いていれば、評価損がとんでもなく膨らんでいると思えても、少なくとも脱出の方法があることは分かっている。ここで出口を閉じてしまえば、投資家の恐怖心がさらに強まる。その後に取引を再開するのは、極端にむずかしくなる。適正な価格が誰にも分からなくなっており、最初の買い注文を入れようとは、誰も望まないからだ。取引再開までには何日もかかり、それまでの間、金融システムが麻痺状態になって、経済が大打撃を受ける。証券取引所の幹部に取引停止を止めさせようにも、ＦＲＢにできることはあまりない。だが、市場の動きに救われることになった。その一時間の間に十分な買い手があらわれて、ニューヨーク証券取引所は計画を棚上げする決定を下したのである。

その後の三十六時間は大変だった。まるで手が七本もあるかのように何台もの電話を使い、証券取引所や先物市場の幹部と話し、地区連銀の総裁と連絡をとりあった。とくにつらかったのは、昔からの知り合いの金融家や銀行家と話したときだ。みな、アメリカ各地の大手金融機関の経営幹部なのだが、恐怖で声が震えている。長いキャリアのなかで富を築き、社会的な地位を獲得してきた人たちが、奈落の底をみて、すくんでいるのだ。恐怖にとらわれていてはまともな判断はできない。「落ちつけ、暴落は抑えられる」とわたしはいいつづけた。そして、目の前の危機の先、もっと長期的な利害がどこにあるかを考えるよう促した。

ＦＲＢは二つの面で危機に取り組んだ。第一の問題はウォール街の金融機関だ。大手の証券会社や投資銀行には、巨額の損失で経営が危うくなっているところも多かったが、営業を停止しないよう説得しなければならなかった。この日の朝に発表した声明は苦心して文言を練っており、ＦＲＢは銀行にセーフティ・ネットを提供し、銀行が他の金融機関を支えるよう期待するとほのめかしている。たぶんそこまで力強くはないだろうとは思うが、ゲティスバーグの演説のように簡潔だと思う。「ＦＲＢは、アメリカの中央銀行としての責任の一環として、流動性の供給源としての役割を果たし、経済・金融システムを支える用意があることを本日、確認した」という声明である。だが、市場が機能している間は、資金を投入して民間銀行を支えることは望まなかった。

そのために中心になって活躍したのはコリガンだ。ニューヨーク連銀の総裁として、ウォール街の大手に貸出と取引を続け、営業を続けるよう説得する役割を担った。ボルカー前議長の秘蔵っ子であり、イエズス会系の学校で教育を受け、キャリアのすべてをＦＲＢですごしてきた。コリガンほど市場の動きに詳しい人はいないし、ＦＲＢの意向を市場に守らせようとする仕事に適した人もいない。こわもてのするタイプであり、銀行家に圧力をかけることもできるが、危機の際にもＦＲＢが自制しなければならないことを知っている。たとえば銀行に貸出を行うよう命令するような姿勢をとれば、政府の力を濫用することになるし、市場の機能を損なうことになる。銀行には要するに、こう伝えなければならない。「融資しろとはいわない。自行の利害の全体をよく考えるよう求めているだけだ。顧客が貴行の対応をいつまでも覚えていることを忘れてはいけない。少しばかり心配になっているからという理由で、明確な理由もなく、顧客への与信を切ってしまえば、その顧客はいつまでも覚えている」。この週に、コリガン総裁は何十回となくこうした電話をかけている。わたしはその詳細を聞いたわけではないが、きわめて厳しい電話になったものもあるはずだ。銀行家の耳たぶを食いちぎる覚悟がなければ、この危機に対応できなかったはずだ。

このようななか、FRBは市中に流動性を供給しつづけるよう注意した。FOMCはニューヨーク連銀のオペ・デスクに、公開市場で数十億ドルのアメリカ国債を買うよう指示した。これで経済システムに流通する通貨が増え、短期金利が低下する。暴落前には金融を引き締めていたのだが、暴落の後は金融を緩和して経済活動が続くように配慮した。

FRBは懸命に努力したが、それでも悲惨な状況になりかねない事態がいくつか起こっている。その大部分は決済システムに関わることだ。ウォール街では通常、取引は即時に決済されるわけではない。金融機関はそれぞれの顧客との取引を行って、その日の終わりに決済する。水曜日の朝、ゴールドマン・サックスはシカゴのコンチネンタル・イリノイ銀行に七億ドルを支払う予定になっていた。だが当初、他の取引先から予定されていた入金を確認するまで、支払いを延ばしていた。その後に考えなおして支払いを実行したが、ここまでの額の支払いが滞っていれば、市場全体に債務不履行の連鎖反応が広まっていただろう。後にゴールドマン・サックスの経営幹部が打ち明けてくれたが、その後の数週間に資金繰りが苦しくなると予想していれば、この支払いは行わなかっただろうという。そして、将来に同じような危機が起こったとき、入金のないまま支払いを行うのはためらうのではないかと語る。

政治面でも危機に対応するために動いている。火曜日、ジェームズ・ベーカー財務長官がコンコルド便を利用して帰国すると、わたしは財務省で開かれた一時間の会議に出席した。ハワード・ベーカー大統領首席補佐官らもくわわって協議した。レーガン大統領は月曜日のウォール街の惨状について当初、経済の先行きは明るいと語った。「経済は堅調だ」と指摘し、「経済指標はすべて堅調なのだから、パニックになる理由はないと思う」と付け加えている。安心感を与えるための発言だが、そのときの状況では、一九二九年のブラック・フライデーの後、フーバー大統領が経済は「健全で繁栄している」と語ったのに似すぎているように思えた。そこで火曜日の午後、われわれはホワイトハウスでレーガン大統領に会い、別の方法を提案した。ベーカー財務長官とわたしで、議会と協力して財政赤字を削減すると提案するのが最善だと主張したのだ。財政赤字は経済の長期的なリスクのひとつとして、ウォール街が懸念している点だからだ。そのとき大統領は議会多数派の民主党と対立していたが、そう提案する意味はあることに同意した。その午後のうちに、社会保障の削減が含まれていないかぎり、議会の予算案を検討すると記者団に語っている。実際にはここから何の動きもでてこなかったのだが、市場を落ちつかせるのには役立った。

ＦＲＢでは危機管理本部に一日二十四時間、人員を配置した。日本とヨーロッパの市場の動きを見守った。早朝にはヨーロッパの市場に上場しているアメリカ企業の株価を調べ、独自にダウ工業株平均を合成して、ニューヨーク市場が開いたときの株価水準がどうなりそうかを予想した。危機がすべて終わるまでには一週間以上かかったが、大半は一般の目にはみえないところで解決されている。たとえば暴落の数日後、シカゴのオプション市場が崩壊寸前になった。最大手のディーラーで資金繰りがつかなくなったのだ。この件ではシカゴ連銀が解決のために動いている。やがて、各市場で価格が徐々に安定するようになり、十一月初めには危機管理チームの人員は通常の仕事に戻っている。

誰もが景気の悪化を恐れていた。だが景気は堅調に推移し、一九八八年の第一・四半期には前期比年率二パーセント成長し、第二・四半期には五パーセントに加速している。一九八八年初め、ダウ工業株平均は前年初めの水準である二千ドル近辺で安定し、はるかに穏やかだが、持続可能な上昇軌道を描くようになった。景気拡大は五年目に入った。だからといって、財産をすべて失った投機家や経営が破綻した多数の中小証券会社にとって慰めになるわけではないが、庶民は打撃を受けなかった。

いまの時点から振り返ってみるなら、その後の何年かにあきらかになる経済の回復力が、このときすでにあらわれていたのである。

ＦＲＢとホワイトハウスは自然に協力しあえるわけではない。一九三五年にＦＲＢが現在の形になったとき、議会はＦＲＢが政治の影響を受けないようにするために、細心の注意を払っている。理事は全員、大統領が任命するが、その地位は半ば恒久的である。理事の任期は十四年であり、最高裁判所判事についで長い。議長の任期は四年だが、理事の支持がなければ、議長は何もできない。ＦＲＢは年に二回、議会への報告を義務づけられているが、保有するアメリカ国債などで受け取る利息によって経費を賄っており、財布の紐をしっかりと握っている。このため、ＦＲＢは法律で定められた任務の遂行に専念できる。成長と雇用を持続可能な範囲で長期的に最大限に高めるのに必要な金融状況を作りだすことが任務だ。そして、ＦＲＢと大半の経済専門家の見方では、経済成長を持続可能な範囲で最大限に高めるために必要な条件は、物価の安定である。つまり、選挙のサイクルを超えて、インフレを抑制することである。

このため、FRBが邪魔だと政治家が考えることが多いのも不思議だとはいえない。政治家も本心ではアメリカの長期的な繁栄を望んでいるのだろうが、実際にはそのときどきの支持者の要求にはるかに敏感に反応する。この点が経済政策に関する政治家の好みに影響を与えざるをえない。景気が拡大しているときには、経済成長率を一層高める政策を望む。金利についていえば、もっと引き下げるよう望む。そのとき、FRBの金融政策が邪魔になる。一九五〇年代から六〇年代にかけてのFRB議長として有名なウィリアム・マックチェスニー・マーティン・ジュニアはこう語ったといわれている。「パーティが盛り上がってきたまさにそのときに、パンチ・ボウルを片づける」よう命じるのがFRBの役割だと。

そう命じるFRBに対する苛立ちは、一九八八年春、共和党の大統領候補の座を争っていたブッシュ副大統領の発言にもあらわれている。FRBに「警告しておきたい」と記者団に語って、こう述べた。「FRBが限度を超えて、経済成長率を低下させる行動、景気を締めつける行動をとらないようわたしは望んでいる」

実際にはそのとき、FRBは金融政策を引き締めていた。前年秋の株価大暴落で経済が深刻な打撃を受けたわけではないことが明確になってくると、FOMCは三月にフェデラル・ファンド金利誘導目標を少しずつ引き上げるようになった。利上げを開始したのは、インフレ圧力が高まっていること、レーガン時代の息の長い好景気が限界に達したことを示す事実が、ふたたび積み上がってきたからだ。製造業はフル操業になり、失業率は八年ぶりの低水準まで下がった。引き締めは夏になっても続き、八月には公定歩合の引き上げも必要になった。

公定歩合はフェデラル・ファンド金利誘導目標とは違って公表されているので、公定歩合の引き上げは政治的にはるかに問題になりやすい。ＦＲＢの幹部はこれを「銅鑼《どら》を叩く」と表現していた。そして、ブッシュ副大統領の選挙運動にとって、タイミングが最悪だった。レーガン政権の実績を強調したいと考えていたが、世論調査では民主党のマイケル・デュカキス候補に十七ポイントの差をつけられていた。そこでブッシュ陣営では、景気の減速を意味するものなど、レーガン政権の輝きを曇らせる動きに極端に神経質になっていた。このため、共和党大会の数日前にＦＲＢで公定歩合の引き上げを決めたとき、ブッシュ陣営が怒りだすことは理解していた。

悪いニュースは自分で、直接に、事前に知らせるというのがわたしのやり方だ。ワシントンでは政府高官はみな虚をつかれるのを嫌うし、公の場でどう発言するかを検討する時間を必要としているので、とくにこの点を重視する。もちろんつらくはあるが、その後も良好な関係を維持したいのであれば、他に方法はない。そこで公定歩合の引き上げを決定するとすぐに、わたしは財務省まで車で行き、ベーカー財務長官に会った。そのときベーカーは財務長官を辞任してブッシュ候補の選挙運動責任者になると発表したばかりだった。わたしにとっては長年の友人だし、財務長官という立場上、利上げを知らせておく必要がある。

長官室の椅子に座ると、まっすぐに目を見て、話しはじめた。「喜ばれないことは分かっているが、すべての要因を検討した結果」といって、いくつかの要因をあげ、「公定歩合を引き上げる決定を下した。一時間後に発表します」。そして、通常の〇・二五ポイントではなく、現在の六パーセントから〇・五ポイント引き上げて六・五パーセントにするとも伝えた。

ベーカーは椅子に座りなおした。そして、拳で自分の腹を叩いてうなった。「ここをぶん殴ってくれたわけだ」

「申し訳ない」

ベーカーは興奮して叫びはじめ、わたしとFRBがアメリカにとって必要不可欠な点を考慮していないなど、そのときに思いついた怒りの言葉をぶっつけてきた。長年の付き合いだから、演技であることは分かる。そこで一分ほどたって、ベーカーが息をついだときに、わたしは微笑んだ。するとベーカーも笑いだし、「そうするしかないことは分かっている」といった。数日後、ベーカーはこの利上げについて、経済の長期的な安定に不可欠なものだと公の場で発言した。「中長期的にみて、これは経済にとってきわめてよいことだ」と付け加えた。

その年の秋、ジョージ・ブッシュ候補が当選したとき、FRBとブッシュ政権が良好な関係になるよう期待した。レーガン大統領の後任が誰になっても、経済面でむずかしい問題にぶつかることは常識になっていた。景気がいずれ下降局面に入ると予想されていたうえ、財政赤字が巨額になっており、国債残高が急激に膨らんでいたからだ。わたしの見方では、ブッシュ候補は共和党大会の指名受諾演説で、「わたしの唇を読め、新しい税は導入しない」と語ったことで、賭け金を大幅につり上げることになった。記憶に残る言葉ではあるが、どこかの時点で財政赤字の問題に取り組まなければならず、そのときに片手を背中に縛りつけたような状況になる。

新政権が発足したとき、レーガン大統領が指名した政府高官を徹底して更迭したことは、驚きをもって受け止められた。友人のマーティン・アンダーソンはかなり前にワシントンを離れて、カリフォルニアのフーバー研究所に移っていたが、ブッシュ大統領はデュカキスが当選してもできなかっただろうと思えるほど大量に共和党員を首にしたと笑った。それは気にならないと、わたしは答えた。人事は新大統領の特権だし、FRBは影響を受けないからだ。それに、ニコラス・ブレーディ財務長官、リチャード・ダーマン行政管理予算局長、マイケル・ボスキン大統領経済諮問委員会委員長らの経済関係の高官はみな、古くからの知り合いで友人だった（いうまでもないだろうが、ジェームズ・ベーカーは国務長官に就任している）。

FRBの高官の多くもそうだが、わたしも新政権が早急に財政赤字に取り組むよう望んでいた。景気が好調で、歳出削減のショックを吸収できる間に取り組んでほしかった。巨額の財政赤字は気づかない間に経済に悪影響を与える。政府は支出が過剰になると、赤字を埋めるために資金を借り入れなければならない。国債を発行して借り入れるのだが、その結果、民間経済で投資にあてられていたはずの資金を吸い上げることになる。財政赤字は巨額で、それまで五年間に年平均で一千五百億ドルを大きく超えている。そのため、経済に打撃を与えていたのだ。一九八七年の暴落の後にレーガン大統領が設立した超党派の国家経済委員会で、わたしは大統領選挙の直後に証言し、この点を強調した。財政赤字はもはや、「そのうち取り組めばいい」問題ではなくなっている。「長期的な問題は急速に短期的な問題に変わっていく。迅速な行動をとらない場合には、悪影響があらわれるようになり、緊急の課題になっていくだろう」。意外だとはいえないことだが、ブッシュ新大統領が増税を行わないと公約していたため、委員会の議論は行き詰まった。共和党が財政支出の削減を主張し、民主党が増税を主張したため、まともな政策を打ち出せなかった。

ブッシュ政権が発足するとすぐに、政権とＦＲＢの間で、選挙運動中と同じ対立が表面化するようになった。一月に、わたしは上院銀行委員会で、インフレ・リスクがまだ高いので、ＦＲＢの政策は「どちらかといえば景気の刺激よりも抑制の側に傾けることになろう」と証言した。翌日、ブッシュ大統領は記者団の前で、この姿勢を批判した。「インフレ抑制の姿勢が強すぎて、景気に打撃を与えるようになるのは望まない」と語ったのだ。通常なら、こうした意見の違いは非公開の場で語られ、解決されていく。わたしはフォード政権の時代にみられたような協力関係、そしてレーガン大統領とボルカー議長の間でもときおりみられたという協力関係をホワイトハウスとの間で築くよう望んでいた。だが、そうはならなかった。ブッシュ大統領の任期には、いくつかの歴史的な動きがあった。ベルリンの壁が崩壊し、冷戦が終わり、湾岸戦争に完全な勝利を収め、北米自由貿易協定（ＮＡＦＴＡ）の交渉が進んだ。だが、経済はブッシュ政権のアキレス腱になり、そのため、政権とＦＲＢの関係は極端に悪くなった。

貿易赤字が拡大し、製造業の海外移転が政権にとって政治的に打撃になった。財政赤字削減を求める圧力が強まり、一九九〇年七月についに、予算案に関する妥協に応じざるをえなくなって、増税はしないという公約を破ることになっている。その数日後に、イラクがクウェートに侵攻した。その後の湾岸戦争で大統領の支持率は急騰した。だが、この危機のために原油価格が上昇し、不透明感が強まって消費マインドが冷え込み、懸念した通り、景気後退に陥っている。それだけでなく、一九九一年初めにはじまった景気回復は異例なほど足取りが重く、勢いに欠けていた。こうした点の多くは誰も管理できないことだが、それでも「経済がすべて」と喝破したクリントン候補が一九九二年の選挙でブッシュ大統領を打ち破ることになった。実際にはこの年、経済成長率は四・一パーセントに達していたのだが。

二つの点で、経済状況は複雑になっていた。第一はアメリカの貯蓄金融業界の崩壊であり、このために連邦政府の財政赤字が予想外に大幅に膨らむことになった。貯蓄金融機関（S&L）は第二次世界大戦の後、郊外の住宅建設の資金を貸し出すために当時の形になったが、十年にわたって何度も危機に見舞われてきた。一九七〇年代のインフレで打撃を受け、規制緩和の失敗と最後には詐欺もくわわって、数百の機関で経営が破綻している。当初、貯蓄金融機関は単純な住宅ローン貸付機関であった。映画『素晴らしき哉、人生！』でジェームズ・スチュアート扮する主人公が経営しているベイリー・ビルディング・アンド・ローンとあまり変わらない。典型的な例をあげれば、金利が三パーセントにすぎないが連邦政府の保証のある貯蓄預金で資金を集め、金利が六パーセントの三十年物住宅ローンでこの資金を貸し出す。このため、貯蓄金融機関は数十年にわたって着実に収益をあげてきた。そして、貯蓄金融業界は成長を続け、一九八七年には機関数が三千六百、総資産が一兆五千億ドルに達していた。

だが、インフレのために、この安定した状態が破壊されることになる。短期金利、長期金利ともに急上昇し、貯蓄金融機関はとんでもない苦境に陥った。通常、預金金利はすぐさま上昇するので、資金調達コストは上昇するが、住宅ローンが返済されるまでには時間がかかるので、収益の増加は遅れる。すぐに貯蓄金融機関の多くが赤字になり、一九八九年には大部分が債務超過に陥っていた。住宅ローンを売却した場合、その代金で預金を全額払い戻すことができない状況になっていたのである。

議会は貯蓄金融業界を支えるための政策を何度もとってきたが、逆に問題が悪化するだけになっている。レーガン政権時代の建設ブームの時期に、議会は税金を使う預金保険の上限を一口座当たり四万ドルから十万ドルに引き上げ、貯蓄金融機関が貸し出せるローンの種類に関する制限を緩和した。間もなく、貯蓄金融機関の経営者は大胆になり、高層ビルやリゾート物件など、多数のプロジェクトに資金を貸し出すようになり、ほとんど理解していない案件も多かったため、経営が破綻することもあった。

規制の緩和を利用して、詐欺をはたらいた経営者もいる。とくに有名になったチャールズ・キーティングは西海岸の起業家であり、不動産の偽装取引で投資家をだまし、無価値のジャンク債を販売したことで不正取引と詐欺の罪に問われ、実刑判決を受けている。キーティングのリンカーン貯蓄貸付組合の営業担当者は知識のない預金者をだまして、キーティングが支配し、預金保険の対象にならない高リスクのベンチャーに資金を移させたといわれている。リンカーンが破綻したとき、破綻処理に三十四億ドルの税金が投入され、債券を購入した二万五千人もの顧客が、合計二億五千万ドルの損失を被ったと推定される。一九九〇年にキーティングらの貯蓄金融機関の経営者が上院議員選挙に巨額を献金していたことがあきらかになり、ワシントンで大スキャンダルになった。

わたしはこの混乱に、ＦＲＢ議長として関係しただけでなく、民間のコンサルタントだった時期に行った調査のために厄介な問題をかかえることになった。何年か前、タウンゼント・グリーンスパンの業務のひとつとして、わたしはキーティングの代理人である大手法律事務所の依頼を受け、リンカーンの財務状態が不動産への直接投資を許容される基準を満たしているかどうかを評価した。その時点の財務基盤には十分な流動性があり、不動産への直接投資を行っても安全だとわたしは結論づけた。これは、キーティングが借入を危険なほど増やす前のことであり、不法行為が暴露されるはるかに以前のことである。いまでもわたしは、この調査をはじめた時点にキーティングがすでに犯罪をおかしていたのかどうかを知らない。上院倫理特別委員会がキーティングと五人の上院議員、いわゆるキーティング五人組の関係について公聴会を開いたときに、わたしの調査報告書が問題になった。五人組のひとり、ジョン・マケイン上院議員が、わたしの報告書を読んでキーティングの側に問題はないと考えたと証言したからだ。わたしはニューヨーク・タイムズ紙に、リンカーンがその後に何をするかを予測できなかったことに困惑しており、「わたしは間違っていた」と話した。

この一件はアンドレアにも迷惑をかけたため、なおさら苦しかった。このとき、アンドレアはNBCの連邦議会担当主任になっていて、キーティング事件も取材していた。二人の関係は深まっていたので、アンドレアは二人の仕事の間の「ファイア・ウォール」を維持するために、いつも細心の注意を払っていた。たとえば、わたしの議会証言は取材しないなど、利益相反とみられかねない行動を避けるために努力していたのである。キーティング事件の公聴会でこの点が試されることになり、アンドレアは仕方なく、マスコミがわたしの関与を取材している間、キーティング事件は担当しないことにした。

貯蓄金融業界の破綻処理に納税者の資金がどれだけ必要になるのか、この時点には誰にも分かっていなかった。おそらく数千億ドルになると推定されていただけだ。処理が進むとともに国庫の負担が目立つようになり、ブッシュ政権にとって財政の課題が重くなっていった。損失の一部を回収する役割を担ったのは整理信託公社（ＲＴＣ）であり、これは破綻した貯蓄金融機関の資産を売却するために、一九八九年に議会が設立した機関である。わたしはＲＴＣの監督委員会の委員になった。ブレーディ財務長官を議長に、ジャック・ケンプ住宅・都市開発長官、不動産デベロッパーのロバート・ラーソン、元ＦＲＢ理事のフィリップ・ジャクソンが委員になっていた。ＲＴＣには多数の専門家がスタッフとしてくわわっていたが、それでも一九九一年初めにはわたしは監督委員会の委員として、もうひとつの職を兼任しているような状況になっている。詳細な書類を調べ、会議に出席するために、かなりの時間を使った。使われていない不動産を大量に管理しており、メンテナンスを行わないまま放置してあったので、急速に痛んでいた。早く売却しなければ、巨額の償却を迫られる。それだけでなく、解体費用まで負担することになる。わたしは経費が全体でいくらになるか、いつも考えていた。考えるだけで気が滅入った。

　貯蓄金融機関が貸し出している住宅ローンのうち、元利の返済が続いているものは市場で売却できた。後に残ったのは、誰も買いたがるとは思えない資産ばかりだ。砂漠の中に作りかけのショッピング・モール、マリーナ、ゴルフ場、供給過剰の住宅市場に建設された悪趣味なコンドミニアム、半分空室のオフィス・ビル、ウラン鉱山などである。問題の規模は想像することもむずかしいほどだ。ＲＴＣ総裁と連邦預金保険公社（ＦＤＩＣ）総裁を兼任していたウィリアム・シードマンによれば、ＲＴＣが一日当たり百万ドルの資産を売却しても、資産をすべて売却するのに三百年かかる計算だった。

違う方法が必要だったのはあきらかだ。

誰が斬新な売却方法を思いついたのかはよく分からない。最終的には十億ドルのパッケージにまとめて売ることにした。最初のパッケージは入札にかけ、数社の適格購入者にとくに入札に参加するよう働きかけた。大半は問題のある不動産の処理に実績のある企業だ。「適格」とは「評判がよい」ことを意味するとはかぎらない。いわゆる禿鷹《はげたか》ファンドなど、評判が悪い投機家も入っている。

実際に入札した買い手は少なく、パッケージは五億ドルを少し上回るだけの安値になった。それだけでなく、落札者は代金のごく一部を頭金として支払うだけでよく、残りは不動産からの現金収入に基づいて、分割して払っていけばよかった。まるで無料で配ったような印象になり、予想通り、識者や議会は憤慨した。だがバーゲン・セールほど需要を刺激するものはない。入札に参加しようと、貪欲な投資家が殺到するようになり、残りのパッケージは価格が急騰した。何か月かたつと、RTCの資産はほぼすべて売却できていた。RTCは一九九五年に解散するまでに、七百四十四の貯蓄金融機関を清算した。貯蓄金融業界の四分の一以上を清算したことになる。だが、資産を売却できたことも一因になって、納税者の負担は八百七十億ドルに止まり、当初の予想を大幅に下回っている。

商業銀行も深刻な状態に陥っていた。これは貯蓄金融機関よりも大きな問題であった。商業銀行は貯蓄金融機関よりはるかに規模が大きいし、経済ではるかに重要なセクターだからだ。一九八〇年代後半、商業銀行業界は大恐慌以来の最悪の状況になっていた。数百の中小銀行が破綻し、シティバンク、チェース・マンハッタンといった大手も苦境に陥っている。商業銀行も貯蓄金融機関と同じように、投機的な貸出が過剰になっていたのだ。一九八〇年代初め、大手銀行は中南米の各国政府向け貸出に賭けていた。この融資が焦げつくと、一発逆転を狙う素人の博打打ちのように、不動産融資に業界をあげて賭けるようになった。

不動産バブルは当然ながら、やがてはじけ、商業銀行は大打撃を受けることになる。担保不動産の価値がはっきりしなくなったため、銀行は自行の資本が実際にどれだけあるのか確信がもてなくなった。銀行の多くは脅えすくんで、新規の貸出をためらうようになった。大企業は銀行融資が止まっても他の資金源を利用できる。当時、ウォール街では新しい債務証券の市場が登場していたからだ。これが一因になって、一九九〇年の景気後退は浅いものになった。しかし、アメリカ各地の中小企業はごく普通の事業用ローンさえ承認を受けるのがむずかしくなった。そしてこのために、景気後退からの回復がいつになく困難になっている。

ＦＲＢがどのような政策をとっても、効果がないように思えた。景気後退がはじまったときにはすでに、かなり前から政策金利を引き下げていたのだが、経済は利下げに反応しなかった。フェデラル・ファンド金利誘導目標は一九八九年七月から一九九二年七月までの三年間に二十三回にわたって引き下げたが、景気回復の勢いは過去に例があまりないほど弱かった。「アメリカ経済は前進しているが、風速二十メートルを超える猛烈な向かい風を受けているというのが適切だろう」と、わたしは一九九一年十月にニューイングランドの経営者会議で、懸念を深めている聴衆に話した。状況はよくなかった。信用逼迫がいつ終わるのか、予想できなかったからだ。

ブッシュ大統領には六週間から七週間に一度会っている。たいていは会議の場でだが、ときには二人で話し合うこともあった。大統領はフォード政権のころからの知り合いだ。一九七六年には中央情報局（ＣＩＡ）の長官だったブッシュとの昼食のために、ラングリーのＣＩＡ本部に行ったこともある。一九八〇年の大統領選挙のときには当初の数か月に、何度も電話で経済政策について聞かれている。ブッシュが副大統領だった時期には、ホワイトハウスで頻繁に顔を合わせた。ブッシュは頭がよく、個人的にはいつもよい関係にあった。とくにバーバラ夫人は快活で素晴らしい女性だといつも感心する。だが大統領としては、外交政策とくらべて経済政策への関心ははるかに低かった。

ブッシュ大統領の父親はウォール街で働いていたし、本人もイェール大学で経済学を専攻しているが、金融市場に直接に関与したことはない。金利が主に市場の力で決まるとは考えていない。好みによって変えられるものだと考えていたようで、あまり賢明な見方だとはいえない。経済政策は側近に任せることを好んだ。このためわたしは主に、ブレーディ財務長官、ダーマン行政管理予算局長、ボスキン大統領経済諮問委員会委員長と付き合うことになった。

ダーマン局長は多くの点で、レーガン政権初期の行政管理予算局長だったデービッド・ストックマンに似ている。政策に飛び抜けてあかるく、財政政策の健全性を重視していた。だがストックマンとは違って、表裏があることがあり、政治的な思惑で動くことが多い。やがてわたしは、ダーマンと距離をおくようになった。

何年か後、ダーマンはホワイトハウス内で増税は行わないという公約を破棄するよう強く主張したと書いている。早い時期に財政赤字の解消に取り組み、この問題を早く片づけた方がいいと大統領を説得しようとしたという。だが大統領は納得しなかった。一九八九年一月の就任から数か月たつと、ホワイトハウスは民主党主導の議会と激しく対立するようになる。巨額の財政赤字が解消されないままになり、景気が後退したとき、ブッシュ政権は財政政策でそれに対応する柔軟性をもてなくなっていた。

間もなく、ブッシュ政権は経済の問題の責任をＦＲＢに押しつけるようになる。ＦＲＢが通貨供給量を抑えすぎているために、経済が窒息状態にあるというのだ。これに気づいたのは、一九八九年八月、ジョン・ハインツ上院議員とテレサ夫人に招待されて、アンドレアと二人でマサチューセッツ州ナンタケット島に滞在していたときだ。テレビで日曜日朝の討論番組をみていた。ダーマン局長が『ミート・ザ・プレス』に出演している。それほど真剣に聞いていたわけではなかったが、局長の発言が耳に飛び込んできた。「グリーンスパン議長だけでなく、理事やＦＯＭＣの委員も景気後退に陥るのを避ける必要があることにもっと注意を払うべきだ。そうしているのかどうか、わたしには確信がもてない」。「何だって」とわたしは叫び、もう少しでコーヒーをこぼすところだった。ダーマン局長の意見を聞くと、経済的にまったく意味をなしていないと思えた。だが、その必要がないことにすぐに気づいた。これは政治的な発言なのだから。

ブレーディ財務長官もＦＲＢを嫌っていた。大統領とは親友であり、共通点も多い。どちらも裕福だし、イェール大学を卒業した名士で、同大学の秘密クラブ、スカル・アンド・ボーンズの会員だった。ブレーディは三十年以上、ウォール街で働き、大手投資銀行の会長にまでのぼりつめた。政権に入ったとき、市場でのトレーディングの経験と指揮命令の習慣をワシントンにもちこんでいる。

ブッシュ政権の時代に、ブレーディとわたしはいくつもの主要な問題で協力した。一九九一年にはともにモスクワに行ったし、銀行規制や外国為替などの複雑な問題で密接に協力して成果をあげている。仕事の面だけでなく、オーガスタ・ナショナルでのゴルフに招待されたこともあるし、ブレーディとキティ夫人とはアンドレアと二人で親しくしていた。

しかし、ブレーディは、金融政策を政治の手段とするブッシュ大統領の見方を強めている。短期金利を引き下げるのは何のリスクも伴わないことだとみているようだった。FRBが市中に流動性を溢れるほど供給すれば、経済成長率は高くなる。もちろん、インフレ率の高騰を警戒しておく必要はあるが、実際にそうなれば、FRBは金融を引き締めてインフレを抑え込むことができる。そう考えていたようだ。この見方にしたがっていれば、わたしは急速に大幅に政策金利を引き下げていたはずだ。そして、当然ながら、市場に振り回されていただろう。

だが、ブレーディ財務長官は議論を受け付けない性格だった。トレーダーの多くがそうであるように、直観にしたがって成功を収めてきた。外国為替政策などでは、市場をみる目がきわめて正確だとわたしは感じた。しかし、概念を組み立てていくタイプではなく、長期的な見方をとるタイプでもない。週に一回、朝食をとりながら話し合ったが、金融政策の問題になると、議論が空回りするばかりだった。

この対立のために、財政赤字と景気後退への対応が一層むずかしくなった。ブッシュ政権がつねに、FRBに見返りを求めたからだ。一九九〇年の予算案が検討され、ブッシュ大統領がついに増税は行わないとの公約を破る必要に直面していたとき、ブレーディ財務長官はわたしに、予算案が成立すればFRBが政策金利を引き下げると確約するよう求めた。

たしかに予算案は優れていると思った。ダーマン行政管理予算局長の斬新な案が盛り込まれていて、たとえばペイ・ゴー・ルールがそうだが、きわめて有望だと思った。このルールは、新たな財政支出を伴う政策を提案する際には、増税か支出削減によって財源を同時に確保しなければならないというものである（ペイ・ゴーとは、ワシントンで使われる言葉で、その都度、現金で払うという意味だ）。予算案では財政赤字の削減幅がそれほど大きくないともいえたが、FRBではこれを正しい方向への一歩だとする見方が大勢になっていて、わたしもその見方に同意していた。十月にこの予算案が採決される段階になって、わたしは議会証言でこの案について「信頼できる」ものだと発言した。何とも控えめな称賛だと思えるかもしれないが、それでも株式相場は跳ね上がった。FRBがすぐに利下げを実施すると市場は判断したのだ。もちろん、FRBにそのような意図はなかった。金融政策を緩和するには、まず予算案が実際に成立するかどうかを確認しなければならないし、それ以上に重要な点として、経済にたしかに好影響を与えるかどうかを確認しなければならない。

このためわたしは、ブレーディとの話し合いで話す内容にいつも細心の注意を払っていた。「予算が健全になれば予想インフレ率が低下するので、長期金利が下がる。そうなればそれに対応した金融政策をとって、短期金利を引き下げるべきだ」と話した。FRBの標準的な政策を説明したわけだが、ブレーディは納得しない。利下げを約束するよう求めていたからだ。

この年の秋に景気が後退すると、政権との摩擦はさらに大きくなった。ブッシュ大統領は一九九一年の一般教書演説でこう述べている。「悲観的な見方が強すぎる。健全な銀行は健全な融資をいますぐ実行すべきであり、金利は引き下げるべきである」。FRBはもちろん、一年以上前から金利を引き下げていたのだが、ホワイトハウスはもっと急速で大幅な利下げを望んでいた。

わたしはいまでも、この時期にブレーディ財務長官から受け取った公式の書簡をもっている。同長官が大統領との昼食会のために、産業界と学界の著名な経済専門家八人をホワイトハウスに招く異例の手段をとったときのものだ。席上、八人のそれぞれに、ＦＲＢが政策金利をさらに引き下げるべきかどうか質問したという。大統領の前で即答するよう求められた経済専門家は、「全員、利下げが経済に打撃になることはないと答えた」。そしてほぼ全員が、好材料になると感じていた。「アラン、わたしが話を聞いたなかで、きみだけが意見が違っている」と断じ、「ＦＲＢには強い指導力が欠けている」とあからさまに非難している。

結局のところ、ブッシュ政権は口でいうほど強い姿勢はとっていない。ＦＲＢ議長の任期が一九九一年夏に切れるので、内密の話し合いがもたれ、財務長官がわたしの再任を認める見返りとして、金融政策をさらに緩和すると確約するよう求めた。ブレーディは後に、わたしがこの取引に同意したと語っている。実際には、わたしは金融をさらに緩和したいと望んでいたとしても（そして個人的には、利下げを継続するだろうと考えていたのだが）、そう確約することは不可能だ。いずれにせよ、ブッシュ大統領はわたしを再任させることにした。たぶん、他の人に代えるよりはましだと思ったのだろう。ＦＲＢは誰の意見でもうまく機能していたし、ウォール街が喜ぶ候補者はいなかったし、交代させれば市場が混乱しかねなかった。

金融政策をめぐる対立が続いたので、ブレーディと個人的な付き合いを続けるのはむずかしくなった。仕事の面では協力したが、ブレーディは週一回の朝食会を取り止め、個人的な付き合いもしなくなった。選挙の年が近づいたとき、ブッシュ政権はFRBと石頭の議長への対応を変える決定をくだした。ホワイトハウスでいう「グリーンスパン担当」が、ボスキン大統領経済諮問委員会委員長と大統領に変更になった。

大統領選挙運動がはじまるころ、景気回復はようやく勢いがついてきた。七月にはわたしはこの点に十分な確信をもつようになり、風速二十メートルを超える向かい風は弱まったと論じた。後の分析で、その年の春にすでに、GDP成長率が四パーセントの健全な水準に達していたことが分かっている（なお、一九九〇年に総生産の指標が国民総生産〔GNP〕から国内総生産〔GDP〕に変更になった）。だがその時点では、景気が力強く回復しているとの実感はなく、ブッシュ大統領は当然ながら、景気回復ができるかぎり力強く、実感のもてるものになるよう望んでいた。

この年、わたしは大統領には数回しか会っていない。数少ない機会には、大統領はいつもにこやかだった。「FRBを非難するようなことは望まない」という。そして、経済界の人たちから聞いた話に基づいて、しっかりした質問をする。たとえば、「準備預金への制限が問題のひとつだと聞いているが、この点をどう考えるべきなのだろう」と質問する。レーガン大統領からはでてこなかった質問だ。経済政策についてじっくり議論する忍耐力が、レーガン大統領には欠けていた。ブッシュ大統領はこうした点を聞く姿勢をもっていたので、わたしはうれしかった。ブレーディ財務長官との話し合いより、大統領との面会ははるかに気持ちがよかった。議論が敵対的になることはなかったからだ。しかし金利が話題になったとき、政策金利をさらに引き下げても景気回復の勢いが強まることはまずないし、インフレのリスクが高まる結果になるだけだと説明しても、大統領の納得を得ることはついにできなかった。

実際には景気は回復していたのだが、選挙には間に合わなかったのだ。ブッシュ大統領にとっておそらく何よりも打撃になったのは、財政赤字だ。一九九〇年に遅まきながらも財政支出を削減し、増税を実施したことから、財政基盤は小幅ながら改善したが、景気後退によって歳入が大幅に減少したため、財政赤字は一時的にではあるが、逆に急増している。ブッシュ政権の最後の年には二千九百億ドルに達した。ロス・ペロー候補がこの点を攻撃し、共和党の票をかなり奪ったことから、ブッシュ大統領は再選を果たせなかった。

何年か後、ブッシュ前大統領がこの敗北の原因を作ったとしてわたしを非難していることを知って、悲しくなった。一九九八年にテレビのインタビューに答えて、「わたしはグリーンスパンを再任させたが、グリーンスパンは再選を目指したわたしを失望させた」と語ったのだ。わたしは疑り深い性格ではない。かなり後になってようやく、ブレーディ、ダーマンの両氏が強く主張したため、FRBが再選を妨害していると大統領も考えるようになっていたことに気づいた。発言の激しさに、わたしは驚いた。ブッシュ大統領についてのわたしの思いはまったく違う。選挙で再選を果たせなかったとき、わたしは第二次世界大戦の直後に、ウィンストン・チャーチル首相が選挙で敗北したことを思い出した。わたしがみるかぎり、ブッシュ大統領はアメリカがぶつかったとりわけ重要な問題で、素晴らしい実績を残している。ソ連との関係と、中東の危機である。まさに再選されて当然の実績を残しているのだ。だが同じことは、チャーチル首相にもいえる。

第六章　壁の崩壊

一九八九年十月十日、モスクワ。スパソ・ハウスと呼ばれるアメリカ大使公邸で、アメリカの駐ソ連大使、ジャック・マトロックが、集まったソ連のエコノミストと銀行家にわたしを紹介した。資本主義の金融が、その日のわたしの講演テーマだった。

もちろんそのときには、一か月後にベルリンの壁が崩壊するとは予想していなかったし、二年あまり後にソ連がなくなるとも考えていなかった。共産圏が崩壊した後の数年に、めったにない出来事、中央計画経済が崩壊した後に市場経済が登場する動きを目撃することになるとも思っていなかった。その過程では、中央計画経済が数十年の間に、想像もできないほど疲弊していたことがあきらかになった。

だが、その後の動きでもっとも意外だったのは、市場資本主義の根源について、貴重な資料が得られたことだ。市場経済はもちろん、わたしにとって身近な体制だが、その基礎については抽象的な知識しかもっていなかった。わたしが生まれ育ったのは、市場経済が高度に発達した国であり、それを支える法律、制度、慣習などははるか以前に確立し、成熟していた。ロシアで見聞きすることになる動きは、欧米各国ではわたしが生まれるはるか以前に起こっていたのである。旧ソ連で作られた制度がすべて崩壊した後にロシアが苦闘する様子をみて、わたしは脳の一部が損なわれた患者を観察する脳神経科医になったようだと感じた。財産権を保護する仕組みがなく、信頼関係の伝統もないまま、市場が機能しようとするのを見守ったのは、まったく新しい学習の経験であった。

だがそれは先の話だ。この日に集まった百人ほどの聴衆をみて、わたしは困惑していた。「この人たちは何を考えているのだろう。何をどう話せば、聞いてもらえるのだろう」。全員がソ連の教育を受けており、マルクス主義を深く学んでいるはずだと思った。資本主義の制度や市場の競争について、何を知っているのだろうか。アメリカか西ヨーロッパでの講演であれば、聴衆の関心や知識水準を判断できるので、それに合わせて話すことができる。だが、モスクワでは当て推量しかできない。

この日に用意していた講演は、市場経済のもとでの銀行について、淡々と説明していくものだ。金融仲介機能の価値、商業銀行が直面する各種のリスク、規制の功罪、中央銀行の役割といった点を説明していった。講演はゆっくりと進み、一段落ごとに通訳がロシア語に訳すのを待ったため、ますます遅くなった。

だが、聴衆は熱心に聞いていた。最後まで集中していたし、詳しくノートをとっている人も少なくないようだった。講演がようやく終わり、マトロック大使が質問を受け付けると、何人もが手をあげた。その後の三十分の議論で、わたしの話した内容をよく理解した人が何人もいたことが分かり、驚くと同時にうれしくなった。質問内容から、資本主義について高度な知識をもっていることが分かり、

驚いたのである。(註1)

改革を担当するレオニード・アバルキン副首相に面会した。儀礼的な訪問になるのだろうと考えていたが、実際にはまったく違っていた。同副首相は五十代後半の経済学者で、書記長の改革派側近のひとりであり、柔軟で洗練された政治姿勢で評判を築いていた。憂鬱そうな表情をみていると、ストレスがたまっているように思えたし、実際にそうなのだろうと考える理由は十分にあった。冬がはじまろうとしており、電力と食料が不足するとさかんに報道されていたし、ゴルバチョフ書記長は無政府状態に陥るリスクがあると公の場で語り、ルイシコフ首相が最高会議に対してストライキを禁止する非常権限を与えるよう求めたばかりであった。ゴルバチョフ書記長が四年前にはじめた野心的な経済改革のペレストロイカが、崩壊の危機に瀕していたのである。アバルキン副首相が経済改革を担当しているのは、上司が市場の仕組みをあまり理解していないからなのだろうと、わたしは感じた。

アバルキンは、ソ連の経済計画当局が強く主張していた案について、わたしに意見を求めた。イン

註1　そこまでの知識をどのようにして得たのだろう。一九九一年になってわたしは、ゴルバチョフ書記長の改革を支えた側近のひとり、グリゴリー・ヤブリンスキーにこの点を質問した。ヤブリンスキーは笑い、そして説明してくれた。「大学の図書館には計量経済学の本が揃っていて、われわれはみな、それを読むことが許されていた。数学的な分析の本なので、純粋に技術的であり、イデオロギーとは無縁だと党が判断したからだ」。いうまでもないことだが、資本主義のイデオロギーは、計量経済学の公式の多くの根深い部分に組み込まれており、計量経済モデルは消費者の選択と市場の競争という原動力に基づいて作られているのだ。それはともかく、ヤブリンスキーによれば、ソ連のエコノミストは計量経済学を学んでいるので、市場がどう機能するかについて、豊富な知識をもっているという。

フレ対策の計画であり、賃金を物価に連動させる物価スライド制が柱になっている。賃金の購買力が損なわれることはないという安心感を国民に与えるのが目的だった。わたしは給付金のインフレ調整のために、社会保障基金の財源をめぐってアメリカ政府内でどのような問題が起こっているかを簡単に説明した。そして、物価スライド制は一時的な解決策にしかならず、長期的にはさらに深刻な問題を引き起こす可能性が高いと確信していると話した。アバルキンは驚かなかったようだ。そして、官僚的な中央計画経済から、「経済活動を規制するもっとも民主的な形態」である市場経済に移行するには、何年もの期間が必要だと語った。

ＦＲＢ議長が鉄のカーテンの向こう側を訪問したことは過去にもある。一九七〇年代の緊張緩和の時代に、アーサー・バーンズとウィリアム・ミラーがモスクワを訪問している。だが、このような対話をしなかったのはたしかだ。当時は議論するような問題はなかった。ソ連圏の中央計画経済と欧米の市場経済の間には、イデオロギーの面でも政治の面でもきわめて大きな違いがあったからだ。だが一九八〇年代後半には、状況が驚くほど変わっていた。とくに変化が大きかったのは東ドイツなどの衛星国だが、ソ連も変化していた。この年の春、ポーランドではじめての自由選挙が実施され、その後の動きに世界は目をみはった。第一に連帯が統一労働者党に圧勝した。すると、ゴルバチョフ書記長は軍隊を派遣して統一労働者党政権を維持するのではなく、自由選挙の結果を受け入れると宣言した。その後、東ドイツが崩壊しはじめている。政府の統制がきかなくなったのを利用して、数万人が西ドイツに不法に移住するようになったのだ。わたしがモスクワを訪問する数日前には、ハンガリーで政権を握ってきた社会主義労働者党がマルクス主義を放棄し、社会民主主義政党に脱皮している。

ソ連もあきらかに危機にあった。その数年前に起こった原油価格の急落によって、経済成長の唯一の源泉が失われ、ブレジネフ時代に蔓延するようになった停滞と腐敗を相殺できるものがなくなっている。この苦境に追い打ちをかけたのが冷戦であり、レーガン大統領のもとでアメリカが軍備を大幅に増強したことから、冷戦の圧力が強まった。ソ連は衛星国を支配できなくなっていっただけでなく、国民に食料を提供することにさえ苦労するようになった。欧米から数百万トンの穀物を輸入してようやく、パンが食料品店の棚に並ぶ状況になっていたのだ。アバルキン副首相が最優先課題だとしていたインフレは、たしかに抑えられなくなっていた。わたしは宝石店に長い行列ができているのを目撃した。手持ちの現金を価値が下がらないものに換えておこうとする消費者が殺到し、一回に一点だけに購入が制限されていたという。

もちろん、ゴルバチョフ書記長は経済を自由化して崩壊をくい止め反転させるために全力を挙げていた。書記長に面会して印象的だったのは、きわめて理性的で柔軟な人物だったことだが、心が揺れ動いているようでもあった。ある意味で、問題は理性的で柔軟な点にあった。毎日のようにソ連の制度の矛盾と嘘にぶつかり、それを無視することができないからだ。スターリン政権とフルシチョフ政権のもとで育ったのだが、自分の国が停滞していることを理解でき、その理由も理解できるので、教えられてきた思想を信じられなくなっていた。

わたしにとって最大の疑問は、ブレジネフの後継者として書記長になった強硬派のユーリー・アンドロポフがなぜ、ゴルバチョフを重用したのかだ。ゴルバチョフ書記長はソ連解体を意図したわけではないが、崩壊を防ぐための手段をとらなかった。それまでの指導者とは違って、東ドイツやポーランドが民主化を進めたとき、軍隊を送っていない。そして、ソ連が世界貿易で主要な位置を占める国になることを目標にした。これが資本主義への道を意味していることを、ゴルバチョフが理解していたのは疑問の余地がない。株式市場など、欧米の経済システムの仕組みを詳しく理解していたわけではないのだが。

わたしがモスクワを訪問したのは、ゴルバチョフ書記長の情報公開政策、グラスノスチのもとでソ連が進めていた改革に対して、アメリカ政府が支援の姿勢を強めていたからである。たとえば、ソ連の国家保安委員会（ＫＧＢ）が集会への参加を許可するようになると、アメリカ大使館は連続セミナーを開催し、ソ連の歴史家や経済学者、科学者のために、欧米の識者による講演を行う仕組みを作った。講演で取り上げたテーマも、闇市場、ソ連南部の共和国の環境問題、スターリン時代の歴史など、それまで議論が禁止されていたものにわたっている。

モスクワでのわたしの日程は大部分、政府高官との会談にあてられていた。毎回、何らかの点で驚くことがあった。わたしは人生の大部分の期間にわたって自由市場経済を研究してきたのだが、違った原理に基づく経済をみることになり、しかもそれが危機に陥っているのをみて、資本主義の基礎が何であり、中央計画経済とどこが違っているのかを、それまでになかったほど深く考えるようになった。この違いにまず気づいたのは、空港からモスクワ市街までの車のなかだった。道路脇の畑で、一九二〇年代の蒸気トラクターが動いているのをみつけた。騒音を立てる厄介な機械で、大きな鉄の車輪がある。「なんであれを使いつづけているのだと思う」と、わたしは同乗していた警備担当者に尋ねた。「分かりません。まだ使えるからでしょうか」という。ハバナの街にいまでも走っている一九五七年型のシボレーもそうだが、この旧式のトラクターは中央計画経済と資本主義の基本的な違いを象徴している。中央計画経済には創造的破壊がなく、機械を改良していこうとする動機がないのだ。

だから、中央計画経済の国が国民の生活水準を引き上げ、富を築いていくのに苦労していたのは不思議だとはいえない。生産と分配は計画当局が各工場に与える具体的な指示によって決められる。この指示には、どこからどれだけの原材料とサービスを受け取るのか、何を生産するのか、製品をどこに送るのかが示されている。労働力は完全雇用になっているというのが建前であり、賃金はあらかじめ決められている。ここで無視されているのは最終消費者だ。中央計画経済では、消費者は計画当局の指示で作られた製品を黙って受け取ると想定されている。だがソ連でも、消費者はそのようには行動していない。消費者の需要に合わせて供給を調節する機能を担った効率的な市場がないために、誰も買わない商品が大量に余る一方で、消費者の需要があるのに十分には生産されていない商品が大量に不足する結果になるのが通常である。物が不足するので配給制がとられるか、モスクワ名物の長い行列ができる。エリツィン政権で経済改革を担ったエゴール・ガイダルは後に、不足している商品の販売員がいかに大きな力を握っていたかをこう表現している。「デパートの販売員になれば、シリコン・バレーの大金持ちになったようなものだった。社会的な地位があり、影響力があり、尊敬される人物になれる」

ソ連は、自由競争と自由市場ではなく、中央計画経済こそが公共の利益を達成する道だとする見方にしたがって国全体を作り上げていた。この点を考えて、ゴスプラン（国家計画委員会）議長の右腕と呼ばれたステパン・シタリャンとの会談を楽しみにしていた。ソ連にはあらゆる部門に官僚組織があり、なかでも重要な組織には、国家を意味する「ゴス」にはじまる名前がついていた。ゴススナブ（国家調達委員会）は原材料と消耗品を各産業に分配する。ゴストルド（国家労働委員会）は賃金と就業規則を設定する。ゴスコムチェン（国家価格委員会）は価格を決める。そしてこれらの頂点にあるのがゴスプランだ。ある研究者が記したように、「十一の時間帯にわたるソ連各地にある工場のひとつひとつについて、生産する商品のすべての種類、量、価格」を指示する役割を担っている。ゴスプランが管理する広範囲な産業のなかには軍需産業があり、最高の人材、最高の原材料を使い、ソ連でもっとも優れた産業だとされている。(註2)欧米の研究者によれば、ゴスプランはソ連のＧＤＰの六十パーセントから八十パーセントを管理していたと推定される。シタリャン第一副議長と、上司のユーリー・マスリュコフ議長が当時、ゴスプランを管理していた。

シタリャンは小柄で白髪をオールバックにしており、英語を見事に操る。会談では、同席したゴスプラン幹部が精巧な投入産出表を自慢げに見せてくれた。ロシア生まれのハーバード大学の経済学者で、投入産出表による産業連関分析の創始者、ワシリー・レオンチェフでも驚くほどのものだった。レオンチェフは資材と労働の流れをこの表にまとめれば、あらゆる経済の特徴を正確に把握できると考えた。この分析を徹底して行えば、経済の動きを正確に示す計器盤のようなモデルができる。理論的には、たとえばトラクターといったひとつの産出項目で需要が変化したとき、経済の各部分にどのような影響が及ぶのかを予想できるようになる。レーガン政権の時代に決定的になった点を挙げるなら、アメリカのいわゆる「スター・ウォーズ」計画に対応して軍需品の生産を増やしたときの影響を予想できる。しかし、欧米の経済専門家は一般に、投入産出表の用途はかぎられているとみている。

経済の動態をとらえることができないからだ。現実の経済では、投入と産出の関係はまず間違いなく、分析し推定する作業が終わるまでに変化している。

ゴスプランの投入産出表は、プトレマイオスの天動説のように完璧に作られていた。だが、ゴスプラン幹部の説明を聞くと、その制約はどれも解決されているとは思えなかった。そこでわたしは、動的な変化をどのように扱っているのかと質問した。幹部は肩をすくめて、話題を変えた。会談の性格上、ゴスプランが自由市場よりも効率的に生産計画を立て、広範囲な経済を管理できるとする立場を維持しないわけにはいかない。たぶん、この幹部は投入産出表を信じていないのだろうとわたしは思った。だが、本心では投入産出表を冷笑しているのか、それとも疑問をもっているだけなのかは分からなかった。

計画当局が優秀であれば、モデルの欠陥を修正していけるはずだと思えるかもしれない。シタリャンらの幹部は優秀であり、修正を試みてきた。だが、引き受けた責任が大きすぎる。資本主義の市場は価格の変化を直接のシグナルとして機能しているのだが、各商品をどれだけ生産するべきかを、このシグナルがない状態でどうやって判断するのか。それと同様に重要な点として、計画当局は金融のシグナルがない状態で、人びとのニーズや好みの変化に合わせて、設備投資への貯蓄の配分を調整しなければならないのである。

註2　ソ連の消費者は提供された商品を黙って買うとされていたが、軍需工場で生産された高品質の家庭用品が売られていると、殺到している。欧米の消費者と変わらないほど洗練されていたのだ。

わたしはFRB議長に就任する何年か前に、中央計画当局の立場に立って経済を分析しようと試みたことがある。一九八三年から八五年まで、レーガン大統領の外国情報諮問委員会（PFIAB）の委員を務め、軍拡競争の重圧を吸収するソ連の能力について、アメリカの情報機関が行った評価を検討するよう求められた。この評価の意味するものはきわめて大きい。レーガン大統領の戦略防衛構想（SDI）、いわゆるスター・ウォーズ戦略は、ソ連経済がアメリカ経済に対抗できないという想定に基づいていた。軍拡競争を加速すれば、ソ連はそれに対抗しようとして経済が崩壊するか、交渉を求めるようになるだろう。どちらの場合にも、アメリカはソ連に手を差し延べ、冷戦は終わる。そう考えられていたのである。

これはあきらかにきわめて重要な任務なので、断ることはできない。だが、たじろぐような課題でもある。資本主義経済とはまったく違う生産と分配のシステムを細部にわたって理解しようとするのだから、とんでもない努力が必要になると思えた。しかし、実際に分析をはじめてみると、わずか一週間で理解するのは不可能だという結論に達した。ソ連経済を評価しようとするとき、信頼できる方法がないことが分かったのである。ゴスプランのデータはまったく信頼性がないものだった。ソ連の管理者は上から下まで、工場の生産量と人員を水増しして報告する動機を十分にもっている。それ以上に問題なのは、データに矛盾があって、矛盾を解決するのが不可能なことだ。ゴスプランにもできないだろうとわたしは考えた。そこで、大統領とPFIABにこう報告した。ソ連がスター・ウォーズに対抗しようとしたとき、経済に負担がかかりすぎることになるかどうかを予想することはできないし、ソ連当局にも予想できないと確信していると。いうまでもなく、結局のところ、ソ連はスター・ウォーズに対抗しようとしなかった。ゴルバチョフが書記長になり、改革路線を打ち出したのである。

これらの点はゴスプランの幹部にまったく話さなかった。しかし、シタリャンの立場でなくてよかったと思った。ＦＲＢの仕事はむずかしい。だが、ゴスプランの仕事は現実離れしている。

ソ連の中央銀行である国立銀行（ゴスバンク）のビクトル・ゲラシチェンコ総裁との会談ははるかに友好的だった。公式にはわたしと同じ職にあるのだが、計画経済のもとでは誰が資金の供給を受けるかを決めるのは国なので、銀行の役割は欧米とくらべてはるかに小さい。ゴスバンクは支払いと会計記録を担当しているだけだともいえる。借り手が返済を延滞しても、債務不履行に陥っても、たいした問題ではない。ローンは要するに、国が所有している企業の間で資金をやりとりしているにすぎないからだ。銀行は与信基準や、金利リスクや、時価の変動を心配する必要がない。市場経済ではこれらの金融シグナルによって、誰が与信を受け、誰が与信を得られず、したがって、誰が何を生産し、誰に売るのかが決まってくるのだが、計画経済にはこれらがないのだ。わたしが前日の講演で話した内容はすべて、ゴスバンクには無縁のものである。

ゲラシチェンコ総裁は友好的だった。ビクトルと呼んでほしいといい、アランと呼ばせてほしいという。ロンドンでソ連国営の銀行を何年も経営した経歴があるので、見事な英語をしゃべり、欧米の銀行業務をよく理解していた。多くの人と同様に、ソ連はアメリカにそれほど遅れていないと主張した。わたしとの付き合いを望み、欧米各国の中央銀行総裁との付き合いを望んでいた。権威ある中央銀行家の仲間に入りたがっていたからだ。まったく無害な人物だとわたしは感じ、楽しく話し合うことができた。

それから四週間たった一九八九年十一月九日、ベルリンの壁が崩壊した。その日、わたしはＦＲＢの仕事でテキサス州にいたが、誰でもそうだったように、テレビに釘付けになっていた。壁が崩壊したこと自体も驚きだったが、わたしにとってはそれ以上に、壁の崩壊であきらかになった東ドイツ経済の疲弊ぶりが驚きだった。二十世紀に起こった論争のうち、とくに重要だったのは、政府が経済をどこまで管理するのが公共の利益にとって最善かをめぐるものである。第二次世界大戦の後、ヨーロッパの民主主義国はいずれも、社会主義の方向に進んでいるし、アメリカすら中央政府管理に傾いている。アメリカ産業による戦争への協力はすべて、事実上、政府の経済計画に基づいて進められてきたのだ。

この論争が冷戦の経済的な背景になっていた。冷戦は二つのイデオロギーをめぐる対立だというだけでなく、経済体制に関する二つの大きな理論、自由市場経済と中央計画経済をめぐる対立でもあった。そして、それまで四十年間にわたって、両者の力はほぼ拮抗しているとみられていた。ソ連とその同盟国は経済的に遅れているが、無駄の多い西側の市場経済との差を縮めているというのが一般的な見方であった。

経済学では自然科学とは違って、対照実験を行うことはまずできない。だが、東ドイツ経済と西ドイツ経済は、実験室でも簡単にはできないほど優れた対照実験になっている。どちらも、同じ文化、同じ言語、同じ歴史、同じ価値観をもっていた。そして四十年間にわたって、壁を隔てて対峙し、通商関係はほとんどなかった。実験の対象になった違いは、政治と経済の体制であり、市場資本主義と中央計画経済であった。

接戦になっているとする見方が一般的であった。西ドイツはもちろん、戦後の経済の奇跡で有名であり、戦火で荒廃したなかから立ち上がり、ヨーロッパ随一の経済力を誇る民主主義国になった。東ドイツも東側陣営の経済強国になり、ソ連にとって最大の貿易相手国になっただけでなく、国民の生活水準も西ドイツよりわずかに低いだけだとされていた。

わたしはＰＦＩＡＢの仕事のひとつとして、東ドイツと西ドイツの経済比較も行っている。専門家は東ドイツ経済が国民一人当たりＧＤＰでみて、西ドイツ経済の七十五パーセントから八十五パーセントの水準にあると推定していた。だがこれが正しいとは、わたしには思えなかった。ベルリンの壁の向こう側にぼろぼろのアパートが並んでいるのをみれば、活気に溢れる西ドイツと比較して、東ドイツの生産性と生活水準がはるかに低いと考えるしかないと思ったからだ。皮肉なことに、東ドイツのＧＤＰの推計は、それほど間違っていなかった。東西ドイツで生活水準がそれほど違わないと推計されていたのは、西ドイツが自国の経済発展を過小評価していたためだとみられるのである。たとえば、自動車の生産統計では、生産台数を調べている。だが、西ドイツの統計では、一九五〇年と一九八八年で同じベンツでも品質が大きく違っていることを十分に考慮していなかった。これに対して東ドイツでは、汚染物質をまきちらす箱型のトラバントが三十年間、設計を変更することなく生産されていた。このため、品質の違いを調整すると、東西ドイツの経済格差はまず確実に、一般に考えられていたより大きかった。

ベルリンの壁が崩壊したことで、東ドイツ経済がどこまで疲弊していたかがあきらかになり、懐疑的だった人たちも驚くことになった。東ドイツは実際には、労働生産性が西ドイツの三分の一ほどにすぎず、七十五パーセントから八十五パーセントには程遠かったのである。生活水準にも同じことがいえた。東ドイツの製造業はまったく粗悪な商品を生産していたし、サービス産業は経営が劣っていたので、現代化のために数千億ドルのコストがかかると推定された。東ドイツの企業の少なくとも四十パーセントは絶望的なほど遅れていて、閉鎖するしかないと判断されている。残りの大半も市場で競争できるようになるまでに、何年もかかるとみられた。何百万人もが職を失うことになろう。これらの人たちは再訓練を受け、新たな職を得られなければ、西ドイツに移住する大群にくわわることになる。鉄のカーテンの内側で経済がどこまで荒廃していたかはそれまで、じつにうまく守られてきた秘密だったのだが、カーテンが開かれて誰の目にもあきらかになった。

東ドイツの場合には、西ドイツに支援を求めることができた。ソ連圏の他国はやはり同じように荒廃し、国によっては荒廃がさらに深刻だったが、自力で苦境から抜け出すしかなかった。ポーランドの経済改革を主導したレシェク・バルツェロビッチは、戦後の西ドイツで経済改革を実施したルートビヒ・エアハルトに範を求めた。エアハルトは一九四八年、連合軍占領下の西ドイツの経済政策を担当し、価格と生産の管理を突然撤廃して、荒廃していた経済が復活するきっかけを作っている。エアハルトはこの政策をとったときに権限を逸脱したともいえるが、週末に撤廃を発表したため、占領軍の当局が対応策をとろうとしてもすでに、価格が激変していた。作戦は成功した。エアハルトの政策は無謀だと非難した人たちは驚くことになるが、食料品などが慢性的に不足していた商店に商品が並ぶようになり、悪名高かった闇市場は消えた。当初、価格は急騰したが、その後に供給が需要を上回って下がるようになった。

バルツェロビッチはポーランド中部のリプノの出身で、欧米の大学で学んだ後に大学教授になっていた経済学者であり、エアハルトの例にならって「市場革命」を提案した。これが一般には「ショック療法」と呼ばれるようになる。一九八九年八月の選挙で連帯が勝利を収めたとき、経済は崩壊寸前だった。商店では食料品が不足し、ハイパーインフレで国民がもつ現金は価値が急激に下がり、政府は破産状態になって債務を返済できなくなっていた。バルツェロビッチの主張で、新政府は一九九〇年一月一日に「ビッグ・バン」を実施して価格管理をすべて撤廃する決定をくだした。わたしはその数週間前、スイスのバーゼルで開催された国際銀行会議ではじめてバルツェロビッチに会ったが、そのとき、この戦略が成功するかどうかは分からないといわれて、仰天した。だが、「小さな段階を踏んでいく方法では改革はできない」ともバルツェロビッチは語った。政府がすべての商品の売買を四十年にわたって管理してきた社会で、中央計画経済から競争市場の経済へと円滑に移行することなどありえないと確信していたのだ。劇的な手段をとらなければ、国民に自分で判断するよう促すことはできないし、変化が避けがたいものだと納得させることもできないという。

ポーランドのビッグ・バンは予想された通り、大激変をもたらした。西ドイツでエアハルトの政策によってそうなったように、価格は当初、急騰した。同国の通貨であるズロチの購買力は当初の二週間で半分近くにまで下がった。だが、商店に並ぶ商品が増えるとともに、価格は徐々に落ちつくようになる。バルツェロビッチは部下に、商店での価格をつねに調べるよう求めていた。後にこう語っている。「とても重要な日になったのは、卵の価格が下がりはじめているという報告を受けたときだ」。自由市場への転換が機能しはじめたことを示す事実として、これほど明確なものはない。

ポーランドが成功を収めたことで、チェコスロバキアはさらに大胆な改革に取り組んだ。バッラフ・クラウス蔵相は国有企業を民営化したかった。だが、チェコスロバキアには巨額の資金をもっている人はいない。そこで、入札によって投資家グループに売却するのではなく、バウチャーの形で全国民に国有企業の所有権を配る方法をとった。全国民が同じ金額のバウチャーを受け取り、これを売買してもいいし、国有企業の株式と交換してもいい。この方法で、「財産権の劇的な転換」をはかるとともに、株式市場の基礎を築こうとしたのである。

一九九〇年八月、ワイオミング州ジャクソン・ホールで開催されたFRBの会議の昼食会で、クラウス蔵相はバウチャー制度などの野心的な計画について語っている。もじゃもじゃの口髭とがっしりした肩が特徴のクラウスは、改革の緊急性を激烈な言葉で語った。「時間を失えば、すべてを失う。われわれは迅速に行動しなければならない。段階的な改革では既得権益集団に、あらゆる種類の独占者に、家父長的社会主義のすべての受益者に、改革を行わない便利な口実を与えることになるからだ」。きわめて激しく、妥協を許さない姿勢だったので、質疑応答の時間になったとき、わたしは改革が雇用に与える影響について質問した。「失業者に何らかのセーフティ・ネットを提供することを考えていますか」。クラウスはわたしの質問を途中で遮り、こう答えた。「アメリカでなら、そういう贅沢も可能だろう。われわれが成功するには、過去と決別する必要がある。競争市場こそが富を生み出す道であり、この一点にわれわれは集中する」。クラウスとは後に親しくなったが、わたしにとって、自由市場の力を十分に信じていないと非難されたのは、これがはじめての経験だった。アイン・ランドを尊敬しているものにとって、何とも変わった経験だった。

東ヨーロッパの各国が改革を急いでいるとき、モスクワでは混乱が一層深まるばかりだと思えた。西側からみていては、何が起こっているのか判断するのもむずかしかった。ボリス・エリツィンが、一九九一年六月にロシア共和国の大統領に選ばれてからちょうど一週間の後、ニューヨークを訪問し、ニューヨーク連銀で講演を行った。エリツィンは建設業界の管理者として頭角をあらわし、一九八〇年代にはモスクワ市長になった。その後に共産党を離れ、急進改革を訴えるようになる。ロシア共和国大統領選挙では六十パーセントの得票率で圧勝し、共産党に大きな打撃を与えた。権力を握っていたのはソ連大統領に就任していたゴルバチョフ書記長だが、エリツィンは人気が高いうえ、言動が激烈なことから、注目されていた。かつてのフルシチョフ首相と同様に、ソ連という国のとてつもない矛盾を体現した人物のように思えた。一九八九年のはじめてのアメリカ訪問は悲惨な失敗だった。行動が突飛で、ジャック・ダニエルを飲んで酔っぱらっていたという報道だけが人びとの記憶に残っていた。

ニューヨーク連銀のコリガン総裁が中心になって、ウォール街の金融機関にソ連の改革派との関係を築くよう促した。これはブッシュ政権が希望することでもあった。そこでエリツィンがニューヨークを訪問したとき、ニューヨーク連銀が約五十人の銀行家、金融家、企業経営者を集めた夕食会で講演するよう招待したのである。エリツィンは何人もの随員を引き連れてきた。まずはコリガン総裁とわたしで短時間話し合い、その後に夕食会の参加者に紹介した。その日のエリツィンは酒飲みの道化ではなかった。優秀だし断固としているように思えた。演壇では二十分にわたって、原稿のないまま改革について説得力のある議論を展開し、その後、参加者から具体的で詳細にわたる質問を受けると、側近に助けを求めることもなくしっかりと答えている。

ゴルバチョフ大統領にしろ誰にしろ、崩壊と暴動という動乱を引き起こすことなく、共産主義体制を終わらせることができるのかどうか、不透明になっていた。一九九一年六月にゴルバチョフ大統領がワルシャワ条約機構を解体し、ソ連を主権国家連邦に再編する計画を進めようとしたとき、抵抗勢力の反発が激しくなっていった。八月にはスターリン主義の強硬派がクーデターを起こし、ゴルバチョフ政権は崩壊寸前になった。エリツィンがロシア共和国最高会議ビルの前で戦車にのぼって演説するという劇的な行動をとったからこそ、ゴルバチョフが生き残れたというのが一般的な見方である。

欧米各国はソ連を支援する道を探るようになった。この年の九月にブレーディ財務長官とわたしが何人かのチームを率いてモスクワを訪問し、ゴルバチョフ大統領に会い、大統領の経済顧問と議論したのはそのためだ。われわれの任務は表向き、ソ連が国際通貨基金（ＩＭＦ）に加盟するためにどのような改革が必要なのかを評価することだとされていた。だが実際には、ソ連の現状をこの目で確認したいというのが、訪問の目的であった。

ＦＲＢと西側の観点からは、純粋に経済的にみて、ソ連はそれほど懸念すべき国ではなかった。ソ連の経済はそれほど大きくない。もちろん、信頼できる経済統計はなかったのだが、専門家の推計ではＧＤＰはほぼイギリスと同じ規模であり、西ヨーロッパ全体の六分の一程度だ。鉄のカーテンで孤立していたので、世界貿易に占める比率は低かった。西側各国に対する債務、つまり、ソ連政府が崩壊すれば債務不履行に陥りかねない債務も多くはない。だが、ソ連には核兵器がある。ソ連が崩壊したとき、世界の安定と安全にどれほどの危険が及びかねないのかを、われわれはみな痛感していた。

この理由だけでも、われわれはモスクワ訪問中に知りえたソ連の状況に恐怖を感じていた。政府が崩壊に向かっているのは明らかだった。中央計画の制度が機能しなくなり、国民の生活が脅かされている。エドアルド・シェワルナゼ外相は、ロシアと国境を接する共和国で政情不安が起こっていると話してくれた。この地域に住む二千五百万人のロシア人の生命が脅かされかねないという。さらに問題なのは、ロシアとウクライナがどちらもソ連の核兵器を押さえていて、今後、対立する可能性があるという点だ。

経済指標はせいぜいのところ断片的なものがあるだけだが、やはり警戒すべき状態になっていた。インフレは抑制がきかなくなり、週に三パーセントから七パーセントの率になっている。生産と分配を担当する中央機関がすべて機能しなくなる一方で、通貨が増えつづけ、商品が減りつづけていたからだ。政府は何とか経済活動を維持しようと、現金をあふれるほど供給していた。ゴルバチョフ大統領の側近のひとりはこう話している。「印刷が追いつかない。印刷機を一日二十四時間動かしている」

こうした問題のすべてのうえに、食料が十分に商店に供給できていないという問題が重くのしかかっていた。ウクライナが世界の穀倉地帯だといわれていた時代がある。この時点にも、収穫量はかなり多かったのだが、収穫した農産物を集め、分配する方法がないために、一部は畑で腐るにまかせるしかなかった。ソ連の穀物輸入量は年に四千万トンにのぼった。パンの不足はソ連で象徴的な意味をもっている。一九一七年、ペトログラードの婦人が「パンをよこせ」と叫んでデモ行進を行い、ロシア帝政が崩壊するきっかけのひとつになったからだ。

改革派経済学者との対話から、ソ連の経済がいかに危うく、変化がいかにむずかしいかを垣間みることができた。ボリス・ネムツォフが「軍事都市についてお話しましょう」といって、それまで聞いたこともなかった都市の名前をつぎつぎに挙げていった。こうした都市が少なくとも二十はあって、それぞれに軍需工場を中心に二百万人が住んでいる。これらの都市は孤立し専門化していて、ソ連軍のためという以外に存在理由をもっていない。ネムツォフがいいたかった点はあきらかだ。冷戦が終わり、市場経済に移行すれば、これらの軍事都市とそこに働く多数の人たちが仕事を失い、市場経済に適応する方法が簡単にはみつからないのだ。ソ連の経済システムには、西側ではぶつかったことがないほど極端に硬直的な側面がある。ここからでてくる問題はいくつもあるが、とくに、軍需産業に働く人たちのうち、世界クラスの科学者や技術者がいずれ、生活のために自分たちの技術をならずもの国家に売らざるを得なくなりかねないことが懸念された。

他にもいろいろな説明を受けたが、メッセージは変わらない。われわれが訪問したとき、ゴルバチョフ大統領がソ連を「世界貿易で主要な位置を占める国にする」という目標を繰り返すのを聞いて、わたしはその勇気に感嘆した。だがノートの端に、わたしはこう書き留めている。「ソ連はギリシャ悲劇の道を歩もうとしている」

一九九一年十月、グリゴリー・ヤブリンスキー国民経済運営委員会副議長が率いるソ連の代表団がタイを訪問し、世界銀行と国際通貨基金（ＩＭＦ）の合同年次総会に出席した。歴史的な出来事であった。ソ連政府の高官が資本主義世界の主要な経済閣僚や中央銀行総裁と同席したのは、これがはじめてであった。

このとき、ソ連はすでに準加盟国の地位を認められ、ＩＭＦと世界銀行の融資は受けられないが、助言を受けられるようになっていた。ヤブリンスキーらの代表団は、ソ連に残った共和国で結成する主権国家連邦に正式な加盟を認めるよう求めた。西側からの巨額の融資は議題にのぼらなかった。ソ連は市場経済への移行を独力で管理できると主張したし、Ｇ７各国も融資を提案していない。

議論は丸二日続いたが、西側各国の中央銀行総裁と蔵相の感想を一言であらわすなら、「無力感」だといえよう。ソ連に残されていた部分が崩壊状態にあることは分かった。軍の将兵が賃金を支払われていないことも分かった。ソ連軍が崩壊状態になれば世界の平和に深刻な脅威になりかねないことも分かっている。とくに核兵器がどうなるかには深刻な懸念を抱いていた。だが、状況の悪化はすべて国内の政治要因によるものである。ＩＭＦにできるのは、金《かね》についての議論だけであり、金は問題ではなかった。結局、こうした状況に陥ったときに通常、使う手段に頼ることになった。委員会を作って、調査と議論を進めることにしたのだ（この場合には、Ｇ７の大蔵次官が数週間以内にモスクワに行き、ソ連政府に助言することになった）。したがって、すべてはソ連の改革派の動きにかかっていたわけだ。ソ連の改革派は東ヨーロッパ各国の改革派より困難な状況におかれていた。ポーランドやチェコスロバキアの指導者は国民の支持をあてにできた。経済状況はきわめて厳しかったが、ソ連政府の支配から解放されたからだ。しかしソ連の国民は超大国の地位を誇りにし、この地位を獲得するために犠牲に耐えてきた。こうした国民にとって、このときの激変は悲嘆すべきことでしかなかった。国の威信が大きく損なわれたのだから。この屈辱感によって、改革がはるかに困難になっていた。

それだけでなく、ソ連の場合には一九一七年の革命から七十年以上が経過していた。私有財産制度を覚えている人、事業を経営した経験やそのための訓練を受けた経験がある人はほとんど生き残っていない。会計士や監査人、金融アナリスト、マーケティング専門家、商法専門の弁護士は、高齢者の間にもいない。東ヨーロッパ各国では、共産主義体制が続いた期間は七十年ではなく、四十年だったので、自由市場の再建が可能だった。ソ連では、完全に死に絶えた制度を復活させる必要があった。

ゴルバチョフ大統領はこの直後に権力を失ったので、市場改革を監督することはできなかった。一九九一年十二月、ソビエト連邦は正式に解体され、旧ソ連共和国による緩やかな経済同盟に再編されて、ゴルバチョフ大統領は辞任した。十二月二十六日のニューヨーク・タイムズ紙は「ソビエト連邦が終焉、最後の指導者、ゴルバチョフが辞任、アメリカが共和国独立を承認」という大見出しでこれを伝えた。この記事を読んで、アイン・ランドがソ連消滅をみることなく亡くなっていたのが残念でならなかった。ランドはレーガン元大統領ら、ごく少数の人たちとともに、ソ連の内部崩壊を数十年前に予想していたからだ。

ボリス・エリツィンが経済改革を実行するにあたって責任者に選んだのは、エゴール・ガイダルだ。一九八〇年代にガイダルら、何人かの若手経済学者がソ連に市場経済を確立する構想を描いたとき、考えていたのは整然とした移行であった。しかしこの時点には混乱が拡大しており、そのような時間の余裕がなかった。市場がただちに機能するようにしなければ、国民は飢えに苦しむことになりかねない。そこでロシア連邦の首相代行に就任したガイダルは一九九二年一月、ポーランドで成功した方法を採用し、価格管理を一挙に撤廃した。

ショック療法はポーランドで実施されたときより、はるかに大きな混乱をロシアにもたらした。国の規模が大きいこと、経済システムがはるかに硬直的だったこと、政府がそれまで国民生活に関わるすべての点で価格を決めていたことが裏目にでた。インフレ率が急速に上昇し、給料は受け取ったときにはすでに無価値になっていた。わずかな貯蓄も吹き飛んだ。ルーブルの価値は四か月で七十五パーセント下落した。商店には相変わらず商品が不足し、闇市場が膨れ上がった。

そして一九九二年十月、エリツィン政権は第二の大規模な改革に着手した。一億四千四百万人の国民にバウチャーを配り、国有の企業と不動産の大規模な民営化を開始したのである。この改革も、東ヨーロッパで行われたものほどうまくはいかなかった。何百万人かが目標通りに企業の株式かアパートを所有するようになったが、バウチャーをだまし取られた人も多い。ロシアの産業はすべて、機をうまくとらえた少数の人間が支配するようになり、オリガルヒ（新興財閥）と呼ばれるようになる。十九世紀のアメリカで政府から供与を受けた土地をうまく操作して巨額の富を築いたジェイ・グールドらの鉄道王がそうであったように、オリガルヒもまったく新しい資産階級であり、政治の混乱をさらに深める要因になっている。

わたしはこれらの動きに魅了された。経済学者は市場経済から中央計画経済への移行については、多数の事例を観察してきた。二十世紀には、東側では共産主義への移行が、西側では社会主義への移行が支配的なトレンドになっていた。ごく最近まで、逆の方向への移行はなかった。ベルリンの壁が崩壊し、東ヨーロッパ各国の中央計画経済が崩壊した後に市場経済を築く必要に迫られるようになるまで、自由市場に必要な制度的基礎について考えていた経済学者はめったにいなかった。そして思わぬ展開から、旧ソ連が市場経済への移行の実験を行うことになったのである。実験で得られた教訓のうちいくつかは、驚くべきものだった。

中央計画経済が崩壊したとき、資本主義が自然に確立されるわけではない。この点で、保守的な政治家の多くが語っていたバラ色の夢は間違っていた。自由市場には、文化や制度の面で膨大な基礎があり、それが長い年月をかけて発展してきている。法律、慣習、行動、専門職、慣行などであり、いずれも中央計画経済には不必要なものである。

ロシアは一夜にして経済体制を転換する必要に迫られて、自由市場制度ではなく、闇市場の制度を築く結果になった。闇市場は価格が規制されておらず、自由な競争が特徴になっているので、市場経済と同じ仕組みをとっているように思える。だが、実際には部分的に似ているにすぎない。法の支配に支えられていないからだ。財産を所有し売却する権利が政府の法執行能力に支えられていないのだ。契約法も破産法もない。紛争が起こったときに裁判所に訴えて解決を求めることができない。自由市場経済の要《かなめ》である財産権が、闇市場経済には欠けているのだ。

このため闇市場では、法律に基づく取引が社会にもたらす利点はほとんど得られない。政府が財産権を保護することが分かれば、国民はリスクをとろうとする。この姿勢が、富の創出と経済の成長には不可欠である。自分の資本でリスクをとった成果が、政府やギャングにいつ強奪されるか分からないのであれば、リスクをとろうとする人はまずいない。

一九九〇年代半ば、ロシアの大部分はこういう状況にあった。何世代にもわたって、私有財産は盗んだものだというマルクス主義の思想で育てられてきた国民は、市場経済への移行によって善悪の価値観が揺さぶられていた。(註3) そしてオリガルヒが台頭したため、私有財産に対する国民の支持はさらに低下した。法律に基づいて私有財産を保護する体制は、当初からまともに整備されていなかった。そこで、民間の警備組織がかなりの程度までその役割を担うようになり、ときには警備組織同士が戦うことになって、社会が混乱しているという見方が一層強まっている。

市場経済に必要な法制度について、エリツィン政権が理解していたのかどうかも、よく分からない。たとえば一九九八年に、ロシアの有力な学者がワシントン・ポスト紙にこう語っている。「ロシア政府の見解では……民間の資本はそれを所有するものが守るべきだ。……ロシアの法執行機関は、民間資本の保護に関与しないことを、完全に意識的な政策として採用している」。この発言は、法制度によって財産権を保護する必要があるという市場経済の基本を知らない発言だと思える。民間の警備組

註3　私有財産を非難したのはマルクスがはじめてではない。私有財産や利益の獲得、利息をとる貸出が道徳に反するという見方は、キリスト教、イスラム教などの宗教に深く根ざしている。啓蒙主義の時代になってようやく、こうした見方を批判して私有財産と利益の獲得の社会的な根拠を確立する思想があらわれている。十七世紀のイギリスの偉大な哲学者、ジョン・ロックは、「生命、自由、財産」がすべての人にとっての「自然権」だと論じた。この思想がアメリカ建国の父に深い影響を与え、アメリカで自由市場の資本主義が栄える一因になった。

織が対立しあっているのは、法の支配ではない。恐怖と力の支配である。

他人の言葉、とくに見知らぬ人の言葉への信頼も、新生ロシアに欠けていることが目立つ点である。市場経済のこの側面は誰もめったに考えないが、決定的に重要だ。欧米先進国では不当な行動で損害を受けたと感じれば、誰でも裁判所に訴えることができるが、契約のうち訴訟にもちこまれる部分の比率はごくごく低く、そうでなければ裁判所は訴訟の洪水で機能しなくなるはずだ。自由市場ではしたがって、取引の大部分が当事者間で任意に行われることが不可欠である。そして任意の取引には、当事者間の信頼関係が前提になる。わたしがいつも感心している点だが、金融市場では何億ドルもの取引が口頭での合意だけで実行され、何日か後に文書で確認されるが、そのときには価格が大きく動いていることもある。信頼は獲得しなければならないものだ。企業にとって、もっとも重要な資産が評判であることも少なくない。

ソ連の崩壊で、大きな実験が完了した。自由市場に基づく経済体制と中央計画型社会主義に基づく経済体制のどちらが優れているかをめぐる長年の論争は終わった。たしかにいまでも、古いタイプの社会主義を支持する人はいる。だが、社会主義者の大部分はいまでは、ごく薄められた形の社会主義、ときに市場社会主義と呼ばれるものを主張している。

経済と社会の仕組みとして、世界全体が市場資本主義だけを信奉する時代がくると主張しているわけではない。いまでも、資本主義とそこで重視される物質主義は堕落していると考える人は多い。また、物質的な幸福を追求しながらも、競争市場では広告やマーケティングによる操作が過剰になっていて、表面的で一時的な価値ばかりが強調され、人生のほんとうの価値がみえなくなっていると考える人もいる。中国をはじめ、いくつかの国の政府はいまでも、国民のあきらかな好みを無視し、自国の文化を損ないかねないと恐れて、外国のメディアへのアクセスを制限しようとしている。最後に、アメリカにも他国にも保護主義が潜在しており、現在のハイテク世界経済が不調になった場合、これが表面化して貿易と国際金融を制限するようになり、ひいては貿易と国際金融に支えられた自由市場資本主義に打撃を与えることになりかねない。とはいえ、中央計画経済については評決がくだっており、それも明確に否定的な評決がくだっている。

第七章　民主党政権の政策課題

一九九三年二月十七日夜、わたしはテレビ・カメラ用の照明を浴びて、落ちつかない気分になっていた。上下両院合同会議で、クリントン夫人とゴア夫人の間の席に座らされていたからだ。まさか、傍聴席の最前列でクリントン大統領のはじめての一般教書演説を聞くことになるとは思っていなかった。大統領夫人のボックスに招待されたのは儀礼的なもので、おそらくもっと後ろの席でホワイトハウスの補佐官らと並んで座ることになると考えていたのだ。ブッシュ政権でどちらかといえば冷遇されてきた後だけに、ＦＲＢがアメリカにとって重要な機関として扱われていることが分かってうれしかったが、最前列の席を与えられたのはあきらかに政治的な意図があったからだ。クリントン夫人は明るい赤のスーツを着ており、大統領の演説中、テレビ・カメラが何度もわれわれを映し出した。

その後、わたしが最前列にいたことを喜ばなかった人もいたことがわかった。ＦＲＢの独立性が脅かされかねないというのが、その理由だ。いうまでもないことだが、わたしにはそのような意図はなかった。だが、クリントン大統領とは協力関係を築きたいと考えていた。財政政策で責任ある姿勢をとることに真剣だと思えたからだ。

クリントンにはじめて会ったのは、一九九二年十二月初め、大統領に選出されて約一か月がたったときだ。まだワシントンに移っていなかったので、次期大統領に会うにはアーカンソー州リトルロックに飛ぶ必要があった。そこの州知事公邸で政権移行チームが活動していたのだ。知事公邸は赤い煉瓦と白い柱の大きな建物で、周囲には平らな芝生と庭園が広がっていて、リトルロックの中心近くにある。

控室に入ったとき、どういう会談になるのか、予想がつかなかった。ただ、次期大統領はいつも時間に遅れると聞いていたので、もってきた経済レポートを読んでいた。二十分ほどで本人があらわれ、「議長」と呼びかけると、笑顔で近づき、握手を求めてきた。なるほど、偉大な大衆政治家だといわれるわけだ。この日の会談を心から楽しみにしていたようだとわたしに思わせたのだから。

クリントンは選挙期間中、広範囲で野心的な経済政策を公約している。中間層の減税、連邦財政赤字の半減、雇用の伸びの促進、新たな教育・訓練プログラムによるアメリカの競争力の向上、インフラストラクチャー（社会的生産基盤）への投資などである。わたしは大統領選挙をいくつもみてきたし、選挙運動にくわわったこともある。候補者はすべての有権者に何かを約束するものだ。だがわたしは、クリントンが何を優先課題にしているのか、疑問に思っていた。次期大統領はわたしの心を読んでいたに違いない。話しはじめて間もなく、「経済政策の優先課題を設定する必要があるので、経済見通しについてお聞きしたい」といったからだ。

ＦＲＢの観点からは、経済の長期的な健全性を重視するのであれば、財政赤字が何よりもはるかに緊急の課題であった。この点はブッシュ政権が発足したときにも主張したが、それから四年たって、問題がさらに悪化していた。連邦政府の債務残高は三兆ドルに達し、国債の利払いが連邦政府予算で社会保障費、国防費についで第三位の支出項目になっていた。だから、経済をどう評価するか質問を受けたとき、わたしは財政赤字問題を取り上げる用意ができていた。

　わたしはこう説明した。短期金利はぎりぎりまで下がっている。ＦＲＢは政策金利を三パーセントに引き下げている。経済は信用逼迫の影響から徐々に抜け出し、ほぼ適切なペースで成長している。一九九一年初めから百万人を超える雇用が創出された。だが、長期金利は高止まりしている。このため、住宅ローンと社債発行のコストが高くなり、経済にブレーキをかけている。長期金利が高いのは、インフレ率が高水準に推移すると予想されていて、その点にかかわる不透明感とリスクに対応して、投資家が金利を高めるよう要求しているからだ。

　だから、インフレ率に関する投資家の予想を低下させることが重要だと話した。予想インフレ率が下がれば、長期金利が下がり、住宅の需要が増加し、それにともなって、家電製品、家具などの各種消費財の需要も増加する。株価も上昇する。そして、債券の魅力が薄れて、投資家が株式に資金を移すからだ。企業も好調になり、雇用を創出する。要するに、一九九〇年代後半は経済がきわめて好調になるだろう。もちろんこう話したとき、一九九六年が大統領選挙の年であることは十分に意識していた。将来のためを思うなら、財政赤字が長期的に、現在の予想より少なくなるようにするべきだと話した。

　次期大統領は熱心に聞いてくれたようでうれしかった。財政赤字削減が緊急の課題だとする見方を理解したようで、政治家がふつうは聞かない賢明な質問をいくつもぶつけてきた。会談は一時間の予定だったが、活発な議論が続いて三時間近くになった。経済だけでなく、あらゆるテーマについて話し合った。ソマリアとボスニアの紛争、ロシアの歴史、職業訓練と教育などにも話題が広がり、さらに、クリントンがそれまでに会う機会がなかった各国の指導者についても聞かれた。やがて、昼食が運ばれてきた。

こうして、クリントンとの共通点がサクソフォーンだけでないことが分かった。情報に夢中になるし、アイデアを探究するのが大好きなようなのだ。会談を終えたとき、わたしは感激していたが、どう考えるべきなのか、確信があったわけではない。純粋に知的な能力という点でみてあきらかに、クリントンはニクソン元大統領に匹敵する（ニクソンには明白な欠点があったが、以前に会った大統領のなかではとりわけ優秀であった）。そして、クリントンは経済の動きについて、政府がとるべき経済政策について、わたしと同じ意見をもっているか、そうでなければ、いままで出会ったことがないほど相手に合わせるのがうまい政治家なのか、どちらかなのだろう。わたしは帰りの飛行機のなかで、これらの点を考えていた。ワシントンに帰った後、友人にこう話している。「つぎの選挙で今回と違ってクリントンに一票を投じるかどうかは分からないが、安心したのはたしかだ」

この見方が一層強まったのは、一週間後、クリントンが経済関係の主要な人事を発表し、馴染みの人たちが並んでいるのをみたときだ。財務長官には上院財政委員会のロイド・ベンツェン委員長、財務副長官にはウォール街の優秀な投資銀行家、ロジャー・アルトマンを選んだ。行政管理予算局長に任命されたレオン・パネッタはカリフォルニア州選出の下院議員で、下院予算委員会の委員長だ。副局長は経済学者のアリス・リブリンだ。リブリンは唯一の経済学者だが、その経歴は文句のつけようがない。初代の議会予算局長であり、「天才賞」と呼ばれるマッカーサー財団の助成を早い時期に受けてもいる。さらに、ゴールドマン・サックスの共同会長、ロバート・ルービンを国家経済会議担当大統領補佐官に選んだことにも興味をひかれた。これは経済政策を調整する新たなポストであり、ニューヨーク・タイムズ紙によれば、国家安全保障問題担当大統領補佐官に似た役割を経済政策で担うことになる。財務省、国務省、行政管理予算局、大統領経済諮問委員会などの部門から経済政策に関するアイデアを集め、大統領に政策の選択肢を提案するという。この人事をみて、クリントンがケネディ政権を模範にしているのだと思った。ケネディ大統領が共和党の投資銀行家であるクラレンス・ダグラス・ディロンを財務長官に任命したのと同様に、経済政策を担当するのは全員、財政政策で保守的な姿勢をとる中道派だ。この人事でクリントンは、民主党の政治家としては、放漫財政に流れる典型的なリベラル派から最大限に距離をおくことになった。

新政権はいずれもそうだが、クリントン政権も二月初めに議会に提出するはじめての予算案を編成するために、必死にならざるをえなかった。大統領は誰がみても、経済チームの提案を検討するにあたって苦労したようだ。クリントン政権が直面することになる財政赤字の深刻さが、この直前になってあきらかになった。一九九二年十二月、行政管理予算局が財政見通しを改訂し、五年後の一九九七年には年間の財政赤字が三千六百億ドルになるとの予想を発表した。それまでの予想を約五百億ドル上方修正したのである。このため、財政赤字を半分に減らす目標を達成するには、クリントン大統領は中間層の減税、職業訓練と雇用への投資など、大切な公約を諦めるか先送りするしかないことが明確になった。

予算編成の過程について、わたしは主にロイド・ベンツェンから状況を伝えられていた。新政権で財務長官に就任したベンツェンにはじめて注目したのは、一九七六年の予備選挙のときだった。結局はカーター知事に負けて民主党候補になれなかったが、ベンツェン議員は大統領に相応しい人物だと思えたし、大統領のように振る舞っているとも感じた。白髪の紳士で、洗練された政治家であり、第二次世界大戦中はＢ24爆撃機のパイロットであった。上院議員を四期務め、判断が的確で、冷静に問題を解決していく政治家だとの定評を得てきた。アンドレアとわたしはかなり前から社交の場で、ベンツェン議員とその印象的な夫人と付き合ってきた。わたしにとって意外ではなかったが、財務長官に就任したベンツェンと接する機会が増えると、意見が対立したときでも、じつに楽しく協力できることがすぐに分かった。

ベンツェン財務長官らの経済チームは、ＦＲＢの立場を尊重するように注意を払った。金融政策について公の場で発言しないことを政権の方針とした点で、それまでの政権と一線を画している。そのためＦＲＢの独立性が高まって、ＦＲＢにも政権にもよい結果が生まれている。たとえば一月半ばに、ベンツェンとパネッタが予算案の現状を説明するために来てくれたが、二人は支持を求めなかったし、意見を求めようともしなかった。わたしは分かったとだけ答え、それ以上の議論はしていない。実際には、わたしはこの予算案がインフレ要因にならないと考え、一月後半の議会証言でそう論じている。

ベンツェン財務長官には一度だけ、ホワイトハウスに来て大統領に話してほしいと依頼された。わたしがクリントン政権の全体的な政策を評価する姿勢を議会証言で示した日の翌日であった（わたしは政策の詳細についてのコメントは差し控えている）。予算の数値を検討し、全体像がみえてくると、大統領が直面している選択は厳しさを増していた。選挙公約の一部を実現する支出政策のパッケージを選ぶのか、それとも財政赤字削減策を選ぶのか、つまり金融市場の信認を得られるかどうかに成否がかかる政策、成果が主に中長期的にあらわれてくる政策を選ぶのかという選択である。中間の道はありえない。両方の政策を採用することはできないのだ。このジレンマによってホワイトハウスのスタッフの間でも対立が起こり、何人かは、財政赤字削減策をウォール街に媚を売る政策だと、私的な場で自嘲するようになった。そこで、ホワイトハウスに来て財政改革の重要性をもう一度強調するよう、ベンツェンがわたしに依頼したのである。

一月二十八日の午前に、ベンツェンとわたしは大統領執務室で大統領に面会した。ルービン補佐官も同席した。クリントン大統領は仕事一筋なので、わたしはすぐに本題に入った。財政赤字にいますぐ取り組まなければいかに危険かに焦点を絞り、一九九〇年代に経済がどのような動きを示すと予想されるかを説明していった。冷戦が終わったため、「今後数年は国防予算が減少していき、問題の多くは表面にあらわれてこないでしょう。ですが、一九九六年か九七年になると、財政赤字が膨らんで、世論も無視するわけにはいかなくなる。データをみれば、この点はあきらかです」。そう話して、社会保障給付金などの義務的経費が増加し、財政赤字がさらに増えていくことを説明した。「そのため、二十一世紀に向けて政府債務が目にみえて増加し、国債の利払いが増え、財政赤字がさらに増加する悪循環に陥る可能性があります。この動きを止めなければ、金融危機になりかねません」。面会が終わったとき、大統領は当然ながら、表情が曇っていた。

そのときにはっきりといったわけではないが、レーガン大統領が巨額の財政赤字をだし、クリントン大統領がその付けを支払わなければならなくなっているというのが、厳然たる事実なのだ。だが、クリントン大統領に同情する理由はない。この問題があったからこそ、ブッシュ大統領を破って当選できたのだから。しかしわたしは、クリントンがたいていの政治家とは違って、現実をごまかそうとしない点に感心した。経済見通しと金融政策に関して、現実を直視する姿勢を貫こうとしている。その後に予算案を承認して財政赤字削減を進める決定をくだしたのは、政治的に勇気ある行動であった。逆の方向をとる方がはるかに楽だったのだ。一年や二年、三年たっても、これがいかに勇気ある行動だったかに気づく人はそう多くないはずだ。

わたしはもう一度、財政赤字削減の動きに関与している。財政赤字をどこまで削減すればウォール街が納得し、したがって長期金利が下がると予想しているかをベンツェン財務長官に助言したのである。「一九九七年までに年一千三百億ドル以上」というのが、ベンツェンがわたしの助言を要約した言葉だ。実際には、助言はもっと複雑だった。わたしはいくつかのシナリオを示し、それぞれが実現する確率を示した。そして、金額よりも政策の内容と信頼性の方が重要だと繰り返し強調している。だが、最後に長官がこういったとき、もっともだと思った。「ここまで複雑な話は、とても扱えない」。そしてわたしの助言をひとつの数値にまとめて大統領に伝え、大きな効果をあげることになった。ホワイトハウスでは、年一千三百億ドルが「マジック・ナンバー」と呼ばれるようになり、財政赤字削減の絶対の目標になっている。

クリントン政権の予算案がついに発表されたとき、大きなニュースになった。「クリントンの経済再編案、エネルギーと高所得者層の増税を追求、四年間で五千億ドルの財政赤字削減を目標とする野心的政策」と、大統領の演説の翌朝、ニューヨーク・タイムズ紙が大見出しで伝えた。USAトゥデー紙は「戦いがはじまった」との見出しで、クリントンの提案は「五年間の緊縮政策」だと伝えた。マスコミの報道は主に、財政赤字削減で誰が打撃を受けるのかを取り上げている（貧困層を除くすべての有権者が打撃を受ける。高所得者層、中間層、高齢者層、企業で負担が増える計画になっていたのだ）。興味深い点だが、当初の世論の反応はよかった。世論調査によれば、財政を立て直すために犠牲を払うという考え方を、意外なことに国民は受け入れたのである。

大統領は通常、就任直後に議会との蜜月期間に恵まれる。だがクリントン大統領は議会との塹壕戦に直面することになった。予算案は当初、世論の支持を集めたのだが、議会では逆に、大半の議員に嫌われた。これも意外だとはいえない。抽象的で長期的な目標を掲げて、道路建設、兵器調達など、選挙区の有権者が喜ぶような新規の政策が何も盛り込まれていないからだ。大統領は議会の抵抗の激しさに衝撃を受けたと思う。共和党は予算案を頭から拒否し、民主党議員の多くも反対にまわって、論争が晩春まで続いた。下院では民主党が二百五十八人で、共和党の百七十七人を大きく上回っていたが、予算案が可決されるかどうかはおおいに疑問だとされていた。上院での見通しはさらに悪いと思えた。政権内部にも対立が波及し、ウォール街が喜ばない政策を求める高官が何人かいた。そのひとり、政治コンサルタントのジェームズ・カービルがこう皮肉った言葉が有名だ。「生まれ変われるのなら、大統領かローマ法王か四割バッターになりたいと思ってきたが、いまでは債券市場になりたいと思う。債券市場には誰も逆らえないからね」。政権内の対立がマスコミで盛んに報じられ、大統領の立場は弱いという印象を与えた。就任直後に高かった支持率が急落した。春の終わりにはわずか二十八パーセントにすぎなくなっている。

六月九日にふたたび会ったとき、大統領は落ち込んでいるようだった。その二週間前に下院がようやく予算案を可決したが、わずか一票差であった。上院での戦いははじまったばかりだ。ホワイトハウスを訪問したのは、大統領顧問のデービッド・ガーゲンに依頼されたからだ。「大統領が疲れている」ので、励ましてほしいというのだ。ガーゲンはニクソン、フォード、レーガンの三人の大統領の側近だったので、二十年の付き合いがある。クリントン大統領が顧問に迎えたのは、ガーゲンがワシントンのプロであり、冷静でバランスのとれた人物だからだが、同時に共和党員だからでもある。大統領はこの人事で中道派のイメージを強化したいと望んだのである。

その日の午前に大統領執務室に入ると、大統領の側近がみな疲れているようにみえた。連日、ほとんど徹夜で仕事をしていて、七十二歳のベンツェン財務長官すらそうだといわれていた（当時、NBCのホワイトハウス担当主任になっていたアンドレアに聞くと、たしかに毎日、徹夜に近いということだった）。議会と交渉を続け、財政赤字の削減目標を何とか維持しようと苦労していて、解決不可能な問題に取り組んでいるように感じていたはずだ。大統領も落ち込んでいるようだった。その理由は簡単に想像できる。政治的な資本を注ぎ込んできたが、大きな犠牲を払って編成した予算案が危機に瀕しているのだから。

わたしはできるかぎりの手をつくして大統領を励ました。大統領の政策が実行されれば、長期安定成長を実現できる可能性が、過去四十年でもっとも高くなると話した。政策の効果がすでにあらわれている点を確認してほしいともいった。長期金利がすでに低下傾向をたどっていると指摘したのだ。クリントン大統領が財政赤字問題を取り上げ、それを解決する必要があると認めたこと自体が、大きな好材料になっているのだ。しかし前途は容易ではないともわたしは警告した。そしてたしかに、クリントン大統領はそれからさらに二か月、戦いを続け、圧力をかけ、取引を行ってようやく、上院で予算案を可決させることができた。下院の場合と同様に、一票差での可決であった。しかもその一票は、賛否同数になってゴア副大統領が議長として投じたものだ。

　クリントン大統領には、その年の秋の動きでも感銘を受けている。北米自由貿易協定（NAFTA）の批准のために戦ったからだ。この協定はブッシュ政権によって交渉され、カナダもくわわっているが、主に、アメリカとメキシコの間で関税などの貿易障壁を段階的になくしていくように設計されている。労働組合はこの協定に反対していたし、民主党議員の大部分と、共和党保守派の一部も反対していた。議会の動きを追っている評論家のなかには、協定が批准されると考えた人はまずいなかった。だがクリントン大統領は要するに、世界の動きを止めることはできないと主張した。好むと好まざるとにかかわらず、アメリカは国際経済とのつながりを強めており、NAFTAは貿易と競争が繁栄をもたらすという考え方、そのためには自由市場が必要だという考え方に基づいていると主張したのである。大統領とホワイトハウスのスタッフは全力を挙げ、二か月にわたる激しい戦いの末、協定の承認を得ることができた。

こうした動きをみて、わたしは新大統領が現状に満足することなく、リスクを覚悟で行動する政治家だと確信するようになった。ＮＡＦＴＡについても、現実を直視する姿勢を示している。自由貿易では、現実はこうだ。国内の競争と国際競争の間には、経済的に違いがない。アイオワ州デュビュークの工場で働く人にとって、競争相手がニューメキシコ州サンタフェの工場だろうと、国境を越えてメキシコにある工場だろうと違いはない。冷戦にともなう地政学的な圧力がなくなったいま、アメリカは国際経済の結びつきを強める歴史的な機会に恵まれている。そう主張したのである。クリントン大統領は政治姿勢に一貫性がなく、論争になるとどちらの側にも味方しようとすると批判されてきたが、経済政策に関しては、この批判はまったく当たっていない。長期的な経済成長を重視する姿勢を決して崩さなかったのが、クリントン政権の特徴であった。

一九九三年には、ＦＲＢも議会との関係で苦労しており、その理由のいくつかもクリントン政権の場合と変わらなかった。議会でＦＲＢをとくに厳しく批判したのはテキサス州選出の下院議員で、下院銀行委員会のヘンリー・Ｂ・ゴンザレス委員長だ。テキサス州サンアントニオ出身の短気なポピュリストであり、地元のレストランで有権者に共産主義者だと非難されたとき、相手の目にパンチを見舞ったことで有名だ。議会では、レーガン大統領、ブッシュ大統領、ＦＲＢのボルカー議長の弾劾を主張したことがある。ゴンザレス委員長の表現を使うなら、「ＦＲＢの強大な権力」に根深い不信感をもっている。おそらく、ＦＲＢの理事は共和党大統領が任命した陰謀家ばかりで、勤労者よりもウォール街のために金融政策を決めていると考えたのだろう。一九九三年秋になって、ゴンザレス委員長はＦＲＢ非難の声を一気に高めた。

ＦＲＢはいつも議会の不興を買ってきたし、おそらくは今後もこの状態が続くだろう。議会がＦＲＢを作ったのだから不思議だとも思えるだろうが、ＦＲＢは法律によって長期的な視点から政策を実行するよう義務づけられており、有権者を喜ばせるために短期的な視点で考える政治家とは対立する性格をもっているのである。

この対立は、ＦＲＢの業務に関する議会公聴会で表面化することが多い。ＦＲＢは年に二回、金融政策の決定と経済見通しについて議会に報告する義務を負っている。そのための公聴会で、重要な問題に関して実のある議論がかわされることもある。しかし、それと同じくらいに多いのは、劇場のようになって、議員が選挙区の有権者向けに演説をぶつのに使われる場合だ。この場合には、わたしは端役になる。ブッシュ政権の時代には、ニューヨーク州選出の民主党議員で、上院銀行委員会のアルフォンス・ダマト委員長が、ことあるごとにＦＲＢを非難した。「国民が飢えに苦しむ状況にあるのに、インフレを懸念しているというのですか」とわたしを非難する。こうした発言にはとくに気にかけないようにしてきた。だが、金利が高すぎると主張されれば、わたしは丁寧に答え、それまでにとってきた政策の理由を説明してきた（当然ながら、将来の動きに関しては曖昧模糊とした言葉で答え、市場を混乱させせないようにした）。

ゴンザレス委員長はＦＲＢに説明責任を求める聖戦に乗り出した。ＦＲＢの秘密主義が行き過ぎになっていると非難し、この点を集中攻撃してきたのだ。とくに、連邦公開市場委員会（ＦＯＭＣ）の会合を公開し、審議の模様をテレビで実況中継するよう求めた。あるときには、ＦＯＭＣの十八名の委員全員を議会に呼び、宣誓のうえで証言させ、金融政策の変更やフェデラル・ファンド金利誘導目標の変更を公表しないFOMCの長年の慣行を強く非難した。それまではFOMC会合に関して、金融市場にとっては永遠ともいえるほどの期間がたった六週間後に、短い議事録を公表するだけであった。このためウォール街は、FRBの公開市場操作やFRB高官の発言からヒントを得ようと、細かく詮索していた。

FRBでは経済の安定性を維持するために、建設的な曖昧さと呼ぶものを使って債券市場の流動性を高めるのが、長年の慣行になっていた。市場にとって金融政策の方向が不確かになっていれば、いつも売り買いが交錯して市場が安定すると考えられてきたのである。しかし一九九〇年代初めには、市場はFRBが配慮しなくても十分な深みと流動性をもつようになっていた。それだけでなく、市場参加者がFRBの将来の動きを予想できれば、債券市場が安定する利点があるともみられるようになった。このためFRBは金融政策の見解と行動について、透明性と公開性を高めていく動きをはじめていたが、ゴンザレス議員が要求している政策には程遠かった。

FOMC会合を公開するという考えには、わたしは反対だった。FOMCはFRBにとって、もっとも重要な政策決定の場である。そこでの議論が公開され、誰が誰に対して何をいったのかが逐一報道されるようになれば、会合は当たり障りのない意見を並べた原稿を読み上げるだけの場になるだろう。活発な議論のなかから政策を形成していく利点が失われる。

わたしはこの見方を公聴会で伝えようとしたのだが、うまくいかなかった。FRBがどのような記録を残しているのか、ゴンザレス委員長に執拗に追求されて、わたしは何とも苦しい立場に追い込まれた。一九七六年、フォード政権の時代に、当時のアーサー・バーンズ議長がスタッフに、FOMC会合を録音し、議事録を書く際の参考にするよう命じた。その後も録音は続けられていて、その点は知っていたが、議事録が完成すればテープは消されていると思っていた。ところが銀行委員会での証言の準備をしているときに、実際にはそうはなっていないことを知らされた。テープ自体は消されていたが、未編集のトランスクリプトが、議長室前の廊下の奥にある鍵のかかった書類庫に保管されていたのである。トランスクリプトが残されていることをわたしがあきらかにすると、ゴンザレス委員長は襲いかかってきた。FRBが不都合な秘密を隠すために謀議していると確信して、記録の提出命令をだすと脅した。

ゴンザレスはとくに、公聴会の準備のために開催された二回の電話会議を疑った。この会議のテープを提出すれば、先例を作ることになりかねない。少しばかり交渉を行った結果、FRBは銀行委員会の二人のスタッフ、民主党の弁護士と共和党の弁護士にFRB本部に来てもらい、テープを聞いてもらうことにした。

ウォーターゲート事件のテープのような面白さは何もないと、二人の弁護士はすぐに気づいたようだ。二時間のテープの大半を根気強く聞き、FOMCが冷静に組織だって議論していくさまを確認して、民主党の弁護士は何もいわずに帰っていった。共和党の弁護士は、政府の会議がどうあるべきかを示すものとして、高校の公民の授業で聞かせるべきだという感想をもらした(註1)。

それでも、FRBの幹部は怒っていた。怒りは主にゴンザレスに向けられていたが、わたしに対しても不快感をもったのではないかと思う。何よりも、FOMC委員の大多数は会合を録音していることさえ知らされていなかったからだ。そして、ゴンザレス委員長の主張が通れば、会合での発言がすぐに公開されかねないとの見方から、みな神経質になった。十一月十六日に開かれたつぎの会合では、自由に議論する雰囲気があきらかに薄れていた。「会合の雰囲気がこれまでと違っていると感じられたが、よい方向への変化ではなかった」と、理事のひとりがワシントン・ポスト紙の記者に語っている。

理事会は徹底して議論した結果、ＦＲＢの機能を損ないかねない命令や要求に対しては、必要なら裁判に訴えてでも抵抗する決定をくだした。だが、この論争で、情報公開に関してＦＲＢ内で進めていた議論が加速することにもなった。最終的に、ＦＯＭＣは会合の直後に金融政策に関する決定を発表し、三週間後に議事録を発表し、トランスクリプトは五年後に公表することにした（ＦＲＢ版のグラスノスチというわけか、と笑われた）。この決定をくだしたとき、トランスクリプトをいずれ公表することで、会合が少し長くなり、創造的な議論が少し減ることを覚悟していた。しかし結局のところ、杞憂に終わった。天が落ちてくることはなかったのだ。逆に、金融政策の過程の透明性が高まったうえ、市場に情報を伝える際に、新たな方法が使えるようになった。

クリントン大統領がこのコップのなかの騒ぎに関与しなかったのは、ありがたかった。「まともな意見をもっている人が、ＦＲＢの独立性に変更をくわえるために何かをすべきだと考えるだろうか。

註１　一九九三年十一月十六日付けのニューヨーク・タイムズ紙によれば、ゴンザレス議員はこのテープに「下院銀行委員会のとくに著名な委員ひとりと委員会全体とを誹謗する発言」があったと語っている。

わたしは大統領に就任してから、ＦＲＢを非難しようと思ったことはない」と後に語っただけであった。

ワシントンで繰り広げられるこうしたドラマの渦中にいると、一歩外には現実の世界があって現実の動きが起こっていることをつい忘れがちになる。一九九三年の夏には、ミシシッピ川とミズーリ川が氾濫し、中西部の九つの州が大きな被害を受けている。アメリカ航空宇宙局（ＮＡＳＡ）の宇宙飛行士が船外活動でハッブル宇宙望遠鏡を修理した。ロシアではエリツィン政権に対するクーデター未遂事件があった。ネルソン・マンデラがノーベル平和賞を受賞している。アメリカでは大規模な事件がいくつか起こって不安が高まっている。世界貿易センター・ビルで爆弾事件があり、テキサス州ウェーコーではカルト集団の本部に警官隊が突入し、多数の死者がでたし、科学者や大学教授を死傷させたユナボマーの捜査が続いていた。アメリカの経済界ではリエンジニアリングと呼ばれる手法が大流行した。ルイス・ガースナーがＩＢＭの経営再建に乗り出した。ＦＲＢにとってとくに重要な動きでは、経済がついに一九九〇年代初めの苦境から抜け出せたようだった。設備投資、住宅投資、個人消費がいずれも大幅に増加し、失業率は低下した。一九九三年末になると、実質ＧＤＰは一九九一年の景気の谷から合計八・五パーセント増加していたし、足元では年率五・五パーセントの成長率になっていた。

こうした景気の状況をみて、ＦＲＢは金融政策を引き締める時期がきたと判断した。一九九四年二月四日、ＦＯＭＣはフェデラル・ファンド金利誘導目標を〇・二五ポイント引き上げて三・二五パーセントにする決定を下した。五年ぶりの利上げであり、これを実施する理由は二つあった。第一に、一九八〇年代のブームの後に起こった信用逼迫がようやく終わった。消費者は必要に応じて住宅ローンが借りられるようになり、企業は事業用の融資が受けられるようになった。信用が逼迫していた時期には長期にわたって、ＦＲＢはフェデラル・ファンド金利を三パーセントという異例の低水準に維持してきた（インフレ率も三パーセント近かったので、インフレ調整後の実質ベースでみると、フェデラル・ファンド金利はゼロに近かった）。このころには金融システムが回復していたので、ＦＲＢがいう「過度に景気刺激型の政策姿勢」を変えるべきときがきていた。

第二の理由は景気サイクルであった。景気は拡大局面にあったが、いずれ避けがたい下降局面に入ったときに、ローラーコースターのような激しい動きにならないようにしたいとＦＲＢは望んでいた。気分が悪くなるような急激な景気後退ではなく、穏やかな景気減速になるようにしたいと考えていたのだ。ＦＲＢはかなり以前から景気の動きを先取りするよう試みており、そのために、インフレを示す事実があらわれはじめたときにすぐに利上げを実施し、景気の過熱が深刻にならないようにしてきた。だが、こうして政策金利を引き上げていく方法では、景気後退を防ぐことには一度も成功していない。そこでこのときは、経済が比較的落ちついていたのを利用して、新たな方法を試してみることにした。インフレがまだあらわれてこないうちに、予防的な利上げを徐々に行っていく方法をとったのである。わたしは二月の議会証言で、これは心理の問題だと説明した。インフレ予想に関して過去何年かに学んできたことに基づいて、こう証言した。「実際にインフレ率が上昇しだすまで待って、ＦＲＢが対策をとるのであれば、待ちすぎになる。その場合、経済にあらわれてくる不均衡は、穏やかな手段では抑えられなくなる。……もっと厳しい手段が必要になり、当面の経済活動に副作用が及ぶのは避けられない」

前回の利上げからかなりの期間がたっていたので、わたしは利上げのニュースで市場が動揺するのを恐れていた。そこで、FOMCの同意を得て、金融政策の転換の時期が近いと、事前に強く示唆することにした。一月の議会証言でこう論じた。「短期金利は異例の低水準になっている。経済活動が予想外に低迷し、その時期が長引く事態にならないかぎり、どこかの時点で、短期金利を動かす必要がでてくる」。何とも微妙な表現だと思えるかもしれないが、金融政策を変更する前にFRBが公の場で行う発言としては、鍋の底を叩いてまわるほど派手なものだ。わたしはさらにホワイトハウスを訪問し、クリントン大統領と側近に事前に警告した。「まだ最終決定は下していません。しかし選択の余地は二つしかない。ひとつは当面様子をみる方法。この場合、おそらくはいずれ短期金利を大幅に引き上げなければならなくなります。もうひとつは、いまの段階で小幅の利上げをする方法」。大統領は「もちろん、金利は低めに維持してほしいと願っている」と答えたが、FRBの見方は理解していると語った。

ところが、肝心の世の中の方は、こうした警告に耳を貸そうとしなかった。市場は利上げをまったく織り込んでいない（通常なら、利上げが予想されると、実際の利上げの前に短期金利が小幅上昇し、株価が小幅下がる）。そのためFRBが利上げを実施したとき、衝撃を与えることになった。情報を公開する新たな政策にしたがって、二月四日のFOMC会合では会合が終わった直後に利上げを発表する決定を下した。その日の引けには、ダウ工業株平均は九十六ドル、率にして二・五パーセント近く下落していた。一部の政治家は利上げを激しく非難した。メリーランド州選出のポール・サーベンス上院議員はFRBを繰り返し非難してきた政治家だが、このときも激しく非難した。「突然あらわれて農家に爆弾を落としていったようなものだ。……インフレという悪漢が中にいると考えたからだというが、……実際に中にいたのは、……幸せな家族であり、景気がようやくよくなったと感謝していただけなのだ」

こうした反応はアメリカ国民が安定した低金利を当然だと考えるようになってきたことを示していると思えた。FRBの非公開の会議では、見方はまるで違っていた。何人かの地区連銀総裁は、〇・二五ポイントではなく、その二倍の〇・五ポイントの利上げを強く求めた。わたしは、利上げが大幅すぎて市場がパニックになるのを恐れて、第一回の利上げを小幅に止めるよう主張した。

一九九四年にはFRBは景気にブレーキをかけつづけたので、年末にはフェデラル・ファンド金利が五・五パーセントになっていた。それでも、この年の経済は好調だった。経済成長率は四パーセントになり、三百五十万人の新たな雇用が創出され、生産性が上昇し、企業利益が増加している。同じように重要な点だが、インフレ率が上昇しなかった。一九六〇年代以来はじめて、インフレ率が三年連続で三パーセントを下回ったのである。インフレ率が低く安定した状態が現実になり、将来にわたってその状態が続くと予想されるようにもなった。たとえば一九九四年後半に、大企業の経営者の団体、ビジネス・カウンシルで講演する機会があったが、そのとき何人かの経営者は値上げを浸透させるのがむずかしいとこぼしている。わたしは同情しなかった。「どうしてそれが問題なのか」とわたしは質問した。「利益率が上昇しているんだから、文句をいうことはないではないか」

それまで数十年にわたって、経済専門家は景気サイクルの性格上、景気の「軟着陸」がありえないのかどうかと考えてきた。景気が下降局面に入っても雇用が減少するまでにはならず、先行きが不透明な景気後退には陥らないようにならないのかと考えてきたのである。過去に何回か、それに近い状況になったことはあるが、はっきりと「軟着陸」だといえる状況になったことは一度もない。「軟着陸」という言葉は一九七〇年代の宇宙開発競争で生まれたものだ。アメリカとソ連が金星と火星に無人探査機を着陸させようと競争していた。探査機のうちいくつかは軟着陸に成功したのだが、景気の軟着陸に成功したことはなかった。FRBではこの言葉を使ったことすらなかったのである。だが一九九五年にはまさに軟着陸と呼べる状況になった。経済成長率はこの年、低下を続け、第四・四半期には前期比年率一パーセントを下回ったが、これで景気という宇宙船は静かに着陸した。

一九九六年には、景気はふたたび加速している。十一月にクリントン大統領が再選を果たしたころには、経済は四パーセントの着実な成長軌道に乗っていた。マスコミが軟着陸の成功を祝うようになってもしばらくの間、わたしはそんな気分にはなれなかった。一九九六年十二月になっても、わたしはFRB内で、「プロセスはまだ終わっていない。六か月後には景気後退に陥っているかもしれない」と警告しているほどである。しかしいまの時点で振り返ってみると、一九九五年の軟着陸はわたしの任期中にFRBが達成したことのなかでも、とくに誇りをもてる点のひとつである。

だがFOMCが利上げを続けていたとき、こうした将来の動きはもちろん、まったくみえていなかった。金融政策の引き締めをいつはじめるのか、どこまで引き締めるのか、そしてとくに重要な点として、いつ打ち止めにするのかは、魅力的な知的挑戦であり、ときには神経をすり減らす課題でもある。過去に軟着陸を目指した例がなかっただけに、なおさら大変な挑戦であった。「軟着陸を実行しよう」などと気楽にいえるようなものではなかった。「六十階のビルから飛び下りて、両足で無事着地できるかどうか試してみよう」というように感じていた。ＦＯＭＣ委員にとって判断がもっともむずかしかったのは、一九九五年二月一日の〇・五ポイントの利上げ、このサイクルで最後のものになった利上げだ。「今日利上げを決めれば、後悔する結果になるのではないかとわたしは恐れている」と、ジャネット・イェレン理事が語った。後にクリントン政権の大統領経済諮問委員会委員長に就任する経済学者であり、しばらくは景気の動向を見守る姿勢に転換するよう、とくに強く主張していた。この日、全会一致で決まった利上げで、フェデラル・ファンド金利の誘導目標は六パーセントになった。利上げをはじめて一年たっていないが、その間に政策金利を二倍に引き上げたことになる。ＦＯＭＣの委員はみな、リスクを認識していた。ネジを一回転、締めすぎたのではないだろうか。逆に、締め方が足りないのではないだろうか。われわれは濃霧のなか、手さぐり状態で進んでいた。ＦＯＭＣがいつも念頭においていることだが、金融引き締めサイクルでは、利上げを打ち止めにする時期が早すぎると、インフレ圧力が再燃し、簡単には抑え込めなくなる。このためＦＯＭＣはいつも、これ以上の利上げが不要である可能性を十分に認めていても、万一を考えて政策金利をあと一回引き上げておこうと考える。金融政策で利上げという抗生物質の投与を止める時期が早すぎると、インフレという感染症がぶりかえすリスクがあるのだ。

クリントン大統領にとって、一九九四年は悲惨な年であった。まず、医療保険改革が議会の反対で頓挫した。つぎに、中間選挙で民主党が上院でも下院でも過半数を失った。共和党がニュート・ギングリッチとリチャード・アーミーの提唱する「アメリカとの契約」で大きな政府に反対し、減税、福祉制度改革、財政均衡を約束して圧勝したのである。

それから数週間後に、クリントン大統領は新たな試練に直面した。十二月後半になって、メキシコが対外債務危機に陥ったのだ。問題は、経済が好調だった時期に数百億ドルの短期資金を借り入れていたことにあった。景気が悪化すると、ペソを買い支えることができなくなり、為替相場が急落した。この結果、ドル建て債務の返済が困難になっていった。メキシコ政府が支援を要請した時点では、金融状態は悪循環に陥っており、一年以内に返済期限のくる債務が二百五十億ドルにのぼるのに対して、外貨準備は六十億ドルしかなく、しかも急速に減少していた。

一九八二年の中南米債務危機は、誰の記憶にも生々しかった。メキシコが八百億ドルの債務不履行に陥ったのをきっかけに、ブラジル、ベネズエラ、アルゼンチンなどの中南米各国がつぎつぎに緊急の債務再編に追い込まれている。そのためにアメリカの巨大銀行がいくつか破綻寸前になり、中南米の経済開発が十年遅れることとなった。一九九四年末の危機はそのときより規模が小さい。だが、リスクはきわめて大きかった。このときも他国に危機が波及しかねなかったし、金融市場と貿易は世界的な統合が進んでいたので、中南米各国だけでなく、他地域の開発途上国にも波及しかねない状況にあった。それだけでなく、ＮＡＦＴＡが示すように、アメリカとメキシコの相互依存関係が深まっていた。メキシコ経済が崩落すれば、アメリカへの移民が急増して南西部の経済が大打撃を受ける事態にもなりかねない。

危機がはじまったのはちょうど、アンドレアとわたしがクリスマス後に休暇をとり、ニューヨークに向かった後であった。セントラル・パークとメトロポリタン美術館の向かいにある五番街の瀟洒なホテル、スタンホープ・ホテルに予約をとってあった。何日かここに泊まって、コンサートやショッピングを楽しみ、二人がはじめて会った思い出の都会、それほど顔を知られているわけではない都会を歩きまわる予定だった。東五十二丁目のル・ペリゴールで雪の晩にはじめて会ってから、十年がたっていた。記念日というわけではないが、われわれ二人は毎年、クリスマスと新年の間にはじめて会った都市と場所を訪ねるのを楽しみにしていた。

だがこのとき、ホテルに着いた直後に電話が鳴った。FRBのわたしのオフィスからだ。財務長官に就任する予定のロバート・ルービンからペソについて緊急に話し合う必要があるという連絡が入っていたのだ。ベンツェン財務長官の引退にともなって、ルービンは新年早々、財務長官に就任することになっていたが、そのときにはすでに事実上、財務長官の職務についていた。もっと楽な状態で職務を引き継ぎたいと願っていただろうが、いきなり業火の洗礼を受けることになった。

アンドレアはすぐに、電話の意味をさとってくれた。海外の金融危機がアメリカに影響を与える場合、財務省が対応する責任を負うが、FRBもかならず関与する。「ロマンスどころではないわね」とアンドレアはため息をついた。それまでの十年で、アンドレアはわたしという人間とわたしの仕事を十分に理解していた。忍耐強く鷹揚に接してくれるのはありがたかった。このときもメキシコ危機が深まっていったため、アンドレアはひとりで買い物に行き、友人に会いに行って、わたしはホテルの部屋で電話にかじりついていた。

それから数週間、アメリカ政府はメキシコ政府や国際通貨基金（ＩＭＦ）などの機関と協議を続けた。ＩＭＦはメキシコを最大限に支援する姿勢だったが、事態を一気に好転させるほどの資金はもっていない。政府内の協議で、わたしはルービン財務長官、サマーズ財務次官らとともに、アメリカ政府が大がかりな支援を早急に実施すべきだと主張した。破綻を防ぐには、メキシコは十分な資金を用意し、投資家を安心させ、ペソを投げ売りする必要も融資の即時返済を要求する必要もないと確信させなければならない。十九世紀の金融危機の際に、銀行は取り付け騒ぎを食い止めるために窓口に現金を積み上げたというが、これと同じ方法を使って市場の心理にはたらきかけるべきなのだ。

注目に値するのは、議会の民主党と共和党の指導者が協力したことだ。八千万人の人口があり、三千キロにわたって国境を接している隣国が混乱状態になりかねないのだから、深刻な問題であって無視するわけにはいかない。一月十五日、クリントン大統領、新下院議長のニュート・ギングリッチ、多数派になった共和党の上院院内総務のロバート・ドールが共同で、総額四百億ドルの債務保証案を議会に提案した。

政治的にはきわめて劇的な動きであったが、数日のうちにこの救済策が議会で可決される可能性がないことがあきらかになる。アメリカ国民はそれまでつねに、他国の金融危機が自国に深刻な影響を与えるとの見方に抵抗してきた。メキシコ危機はＮＡＦＴＡ批准をめぐる論争からそれほど期間がたたない時期に起こっただけに、孤立主義の根深い見方が噴出した。労働組合、消費者団体、環境保護団体、共和党右派など、ＮＡＦＴＡに反対した勢力が一斉に救済策に非難の声をあげた。クリントン大統領の側近のひとりで経済問題を担当するジーン・スパーリングは、このときの政治的なジレンマをこう表現している。「世論にとって重要だとは思えない問題、外国に金をくれてやるように思える問題、浅はかな投資を行った連中を救済するように思える問題をどのように扱えばいいのか」

四百億ドルの救済策が議会で議論されていたとき、ラッシュ・リンボーに電話をかけて、メキシコ危機に介入するのがアメリカの国益になることを説明してくれないかとギングリッチ下院議長に依頼された。「ラッシュ・リンボーには会ったことがないが、電話をかければたしかに効果があると思うのか」と質問すると、「議長の話なら聞くはずだ」という。リンボーは極端に攻撃的な人物で、ラジオのトーク番組の司会者として保守派の間で影響力をもっている。リンボーの番組のファンがディトーヘッドと呼ばれているのに因んで、新人議員の一部が「ディトーヘッド集団」と名乗ったほどである。いうまでもないことだが、リンボーはこのころメキシコ支援策を散々にこきおろしていた。そのリンボーに電話して効果があるのか、疑問だったが、共和党の新下院議長があきらかに不人気な政策で民主党の大統領を支えようとしているのは素晴らしいと思った。そこでしぶしぶながら、電話をかけることにした。

リンボーはわたし以上に困惑したようだ。わたしの主張を礼儀正しく聞いた後、時間をとっていただきありがとうございましたといった。これには驚いた。リンボーはもっと挑戦的な人物だと思っていたからだ。

事態は深刻であり、議会が考えを変えるのを待つ余裕はない。そこで一月後半、メキシコの破綻が迫ってきたとき、クリントン政権は自らの手で解決をはかる決断をくだした。ルービン財務長官が、早い時期に検討し否定していた解決策に目を向けたのだ。ローズベルト政権の時代に緊急時の為替安定のために作られた財務省の基金を使う方法である。納税者の何百億ドルもの資金を危険にさらすことに、財務長官は強いためらいを感じていた。議会の指導者は黙認すると約束したが、国民の意思を無視したと非難される危険もあった。主要な世論調査によれば、有権者は七十九パーセント対十八パーセントという圧倒的な大差でメキシコ支援に反対していたのだから。

わたしはこの案の詳細を検討する際に協力している。ルービン長官とサマーズ次官は一月三十一日の夜、クリントン大統領にこの案を提示した。その結果を電話で知らせてくれたとき、まだ感激がさめていないことが、ルービンの声にあらわれていた。クリントンは単刀直入にこう答えたのだという。「いいか、これはわれわれがやらなければいけないことだ」。ルービンによれば、「大統領はまったくためらわなかった」という。

この決断で行き詰まりが打開された。財務省が二百億ドルの債務保証を提供したことから、ＩＭＦなどの国際機関がそれ以上の資金を提供し、合計五百億ドルの支援策がまとまった。その大部分は短期融資であった。反対派は贈与だと非難したが、実際はまったく違う。条件がきわめて厳しかったため、メキシコ政府が結局、そのごく一部しか借り入れなかったほどだ。そして、ペソへの信認が回復するとすぐに返済している。アメリカ政府はこの件で五億ドルの利益をあげている。

メキシコ危機の解決は、新財務長官とそのチームにとって心地よい勝利であった。そして、このときに協力しあったことで、ルービン、サマーズ、わたしの三人の長期にわたる友情が生まれた。三人で問題を分析し、アイデアをだしあい検証し、外国の高官と会談し、議会で証言するなど、数えきれないほどの時間を費やし、経済の戦場での戦友になった。ルービン財務長官との信頼関係はときとともにますます深まっていった。ルービンが事前に知らせてくれないまま、それまでに話していたものと逆の行動をとることがあるとは、考えてもいなかった。ルービンもわたしについて、同じように信頼してくれていたと思う。党は違っていたが、同じ会社で働く同僚のように感じていた。基本的な問題の多くで意見が一致していたし、どちらも論争のための論争は好まなかったので、気楽にアイデアをだしあって刺激しあうことができた。

サマーズはいうまでもなく、経済学の神童と呼ばれた人物だ。経済学博士の息子であり、ノーベル経済学賞を受賞した二人の学者の甥である。異例の若さでハーバード大学の終身教授になっている。クリントン政権にくわわるまでは、世界銀行のチーフ・エコノミストだった。財政学、開発経済学などの専門家だ。わたしにとっては自分と同じ実証主義者であり、現実から概念を組み立てていくのが好きで、実証的な事実で理論を裏付けることに情熱をもっている点がとくにうれしかった。また、わたしと同じように経済史が大好きで、その知識を使って理論が現実的かどうかを検証した。たとえば、大統領が情報技術の効果に夢中になっていることを懸念していた。アメリカには過去に、技術が急速に進歩した時代が一度もなかったかのように考えているというのだ。「生産性について期待をもちすぎている」と、サマーズが大統領のハイテク熱を評したことがある。わたしは賛成しなかった。われわれはインターネットの可能性について議論し、ルービンはそのすべてを理解した。サマーズはときに抜け目なくもなる。メキシコ政府への融資の金利を高くし、なるべく早く返済したくなるようにする方法は、サマーズが提案したものだ。

それから四年半にわたって、ルービン、サマーズ、わたしは毎週一回、朝食をとりながら非公開の議論を行ってきた。それ以外に、電話をしたり、オフィスを訪問したりすることも多かった（一九九九年半ばにルービンが辞任してウォール街に戻った後は、財務長官に昇進したサマーズと二人でこれを続けた）。朝の八時半にルービンかわたしのオフィスに集まり、朝食を運んでもらい、一時間から二時間、情報を交換し、数値をいじり、戦略を練り、アイデアを検討した。

わたしはこの朝食会のたびに、新たな知識を獲得した。いわゆるニュー・エコノミーの謎について議論するには、考えられるかぎり最高の場であった。情報技術とグローバル化という二つの力が経済に影響を与えるようになってきて、クリントン大統領が後に語ったように、「ルールブックが時代遅れになった」のである。この時期の経済政策を、民主党はルービノミクスと呼んで称賛する。二〇〇三年に『ルービン回顧録』が出版されたとき、ニューヨーク・タイムズの書評家はルービノミクスが「クリントン政権の核心だった」と論じ、「株式、不動産など、資産の価格の大幅な上昇、低インフレ、失業率の低下、生産性の上昇、強いドル、低関税率、世界的な危機を管理する意思、そして何よりも巨額の財政黒字」がルービノミクスだと記している。このすべてが週一回の朝食会で生まれた意識的で効果的な政策の結果だといえるのであれば、これほどうれしいことはない。たしかにそういう面もあった。だが実際には、経済の好調の大部分は、グローバル化の新たな段階がはじまったことと、ソ連の崩壊が経済に好影響を与えたことの結果であり、これについては後の章で論じていく。

わたしはクリントン大統領とはときおり会うだけであった。ルービンとわたしの協力関係がきわめてうまく機能していたので、大統領執務室で開かれる経済政策の会議に出席する必要があったのは危機のときだけだ。たとえば、一九九五年にクリントン政権と議会の対立で予算案の審議が行き詰まり、政府窓口の閉鎖という事態になったときなどである。

後に、一九九四年の大半の期間、FRBが利上げを実施していたとき、大統領がわたしとFRBに立腹していたという話を聞いた。何年かの後、大統領はわたしに、「利上げが適切だといえるほどには、景気はよくなっていないと考えていた」と説明してくれた。しかしこのときも、公の場でFRBを批判することは一度もなかった。一九九五年半ばになると、大統領とわたしは気軽に話ができる関係になっていた。ホワイトハウスでの夕食会やパーティに出席すると、大統領はわたしを部屋の隅につれていって、わたしの意見を聞いたり、アイデアをぶっつけてきたりする。大統領はベビー・ブーマーらしい教育を受け、ロックが大好きだといった点で、わたしとは違っている。たぶん大統領にとって、わたしは退屈すぎて、葉巻をくゆらしながらアメリカン・フットボールの試合をともに観戦したいと思うような友人になりうるタイプではないのだろう。だが、読書が好きで世界のさまざまなことに好奇心をもち、考えるという共通点があり、良好な関係を築けた。クリントンはわたしとの組み合わせについて、経済の「おかしな二人」だと語っている。

クリントン大統領が経済の細部にまで関心をもつことには、いつも驚かされた。たとえば、カナダの材木がアメリカの住宅価格とインフレに与える影響、製造業のジャスト・イン・タイムへの流れといった点である。そして、大きな構図もみている。たとえば、所得の不平等と経済の変化の歴史的な関係といった点である。インターネット起業家が巨万の富を築いているのは、経済の進歩の副産物として避けがたいものだと大統領はみていた。「経済の新たなパラダイムに移行するときにはいつも、貧富の格差が拡大する。農業から工業に移行したときには、格差がはるかに拡大した。産業革命に資金を提供した人、鉄道を建設した人は巨万の富を築いた」という。いまはデジタル時代への移行期だから、インターネット起業家が大金持ちになっている。変化はよいことだとクリントン大統領はいう。しかし、この新たな富のうち中間層が獲得する部分を増やす方法をみつけたいと望んでいた。

政治というものを考えれば、一九九六年三月にわたしの任期が切れるときにクリントンがわたしを再任命することはありえないと思っていた。大統領は民主党であり、FRB議長には自分で選んだ人物をあてたいと望むはずだ。ところが一九九五年末には見通しが変わっていた。アメリカの経済界は異例なほど好調だった。大企業の利益は前年より十八パーセント増加し、株式市場は過去二十年で最高の上昇になった。財政政策、金融政策ともにうまくいっており、一九九六年の財政赤字は一千百億ドルを下回ると予想され、インフレ率は引き続き三パーセントを下回っていた。景気は後退することなく回復しはじめていた。FRBと財務省の関係はかつてないほど良好だ。一九九六年に入って、マスコミは大統領が再任を要請する可能性があると報道するようになった。一月にルービン財務長官とわたしはパリで開催されたG7に出席した。会議が中断したとき、われわれ二人は窓のところまで歩いていった。何か話があるらしいと感じていた。そのときの情景はいまでも頭に浮かぶ。二人は一面の大きなガラス窓の前に立って、パリ市街を眺めていた。「ワシントンに戻ったら、大統領から電話がある」とルービンはいった。用件は話してくれなかったが、ルービンの雰囲気からよい話だと分かった。

クリントン大統領は、わたしの再任と同時に、FRBの副議長にアリス・リブリンを、理事に経済予想で有名なローレンス・マイヤーを任命し、この三人に少しばかり課題をだしている。「いまこの国で論争が、それも重要な論争が起こっている。何年かの期間にわたって、インフレを引き起こすことなく達成できる経済成長率に上限があるのかどうかという論争だ」と、大統領は人事を発表する記者会見で語った。この発言の行間を読むのはむずかしくない。景気拡大が六年目に入り、軟着陸が成功したとみられるようになったこの時期に、大統領は経済成長率の上昇、賃金の上昇、雇用の増加を達成するよう求めたのである。このロケットがどこまで飛ぶのかをみてみたいというわけだ。

第八章　根拠なき熱狂

一九九五年八月九日は、インターネット株ブームがはじまった日として歴史に記録されることになろう。ブームのきっかけになったのは、ネットスケープ株の新規公開であった。シリコン・バレーの小さなソフトウェア会社であり、設立されてわずか二年、売上はないにひとしく、利益をあげたことは一度もない。製品の大部分は事実上、無料で配付しているのである。だが、同社のブラウザー・ソフトでインターネットの利用者が爆発的に増え、アメリカ政府が設計し、それまでは科学者・技術者がオンラインの遊び場として利用するだけだったインターネットが、世界のデジタル街道に変身することになった。この日、ネットスケープ株の取引がはじまると、株価は二十八ドルから七十一ドルに急騰し、シリコン・バレーからウォール街までの投資家に衝撃を与えた。

インターネットのゴールド・ラッシュがはじまった。ベンチャー企業の株式がつぎつぎに公開され、途方もない株価で取引されるようになった。ネットスケープの株価は上昇を続けた。十一月には時価総額でデルタ航空を上回るまでになり、同社のジム・クラーク会長がはじめてのインターネット長者になっている。ハイテク株ブームで、この年、すでに好調だった株式市場がさらに刺激を受けることになった。ダウ工業株三十種平均株価は四千ドルを突破し、五千ドルも突破して、一九九五年の上昇率は三十パーセントを大幅に上回っている。ハイテク株の多いナスダック市場は新規株式公開の場になったこともあってさらに好調で、ナスダック総合株価指数の年間上昇率は四十パーセントを超えている。一九九六年になっても、株価上昇の勢いは衰えなかった。

ＦＲＢでは、株式市場が議論の対象になることはあまりない。ＦＯＭＣ会合では通常、「ストック」という言葉は株式よりも資本ストック、つまり工作機械や鉄道用の貨車、最近ではコンピューターや通信機器などを意味することの方が多い。ハイテク・ブームに関しても、株式よりも半導体の製造、ソフトの開発、ネットワークの構築、工場やオフィス、娯楽での情報技術の利用などのために働いている人びとに注目してきた。しかしＦＯＭＣ委員はみな、「資産効果」を十分に認識している。投資家は保有する株式の評価益がでていることで豊かになったと感じ、借入を増やして住宅や自動車、消費財などへの支出を増やす。それ以上に重要な点は、株価の上昇が設備投資に与える影響だとわたしは考えていた。一九五九年十二月に、アメリカ統計協会の年次総会の目立たない分科会で「株価と資本評価」と題する論文(註１)を発表して以来、株価が設備投資に、したがって経済活動の水準に与える影響に興味をもってきた。この論文では、新規の工場設備の価格に対する株価の比率が、機械受注高と

註１　この論文は一九五九年にアメリカ統計協会の経営・経済統計分科会会報で発表され、後に博士論文の一部になった。

相関していることを示した。その理由は不動産デベロッパーにとっては明白である。不動産開発はこれに似た原則で動いている。ある地域でオフィス・ビルの市場価格が建設コストを上回れば、ビル建設が増加する。逆に、ビルの市場価格が建設コストを下回れば、ビル建設は止まる。

わたしがみるところ、株価と機械受注の関係もこれに似ている。企業経営者は資本財の株式市場価格が購入コストを上回っていれば、資本財への支出を増やすし、逆に資本財の株式市場価格が購入コストを下回っていれば、資本財への支出を減らす。一九六〇年代になると、それ以前とくらべて、この単純な指標を使った機械受注の予想の精度が低くなって、わたしは失望した。だが、計量経済学ではこのような失望を味わうのはごくふつうのことだったし、いまでもふつうのことである。現在では、この単純な指標から、新たな設備投資計画で予想される利益率を算出して使う。それでも思ったほど予想の精度は高くならないが、一九九五年十二月のＦＯＭＣ会合にのぞむにあたってわたしが考えていた点は、この概念を背景としている。

ＦＲＢの国内経済調査の責任者、マイク・プレルは、資産効果によって一九九六年の個人消費支出が五百億ドル押し上げられ、経済成長率が加速する可能性があると主張した。ローレンス・リンゼー理事は、後にジョージ・Ｗ・ブッシュ大統領の経済担当補佐官になるエコノミストだが、資産効果がそこまで大きくなるとは考えにくいと主張した。株式の多くは年金基金か四〇一ｋ口座で保有されているので、消費者がその値上がり益を使うのはむずかしいし、株式を大量に保有している個人の大半はきわめて豊かなので、株価が上がったからといって浮かれて消費を増やすようなタイプではないと反論したのだ。わたしはこの点でリンゼー理事に同意すべきかどうか、確信がもてなかった。だが、これは新しい問題であり、何が起こると予想すべきかは誰にも分かっていなかった。

この日の午前の議論で、強気相場の勢いが増していることの影響について、われわれがいかに無知なのかがあきらかになった。ジャネット・イェレン理事は、株式ブームの影響がすぐに消えると予想した。「一九九六年末には消えているだろう」という。わたしは、ブームによって暴落の舞台が作られうることを懸念していた。「とくに問題なのは、債券と株式のバブルが発生しかねないことだ」と指摘したが、その時点には一九八七年のときほどの過熱状態にはなっていないように思えた。おそらくは近く、「株価は一時的なピークをつけるだろう。市場がいつまでも一本調子で上昇を続けることはないという点だけでもそういえる」と話している。

この発言はその後の動きを正しく見通したものにはならなかった。だがその時点では、株式市場がわたしにとって主要な懸念材料だったわけではない。主に違う点を考えていたのだ。技術変化の大きな構図について考えるよう、各委員に促そうとしていた。わたしは経済の動きを検討するなかで、歴史的な変化が起ころうとしているとみるようになっていた。株価の急騰はそのあらわれにすぎない。

この日の会合では最後に、フェデラル・ファンド金利誘導目標の引き下げを継続するよう提案し、投票を行う予定になっていた。だがその前に、少し考えてみたいことがあると、わたしは発言した。何か月か前から、技術革新の加速が経済に影響を与えていることを示す事実があらわれている。「経済が長期的に向かう方向について、そして、その背景にある要因について、幅広い仮説を提起したい」

わたしの仮説はこうだ。情報技術が吸収され、その活用方法が学ばれていったことから、インフレ率が低く、金利が低く、生産性が上昇し、完全雇用が実現する状態が長期にわたって続く時期に入った可能性がある。「わたしは一九四〇年代後半から景気サイクルをみてきたが、今回のようなことは一度もなかった」。現在の技術革新は深さと持続性の点で、「五十年か百年に一度のもののように思える」

これが世界的な動きである可能性を指摘するために、わたしは新しい現象が起こっているのではないかとほのめかした。インフレが世界全体で沈静化しているように思えるのだ。以上の指摘でいいたかった点は、金融政策の策定にあたってこれまでの知識が役立たなくなっている可能性があり、少なくとも当面、長年にわたって使われてきた経験則は適用できないかもしれないということである。

これらはまったくの憶測にすぎず、ＦＯＭＣで政策を議論する際にはとくにそういえる。わたしの発言に対してはＦＯＭＣ委員の誰もそれほどの反応は示さず、地区連銀総裁のうち何人かが控えめに同意を示しただけだった。委員の大部分は、フェデラル・ファンド金利の誘導目標を〇・二五ポイント引き下げるかどうかという馴染みのある議題に戻ったとき、ほっとしたようだ。投票で利下げが決まった。だがその前に、とくに思慮深い委員のひとりが、わたしをからかう誘惑を抑えきれなくなったようだった。「政策金利を引き下げる理由として挙げられた点には賛成するが、素晴らしき新世界のシナリオはまだ賛成できるほど理解できていないので、ご容赦願いたい」

それでよかったのだ。ＦＯＭＣがわたしの意見に賛成してくれるとは考えていなかった。この時点ではまだ、賛成してもらえるとは思わない。わたしの意見に基づいて政策を決めるよう求めたわけでもない。考えるよう求めただけだ。

急速なハイテク・ブームによって、創造的破壊というシュンペーターの見方がようやく広く知られるようになった。創造的破壊がインターネット関連の流行り言葉になったのだ。たしかに、インターネットの猛烈なスピードまで加速すると、創造的破壊を見逃すわけにはいかなくなる。シリコン・バレーでは、企業がたえず事業を再編し、新規事業がつぎつぎに燃え上がっては燃え尽きていく。ハイテク業界の覇者であったAT&T、ヒューレット・パッカード、IBMといった巨大企業が、必死になって最新のトレンドを追いかけるしかなくなり、どの巨大企業も成功したわけではない。ビル・ゲイツは世界一の資産家だが、マイクロソフトの全従業員に緊急メモを送り、インターネットの勃興はパソコンの出現に匹敵する動きだと指摘した。いうまでもなく、マイクロソフトが大成功を収めたのは、パソコン出現の流れにうまく乗ったからである。「インターネットの津波」と題したこの緊急メモで、ゲイツは、インターネットという最新の大変動に注意すべきだと警告した。この波に乗れ、乗らなければ死に絶えることになると。

その時点では明確になっていなかったが、情報技術の革命には四十年にわたる準備期間があった。そもそもの始まりは、第二次世界大戦の直後にトランジスターが発明され、それをきっかけに技術革新の波が起こったことである。コンピューター、通信衛星、マイクロプロセッサーが普及し、レーザー技術と光ファイバー技術が融合して通信技術が飛躍していたからこそ、インターネットが一見、突然にあらわれて急速に成長する条件が整っていたのだ。

企業は情報を収集し配付する能力を飛躍的に高めた。この結果、不振か月並みな企業・産業から最先端の企業・産業に資本が流れ、創造的破壊の動きが加速した。クライナー・パーキンズ、セコイアなどのベンチャー・キャピタル、ハンブレクト・アンド・クイストなどの投資銀行がシリコン・バレーでこの資金の流れを仲介し、短期間で巨額の富と名声を獲得した。だが、ベンチャー企業の資金調達には当時もいまも、ウォール街全体が関与している。

ごく最近の例として、グーグルとゼネラル・モーターズ（GM）を比較してみるといい。二〇〇五年十一月、GMは二〇〇八年までに三万人の従業員を削減し、十二の工場を閉鎖すると発表した。GMの資金の流れを調べると、以前であれば製品を生産し、工場を建設するために使われたはずの何十億ドルもの資金が、従業員と退職者に年金と健康保険を提供するための基金に投じられていることが分かる。この基金は、収益率がとくに高くなると見込めるところに投資している。ハイテク産業も投資先のひとつだ。これに対してグーグルはいうまでもなく、猛烈な勢いで成長している。二〇〇五年には同社の設備投資は前年の三倍になり、八億ドルを上回った。そして、投資家はこの成長が続くと予想しているため、グーグルの株価は上昇を続け、いまでは株式の時価総額でみて、グーグルはGMの十一倍になっている。GMの年金基金もグーグル株を保有しており、創造的破壊の結果、資本がどのように流れるかを示す典型例になっている。

では、情報技術がこのように広範囲な産業を変える力をもっているのはなぜなのだろうか。企業の活動のうちかなりの部分は、不確実性を減らすことにあてられている。二十世紀も末近くになるまで、企業経営者は顧客のニーズについて、最新の情報が得られなかった。この点がつねに、企業利益に無視できない悪影響を与えていた。経営の判断にあたって、何日から何週間も前の情報が使われていたのである。

企業はこれによる不確実性をヘッジしていた。在庫を余分にかかえ、従業員を余分に雇って、予想外の事態や経営判断の間違いに対応できるようにしていたのである。いわば保険をかけていたわけで、通常は役立ったが、保険料はつねに高かった。予備の在庫や従業員はすべてコストになり、従業員は待機している間、何も生産しない。したがって売上は増えないし、生産性が高まることもない。新たな情報技術でリアル・タイムの情報が得られるようになると、日常業務に関連する不確実性は大幅に低下した。小売店のレジと工場の間、荷主と荷物を運ぶ運転手の間でリアル・タイムの情報を交換できるようになって、書籍から工場の機械まで、株価情報からソフトウェアまで、あらゆるものの提供に必要な労働時間と納期が短縮されている。情報技術の発達によって、予備の在庫と従業員の大部分を生産的で収益性の高い目的に使えるようになったのである。

消費者は新たな利便性として、情報をオンラインで検索できるようになり、輸送中の荷物がどこにあるかを調べられるようになり、事実上どんなものでもオンラインで注文して、翌日には配達されるようになった。ハイテク・ブームは雇用にも全体として好影響を与えている。創出された職は失われた職より多い。失業率は一九九四年の六パーセント以上から二〇〇〇年の四パーセント以下まで下がり、その間に一千六百万人の雇用が新たに生まれている。だが、わたしが子供のころに憧れた電信技師がやがて職を失ったように、技術の発達によってホワイトカラーの職に激変が起こるようになる。数百万人、数千万人のアメリカ人が突然、創造的破壊の暗い側面に直面するようになったのだ。秘書や事務員の仕事はコンピューター・ソフトがこなすようになり、建築や、自動車などの工業製品の設計でも製図の仕事はコンピューターに取って代わられた。雇用不安はそれまで、主にブルーカラーの問題だったが、一九九〇年代からは高学歴の高給取りの問題になっている。この点は従業員調査の結果に劇的な形であらわれている。景気後退の底にあたる一九九一年には、大企業従業員を対象にした調査で、レイオフを心配している人は二十五パーセントであった。一九九五年と九六年には、失業率が大幅に低下していたのだが、この比率が四十六パーセントに上昇していた。職の不安は誰にとっても問題だとみられるようになったのである。

誰の目にもあきらかだというわけでないが、職の流動性が高まったことも重要だ。現在のアメリカでは、転職が驚くほどの規模になっている。一億五千万人に近い労働力人口のうち、一週間に百万人が退職している。うち六十万人は自己都合の退職だが、四十万人ほどがレイオフされており、会社が買収されるか人員削減を実施した結果であることが多い。その一方で、新しい産業が成長し、新たな企業が生まれた結果、一週間に百万人が採用されるか、レイオフ期間が終わって職に復帰している。

技術革新の普及が速くなり、その影響が広範囲に及ぶようになると、われわれエコノミストは経済のファンダメンタルズ（基礎的条件）のうち変化したのはどの部分で、変化していないのはどの部分なのかをつかむために、必死に努力しなければならなくなった。一九九〇年代半ばには、経済専門家はたとえば、自然失業率（インフレが加速しない失業率）の水準をリアル・タイムで推定するために議論を続けている。自然失業率は一九九〇年代初めに新ケインズ派によって使われた概念であり、この概念に基づいて、失業率が六・五パーセントを割り込めば、労働者の賃上げ要求が強まり、インフレが加速すると主張された。

このため、失業率が低下傾向をたどり、一九九四年に六パーセントになり、一九九五年には五・六パーセントになり、その後には四パーセントを下回るまでに低下すると、ＦＲＢが景気にブレーキをかけるべきだと主張した経済専門家が多かった。わたしはＦＲＢ内でも、議会の公聴会でも、この考え方に反対してきた。「自然失業率」は経済モデルでは明確に規定されているし、過去の分析には役立つものの、たったいまの水準を推定しようとすると、何ともとらえどころがないことに気づかされる。自然失業率の推定値は繰り返し改定され、インフレ率の予想や金融政策の策定の際に安定した基準にならないというのがわたしの見方だった。一九九〇年代前半に経済に起こったことについてどう考えるにしろ、現実の動きとして、賃金コストの上昇率は低くて狭いレンジ内に止まり、インフレ圧力が高まる兆候はなかった。結局のところ、経済学の常識の方が疑問だとされるようになり、経済学者は自然失業率の推定値を引き下げるようになった。

何年か後にジーン・スパーリングが、大統領執務室でこの論争が戦わされたときのことを話してくれた。一九九五年に、クリントン政権で経済政策の中枢を担うスパーリング補佐官代理、ルービン財務長官、タイソン大統領経済諮問委員会委員長は、大統領がハイテク・ブームに過剰な期待をいだくようになったと心配した。そこで、サマーズ財務次官に現実を指摘するよう依頼した。朝食会での活発な議論でわたしも気づいていた点だが、サマーズはハイテクが経済を変えるという主張に懐疑的だった。それにふつうは大統領との議論に参加するのは国際問題だけであったので、大統領はこれが異例の会議であることに気づくだろう。

大統領執務室に何人もの経済専門家が集まった。まずサマーズ次官が発言し、労働市場が逼迫すると景気の減速が必要になる理由を簡潔に説明した。その後に他の参加者が同様の意見を述べていった。大統領は静かに聞いていたが、やがて話をさえぎってこういった。「それは間違いだ。理論は理解しているが、インターネットが登場し、情報技術が普及して、経済は変わったと感じている。経済はあらゆるところで成長している」。実際には、クリントン大統領は直観だけに頼っていたわけではない。いつもそうしてきたように、企業経営者や起業家の話を聞いているのだ。もちろん、政治家は経済成長率に限界があるとは信じたがらない。しかしこのとき、大統領はおそらく、政権内の経済専門家より経済の実態を正確に感じ取っていた。

経済と株式市場のブームは続いていた。国内総生産（ＧＤＰ）成長率は一九九六年春に六パーセントを超える高率になり、もうひとつの常識が疑問になった。アメリカ経済が健全性を維持して成長できる上限は二・五パーセントだとする常識である。ＦＲＢではこの常識を見直すために懸命になった。簡単に忘れてしまうのだが、当初は珍しかったインターネットや電子メールといった新技術が完全に定着し普及するまでにかかった期間は、極端に短かった。何か異例のことが起こったのであり、その最中に何が起こっているのかをリアル・タイムで理解するのは、とんでもなくむずかしい課題であった。

一九九六年九月二十四日のＦＯＭＣ会議のときには、最後の利下げから八か月が経過し、七回の会合が開かれていた。委員の多くは逆の方向に傾いていた。政策金利を引き上げて、インフレを事前に防止したいと望んでいたのだ。パンチ・ボウルを取り上げようというわけだ。企業利益は力強く伸び、失業率は五・五パーセントを大きく下回り、そして、大きな変化がひとつ起こっていた。賃金がついに上昇しはじめていたのである。このような好景気になると、インフレがあきらかなリスクになる。企業は従業員を維持するか引きつけるために賃金を引き上げなければならなくなると、すぐに販売価格を引き上げてコストの上昇分を転嫁しようとする。教科書通りの戦略は、政策金利を引き上げ、経済成長率を低下させ、インフレを芽のうちに摘むというものである。

だが、これが通常の景気循環とは違っていればどうだろう。情報技術の革命で、一時的ではあっても経済の成長力が高まっていればどうだろう。その場合、利上げは間違った政策になる。

わたしはもちろん、インフレをつねに警戒していた。しかし、ＦＯＭＣ委員の多くが考えているより、インフレのリスクは確実にかなり低いと感じていた。この場合、問題は経済学の常識ではなかった。この点で経済学の教科書に間違いがあるとは思っていなかった。経済統計に問題があるとみていたのだ。わたしは、ハイテク・ブームの最大の謎と考える部分、生産性の問題に狙いを定めた。

商務省と労働省が発表する統計では、コンピューター化のトレンドが長期的にわたって続くなかでも、労働生産性（労働時間一時間当たりの生産高）は事実上、横ばいになっていた。どうしてそんなことがありうるのか、わたしは理解できなかった。毎年、企業はデスクトップ・コンピューターやサーバー、ネットワーク、ソフトなどのハイテク製品に巨額を注ぎ込んでいる。わたしは長年、設備投資計画について多数の経営者に助言してきたので、そうした購入決定がどのように行われるかを知っている。経営者が高価な機器を発注するのは、投資によって生産能力を拡大できるか、従業員の一時間当たりの生産高が増えると信じているときだけだ。購入した機器がどちらの目標も達成できなかった場合、経営者は購入を止める。ところが、経営者はハイテク機器に資金を投じつづけている。この点は早くも一九九三年に、ハイテク機器の新規受注が長期にわたる低迷を抜け出して加速しはじめたときにあきらかになっていた。ブームは一九九四年にも続き、新しい機器を購入した当初に、利益に好影響がでたことを示している。

それだけでなく、政府の生産性統計に問題があることを示す点で、さらに説得力のある事実があった。大半の企業で営業利益率が上昇していた。だが、販売価格を引き上げた企業はごく少ない。これは単位コストが横ばいか低下さえしていることを意味する。経済全体でみた統合コストの大部分は労働コストである。したがって、単位労働コストが横ばいか下落しており、時間当たり平均賃金が上昇しているのであれば、そして、これらのデータが正確であれば、計算上、労働時間一時間当たりの生産高は確実に伸びているといえる。生産性は実際には上昇しているはずなのだ。たしかに上昇していれば、インフレ率が上昇するとは考えにくい。

わたしは以上の分析が正しいと確信していたが、このような簡単な論理でFOMC委員を説得できるなどとは考えていなかった。もっと説得力のある材料が必要だ。そこで、一九九六年九月二十四日のFOMC会議の数週間前に、わたしはFRBスタッフに、政府の生産性統計を分解し、数十の産業ごとにその基礎になっている統計を研究するよう依頼した。とくに気になっていたのは、労働省労働統計局が発表する非農業部門の一時間当たり生産高と、企業の一時間当たり生産高の統計との間にあきらかな矛盾があることだった。この二つを総合すると、企業以外の部分では生産性が伸びていないことになり、正しいとは考えにくい結論が導き出される。

わたしが経済統計を産業ごとに分解するよう求めると、スタッフはたいてい、議長が「装飾と強化」を求めていると笑う。だがこのときは、マンハッタン・プロジェクトに取り組むよう求められたように感じたという。それでもスタッフは統計を深く調べ、ＦＯＭＣ会合に間に合うように報告書を提出してくれた。

その日、ＦＯＭＣ委員の意見は分かれていた。五人ほどはただちに利上げするよう望んでいた。セントルイス連銀のタカ派の総裁、トム・メルツァーが語ったように、インフレに対して「保険をかける」べきだと考えていたのである。他の委員は態度を決めかねていた。ＦＲＢ副議長に就任して三か月になるアリス・リブリンはいつものおどけた調子で、そのときの状況をこう表現した。「このテーブルを囲む心配顔を見ていると、心配しているのが、考えられるかぎり最善の問題だという事実を思いおこすべきだと思う。世界のどの国の中央銀行家も、自国の経済指標がこうであればと願っているはずだ」。インフレの「危険地帯」に入っているのはたしかだが、「インフレ率はまだ上昇していない」とリブリン副議長は主張した。

自分の順番になったとき、わたしはＦＲＢスタッフの報告書を使って強く主張した。政府の経済指標では長年にわたって、生産性伸び率を過小評価してきたように思える。たとえば、サービス産業では生産性がまったく向上していないことになっている。それどころか、政府の統計ではサービス産業の生産性は逆に低下してきたとされているようなのだ。これがどうみてもおかしいことは、ＦＯＭＣ委員の全員が知っている。法律事務所、企業向けサービス企業、医療機関、社会サービス団体といったサービス産業は、製造業などと同様に自動化と合理化を進めてきたからだ。

政府の統計が実態をあらわしていないのはなぜなのか、説得力のある理由は誰も示せていない。(註２)わたしはそう話したが、同時に、インフレのリスクは低く、政策金利の引き上げが適切だといえるほどになっていないとの見方に十分な確信をもっていると語った。しばらくは様子をみるべきだというのが、わたしの意見だった。

以上の議論に全員が納得したわけでない。それから十年以上がたったいまでも、情報技術が生産性に与えた影響の性質と規模について、論争が続いているのだから。だが、ただちに利上げに踏み切るべきかどうかは疑問だとする見方が強まることになり、投票の結果、十一対一で政策金利を五・二五パーセントに据え置くことが決まった。

ＦＯＭＣはその後もしばらく、利上げの必要があるとは考えなかった。六か月後に利上げを実施したが、五・五〇パーセントまでであり、理由も違っていた。経済が着実に成長を続け、失業率が低下し、インフレが抑制された状態は、その後四年にわたって続いている。利上げを急がなかったことで、好景気が戦後最長の期間にわたって続く道を開く一助になれたのだ。これは、金融政策の決定にあたって、経済モデルだけに頼るわけにはいかないことを示す典型例である。シュンペーターならおそらく、こう主張したはずだ。経済モデルも創造的破壊の対象になるのだと。

生産性の上昇でも、酔ったような株価の上昇は説明できなかった。一九九六年十月十四日、ダウ工業株平均は六千ドルの大台に乗った。ＵＳＡトゥデー紙はこれを一面で伝え、「歴史上、最長の強気市場が七年目に入ったその日に」大台乗せを達成したと報じている。全米の各紙もこのニュースを一面で報じた。ニューヨーク・タイムズ紙は、老後資金を株式で運用する人が増えていると報じ、「株式市場が長期投資の唯一の場だとする見方が一般的になった」ためだと論じた。

アメリカは株主の国になった。それを示すのがGDPに対する株式時価総額の比率だ。この比率でみた株式市場の重要性は急速に高まり、時価総額が九兆五千億ドルに達して、GDPの百二十パーセントになった。一九九〇年の六十パーセントから急速に上昇し、一九八〇年代バブルの頂点の日本を除けば、どの国よりも高くなった。

わたしはこの点についてルービン財務長官と議論を続けていた。二人とも、少し不安になっていた。ダウ工業株平均はわずか一年半に四千ドル、五千ドル、六千ドルと三回も大台が変わっている。経済は力強く成長していたが、投資家が夢中になってきた点を心配していたのだ。実現することなどありえないほど過大な期待を株価が織り込むようになってきた。

株式市場の好調はいうまでもなく、経済に追い風になる。企業は事業を拡大しようとし、消費者は豊かになったと感じて消費を増やし、経済の成長をもたらす一因になる。株価の暴落も、逆風になるとはかぎらない。一九八七年の大暴落のとき、われわれはみな、とんでもないことになると感じたが、実際には悪影響が長引くことはなかった。株式市場の崩落で実体経済が低迷しかねない状況になってはじめて、財務長官やFRB議長といった職にあるものが懸念する理由がでてくる。

註2　製造業が購入したサービスの価格の計算に間違いがあるとの主張がだされた。この場合、労働時間一時間当たり生産高の伸び率は経済全体では正しいが、製造業の生産高と生産性が過大に評価され、その分、サービス業の生産高と生産性が過小に評価されることになる。この説明は論理的には間違いがあるわけではないが、実際にはきわめて考えにくいように思える。

そうした悲惨な状況がちょうど、日本で起こっていた。一九九〇年にはじまった株式と不動産の暴落で受けた打撃から、経済がまだ立ち直っていなかった。ルービンもわたしもアメリカがバブルの段階に入っているとは思っていなかったが、株式のリスクをとる個人や企業が増えつづけている点には注目しないわけにはいかなかった。そこで朝食会のときに、バブルになったときにどう行動すべきかを何度か議論した。

ルービン財務長官は、政府高官が公の場で株式市場について論じるべきではないという意見だった。いつでも論拠をリストにして挙げる人だから、この点についても後に、『ルービン回顧録』で三つの理由を挙げている。「第一に、市場が買われすぎか売られすぎになっていることを確実に判断する方法はない。第二に、市場の力に勝つことはできない。だから、論じても何も得られない。第三に、何を語っても裏目にでて、信頼性を失う結果になる可能性が高い。他人とくらべてとくに優れた人ではないと思われるだけになる」

この三つの理由はすべて正しいと認めるしかなかった。それでも、株式市場について公の場で問題を提起するのは間違いだとする見方には同意できなかった。株式市場の重要性が高まっていることは否定のできない事実だ。ここまで重要な位置を占めるようになった株式市場について論じることなく、経済について論じることができるのだろうか。FRBは株式市場を政策の対象とするよう義務づけられているわけではないが、株価上昇の影響を懸念するのは正当だと思えた。インフレを抑制するにあたって、FRBは物価の安定が長期的な経済成長にとって中心的な要因であることを確認してきた（そして、株価上昇をもたらしている大きな要因のひとつは、物価の安定が続くとの見方が投資家の間で強まってきたことである)。

しかし、物価の安定という概念は一見そうみえるほど自明ではない。物価の指標として注目すべき経済統計だけでも、おそらく十はある。経済専門家の多くは、物価の安定というときに製品価格の安定を意味している。靴下や牛乳などの価格について考えているわけだ。だが、収益を生み出す資産の価格はどうなのだろう。たとえば、株式や不動産の価格が上昇し、不安定になった場合には、どう考えるべきなのだろうか。小売店で買う日用品の価格だけを心配していればいいのであって、日用品の生産に使われる資産の価格が変動しても懸念するには及ばないといえるのだろうか。何もわたしは、「株式が過大評価されていて、将来の禍根になりかねない」などと叫ぼうというのではない。株価が高すぎるとは考えていなかったのだから。だが、株価上昇という問題を俎上に乗せておくのは重要だと思っていた。

根拠なき熱狂という考えが頭に浮かんだのはある朝、湯につかり、講演の原稿を書いていたときだ。いまにいたるまで、バスタブはわたしにとって、アイデアが浮かぶ最善の場所である。秘書は濡れた事務用箋にのたうつように書かれた原稿を解読してタイプを打つのに慣れている。湿気があってもインクが流れないペンを使うようになって、ずいぶん楽にはなったのだが。わたしは湯につかって世界について考えているとき、アルキメデスになったようで幸せになれる。

一九九六年十月半ば、ダウ工業株平均が六千ドルを突破した後、わたしは資産価値について問題を提起する機会を探るようになった。十二月五日、アメリカン・エンタープライズ研究所（ＡＥＩ）の年次総会で基調講演をすることになっていたので、最適の場だと考えた。大規模な晩餐会であり、一千人以上が集まり、ワシントンの政策専門家も多数参加する。冬の休暇シーズンははじまったばかりなので、重要なイベントのひとつだとみられるはずだ。

株式市場についての疑問を適切な観点から検討できるようにするには、アメリカの中央銀行の略史のなかに埋め込むべきだと考えた。アレグザンダー・ハミルトンにはじまり、ウィリアム・ジェニングズ・ブライアンを経て現在までの道のりを描き、将来を見通すのだ（ふつうの聴衆が集まる場であれば、何とも退屈な話だと思われるだろうが、ＡＥＩの晩餐会の聴衆にはこれがちょうどよいペースだった）。

講演の原稿を書くにあたって、資産価値の問題は最後近くに十ほどのセンテンスだけで扱うことにし、ＦＲＢ特有の曖昧な言い方で予防線をはるように注意した。それでも、講演を行う日にリブリン副議長に原稿を読んでもらうと、「根拠なき熱狂」という言葉が目に飛び込んできたという。「本気でこれをいうつもりですか」と質問された。

その日の夜、演壇で決定的な部分を話したとき、聴衆がどう反応するかを注意深く観察していた。二十一世紀に入った後のＦＲＢについて、わたしはこう話した。

議会が望めば、ＦＲＢはドルの購買力を守る役割を担いつづけます。しかし、この任務を複雑にしている要因に、一般物価水準の安定とは何を意味するのかを確定するのがむずかしくなってきたという事情があります。……

何の価格が重要なのかについて、どこに線を引くべきなのでしょうか。いま生産されている財とサービスの価格は、インフレの基本的な指標であり、たしかに重要です。しかし、将来の価格はどうなのでしょう。それ以上に重要な点を挙げるなら、将来の財やサービスに対する請求権の価格、つまり株式や不動産などの収益性資産の価格はどうなのでしょう。これらの価格の安定は、経済の安定に不可欠なのでしょうか。

低インフレが続いていることはあきらかに、将来に関する不確実性が低下していることを意味し、それによるリスク・プレミアムの低下は、株式などの収益性資産の価格上昇を意味します。この反比例の関係は、株価収益率とインフレ率の過去の関係に示されています。

しかし、根拠なき熱狂によって資産価格が過度に上昇し、その結果、過去十年の日本のように、長期にわたる予想外の景気収縮を招きかねない状況になったとき、どうすればそれが分かるのでしょう。そして、金融政策の策定にあたって、その点に関する評価をどのように考慮していくべきなのでしょう。金融資産バブルの破裂が実体経済の安定、つまり生産、雇用、物価の安定を脅かす恐れがないのであれば、中央銀行家が懸念する必要はありません。たとえば一九八七年の急激な株価下落は、経済にほとんど悪影響を与えていません。しかし、資産市場と実体経済の関係の複雑さを過小評価すべきではないし、それについて自己満足に陥ってはならないのです。

もちろん、これはシェークスピア流の名文句ではない。理解するのは容易ではないし、カクテルを二杯か三杯飲んだ後、空腹を覚えてディナーを待っているときであれば、なおさら容易ではない。わたしは自分の席に戻ったとき、アンドレアら、同じテーブルの何人かに小声で聞いてみた。「どの部分がニュースになると思う」。誰も答えられなかった。しかし、聴衆のうち何人かが姿勢を正して注目したのに気づいてもいた。そして晩餐会が終わると、噂が伝わるようになった。「FRB議長が大きな疑問を提示、市場は高すぎなのか」と翌日のウォール・ストリート・ジャーナル紙は伝えた。「根拠なき熱狂と非難」とフィラデルフィア・インクワイアラー紙が報じた。「隠されたメッセージに注目集まる」とニューヨーク・タイムズ紙は伝えた。「根拠なき熱狂」が、株式ブームの決まり文句になった。

しかし、株式市場は減速しなかった。そのため、わたしの懸念はさらに強くなった。たしかに、講演の直後には世界全体で株価が下落した。FRBがすぐにも利上げするのではないかとみられたことが一因だった。真っ先に下げたのは、講演のころにはすでに朝になっていた日本市場だった。何時間か後にヨーロッパの市場が開き、最後にニューヨークの市場が開いた。ニューヨーク証券取引所では取引開始の直後、ダウ工業株平均が百五十ドル近く下げた。だが午後には反発に転じ、次の営業日には当初の下げを完全に回復している。アメリカの株式市場はこの年、一年間の上げ幅が二十パーセントを大きく上回った。

強気市場は勢いを増した。一九九七年のはじめてのFOMC会合が開かれた二月四日には、ダウ工業株平均は七千ドルの大台に近づいていた。そのころにはFRB理事と地区連銀総裁と個々に話し合った結果から、わたしと同様に、株式バブルが膨らんでインフレが起こり、経済が不安定になるのではないかと懸念している人が多いことが分かっていた。株価が上昇していた点を除けば、経済の状況は六か月前にわたしが利上げに反対したときと変わっていない。しかし、バブルへの懸念から、わたしは考えを変えた。そこで、強気相場の勢いを抑えるために、政策金利の引き上げが必要になっているかもしれないとFOMC会合で語った。「何らかの形の予防的な行動について、そしてそれを伝える方法について、考えはじめなければならない」

わたしは言葉を注意深く選んでいる。FOMC会合での発言はいずれ公表されるのだし、政治的な爆弾になりかねない点を扱っているからだ。FRBは、株式市場のバブルを抑え込むよう試みる任務を法律上、明確に与えられているわけではない。間接的にはそう試みる権限をもっているが、そのためには株価の上昇がインフレ圧力を生み出していると確信していなければならない。しかしこの時点で、インフレ圧力を生み出していると主張するのは簡単ではなかった。経済はきわめて順調だったからだ。

ＦＲＢは政治と無関係に活動しているわけではない。ＦＲＢが利上げを実施し、その理由として株式市場の上昇を抑制したいと望むからだと発表すれば、政治的な非難の合唱を受けることになる。零細な投資家を傷つけ、年金に打撃を与えたと非難される。次回の議会公聴会で厳しく詰問されるさまを想像できた。

それでも、バブルにならないように努力するのはＦＲＢの任務のひとつであり、この任務を果たそうと試みるのがＦＲＢの義務だとする点で、ＦＯＭＣの意見は一致した。その日の会合で、わたしはこう話した。「われわれは何よりも、インフレ率を、リスク・プレミアムを、資本コストを、低い水準に維持するようにする必要がある。……長期的な均衡を考えるのであれば、市場価値は高い方が低いよりいい。われわれが抑えようとするのは、いずれはじけるバブル、乱高下などだ」。FOMCの同意を得て、わたしはその後の数週間、公の場での発言で、利上げが近いとほのめかすことにした。突然の利上げで市場にショックを与えるのを避けるためだ。そして三月二十五日につぎの会合が開かれたとき、FOMCは政策金利を〇・二五ポイント引き上げて五・五パーセントにした。この決定を伝えるFOMC声明はわたしが書いている。この声明は、インフレを生み出す恐れのある経済の基本的な動きに対応したいという観点だけから書かれており、資産価値や株式についてはまったく触れていない。その直後の講演で、わたしは利上げについてこう説明した。「われわれは、経済の好調が続く確率を高めるために、小さな手段を講じた」

FOMCが利上げを実施した後、一九九七年三月末から四月初めにかけて、ダウ工業株平均は約七パーセント、五百ドル近く下落した。これは若干遅れたものの、市場が利上げに反応したものだとする意見もあった。しかし数週間のうちに株式相場の方向が変わり、力強く上昇するようになった。当初の下げを回復してさらに十パーセント以上上昇し、六月半ばに七千八百ドルに近づくまでになっている。投資家は事実上、FRBに教訓を与えたわけだ。ルービン財務長官は正しかった。市場が買われすぎになっていることを判断する方法はないし、市場の力に勝つことはできないのである。

株式ブームはその後、さらに三年続き、アメリカの国富の評価額は大幅に増加した。その間、FRBは、生産性と物価の安定など、ニュー・エコノミーと呼ばれるようになったものの性格に関する大きな疑問を解明しようと、努力を続けることになる。バブルのリスクに対応する別の方法を探し求めた。だが、政策金利をそれ以上引き上げることはなく、株価の抑制を試みることもなかった。

アンドレアとわたしも、ある種の熱狂を表現することにした。その年の春に、ついに結婚することにしたのだ。わたしが例によって曖昧模糊とした言葉で話すので、三回目のプロポーズでようやく意味が理解できたというのがアンドレアのお気に入りの冗談だが、この場を借りて誤解を解いておきたい。理解してもらえたのは、三回目ではなく、五回目のプロポーズのときだ。あと二回は、まったく気づいてもらえなかった。一九九六年のクリスマスにようやく分かってもらえた。そして承諾してもらえた。一九九七年四月、連邦最高裁判所のルース・ベーダー・ギンズバーグ判事に依頼して、結婚式をあげた。バージニア州の田舎にある大好きなホテル、イン・アット・リトル・ワシントンが会場だった。

ふつうなら、新婚旅行は遅らせることになる。アンドレアもわたしも仕事が忙しすぎるからだ。だが、何人もの友人に急かされ、ベネツィアに行くよう勧められた。結局、スケジュールを調べて、結婚式から二か月後の六月、スイスのインターラーケンで開かれる国際金融会議の後に新婚旅行に行くことにした。

会議では、ドイツのコール首相が昼食会で、予想通り無味乾燥な講演をした。中央銀行の独立性と、ドイツの金準備の再評価がテーマだった。それが終わると、アンドレアとわたしは新婚旅行に出発した。多数の記者が押しかけ、アメリカ経済の見通しや、インターネット株ブームの見通しについてコメントを求めた。わたしがインタビューに応じない方針をとっていることはみな知っているのだが、アンドレアに仲介を依頼する記者もいた。ジャーナリスト仲間のよしみで、仲介してくれるかもしれないと思ったようだ。アンドレアは早く温泉に行きたいとだけ考えていたという。インターラーケンを離れたとき、これまでのところ、「歴史上になかったほどロマンチックでない新婚旅行ね」とアンドレアは笑った。

そしてベネツィアに着いた。物質的な生活水準の向上には創造的破壊が必要なのだが、世界でもとくに有名な観光地のいくつかが、何世紀も前の姿をほぼそのまま維持している場所であるのは偶然ではない。ベネツィアはこのときがはじめてだが、評判通りに魅力的な都市だった。新婚旅行なのだから、予定を決めずに自由に行動しようと話し合っていた。警備隊が同行しているので、そうもいかないことはあったが、二人の関係は深まった。野外のカフェで食事をし、ショッピングを楽しみ、教会や古いゲットーを見て歩いた。

ベネツィアは何世紀にもわたって、都市国家として世界貿易の中心に位置し、西ヨーロッパと、ビザンチン帝国など、当時知られていた世界各地とを結び付けていた。ルネサンスの後、貿易航路の中心が大西洋に移ったため、海軍大国としての地位を失った。しかし十八世紀を通じて、ヨーロッパ随一の洗練された都市、文学や建築、美術の中心地としての地位を維持している。「リアルトではどんな噂だ」という有名な台詞が『ベニスの商人』にあるが、リアルトとはベネツィアの商業の中心地であり、いまでも国際的で活気あふれる雰囲気が残っている。

いまでもリアルトは、東洋から運ばれてきた絹や香料を荷揚げした当時とほとんど変わっていない。同じことは、素晴らしい色彩のルネサンス建築の宮殿やサンマルコ広場など、ベネツィアにあるいくつもの名所にもいえる。運河を航行する水上バスを除けば、十七世紀か十八世紀の世界に入り込んだように思える。

運河の岸を歩いていたとき、エコノミストの習性を抑えきれなくなって、妻に聞いた。「ベネツィアが生み出している付加価値は何なのだろう」

「的外れな質問じゃない」と妻はいって、笑いだした。

「でもこの街全体が美術館なのだから、これを維持する資金をどうやって稼いでいるのか、考えてみるべきだと思うよ」

アンドレアは笑いを止め、わたしに顔を向けていった。「この街がどんなに美しいかを見ていればいいの」

もちろん、妻のいう通りだ。だが、この会話でわたしは何か月も前から頭にひっかかっていた点をはっきりさせることができた。

ベネツィアは創造的破壊の反対の極なのだ。過去を維持し、楽しむための場所であって、未来を創造する場所ではない。だが、まさにその点が重要なのだ。ベネツィアは安定と永遠、美とロマンスに対する根深い欲求を満たしている。ベネツィアに人気があるのは、人間性の矛盾のうち、一方の極を代表するものだからだ。人間は物質的に豊かになりたいと望む一方で、変化とそれに伴うストレスを避けたいと望んでいるのである。

アメリカでは物質的な生活水準は向上を続けている。しかし、豊かさをもたらす経済の躍動によって、毎週、何十万人もの人が意に反して職を失っている。市場競争の力からの保護を求める声が強まっているのは、驚くに値しない。もっと変化が遅く、もっと単純だった昔の生活を懐かしむ人が増えていることも。創造的破壊の嵐がいつも吹き荒れている状態ほど、ストレスがたまることはない。シリコン・バレーは仕事をするにはたしかに胸踊る場所だろうが、新婚旅行の行き先として魅力があるという人はそういないのではないかと思う。

ベネツィアでは翌日の夜、妻と二人でビバルディのチェロ協奏曲を聞きにいった。ビバルディの名曲を演奏するバロック時代の楽器の音色に包まれ、古い教会の厳粛な雰囲気のなかでの演奏だっただけに、ますます魅力的だった。教会の陰影と曲線、運河の湿気を吸っているかのような分厚い石の壁が音楽に見事に調和していた。ビバルディの名演はそれまでにも聞いたことがあるが、このときほど演奏を楽しんだことはなかった。

第九章　ミレニアム・ブーム

一九九〇年代末には経済がきわめて好調だったので、毎朝、鏡で自分の顔を見ながら、こう自戒したほどだ。「これが一時的なものであることを忘れてはいけない。世の中がここまで何もかもうまく動くはずがないのだから」

経済が繁栄するのを観察するのは楽しかったし、繁栄によって思わぬ問題が起こってくるのを観察するのも楽しかった。たとえば、連邦政府の財政収支が黒字に転換している。この驚くべき現象が起こったのは一九九八年だ。それまで五年間、財政赤字は一九九二年度の三千億ドル弱をピークに、着実に縮小していた。財政黒字をもたらしたのは、経済専門家が十分に理解していると考える要因であった。保守的な財政政策と経済成長の二つの要因である。しかし、財政赤字から財政黒字への変化の幅は、この二つの要因で説明できる規模をはるかに超えていた。ＦＲＢにも他の機関にも、二〇〇〇年度の財政黒字がＧＤＰに対する比率でみて、一九四八年以来の水準に達すると予想した専門家はいなかった。

歴史をみれば、このようなブームがいつまでも続くはずがなく、続かないことはあきらかだ。しかしこのときの好景気は、わたしが可能だと考えた期間より長く続いている。一九九〇年代の後半、アメリカ経済は四パーセントを超える率で成長を続けている。どの年にも、アメリカ経済は四千億ドル以上、つまり旧ソ連の経済の全体に匹敵するほど、拡大していたのである。

ほぼすべての世帯が潤った。クリントン大統領の経済担当補佐官に昇進したジーン・スパーリングは、この経済成長が社会に与えた好影響を繰り返し指摘している。一九九三年から二〇〇〇年までの八年間に、アメリカの標準世帯では、年間実質所得が平均八千ドル増加しているのだ。

経済が成長したことで、国民は自信を深め、世界のなかでの自国についての見方が変わった。一九八〇年代から一九九〇年代の初めまで、アメリカ国民は自信を失い、恐れを抱いていた。ドイツや、市場統合が進むヨーロッパ、日本に負けていると懸念していたのだ。サマーズが後に語ったように、ドイツ、日本などの経済的な競争相手は「アメリカよりも設備投資を重視し、製造業を重視し、弁護士が少なく、科学者が多く、規律がとれている」のである。

一九八〇年代には、日本の巨大な財閥がとくに大きな脅威になっていると思えた。鉄鋼や工作機械でアメリカ企業を駆逐し、アメリカの自動車メーカーを防戦一方に追い込み、家電では完全に市場を制覇したため、ニュースを見るテレビはみなソニーやパナソニック、日立などのブランドになっていた。ソ連がアメリカより早く人工衛星のスプートニクを打ち上げて以来、アメリカがこれほど外国に負けていると恐れたことはなかった。冷戦が終わったときすら、憂鬱な気分が晴れることはなかった。アメリカの強大な軍事力が突然、意味を失ったと感じられるようになり、国際的な地位が経済力で決まるようになったからだ。

そして情報技術のブームが起こり、すべてが変わった。自由奔放で、起業家精神が旺盛で、失敗をものともしないアメリカの経営文化が、世界の羨望の的になったのだ。アメリカの情報技術が世界を席巻し、スターバックスのカフェラテからウォール街の信用派生商品にいたるイノベーションも世界に広まった。世界各国からアメリカの大学に学生が押し寄せた。アメリカがそれまで二十年、規制緩和やダウンサイジング、貿易障壁の削減など、ときには苦痛に満ちた手段をとって経済改革に取り組んできた努力が、ようやく実を結ぶようになったのだ。ヨーロッパと日本で経済が沈滞する一方、アメリカでは経済が勢いよく成長するようになった。

連邦財政収支の黒字転換は予想外のことであった。「税収予想の方法を一から見直す必要がある」と、一九九七年五月のFOMC会合で、ニューヨーク連銀の幹部が語っている。この年の税収が予想を五百億ドル上回ったと発表されたからだ。行政管理予算局、議会予算局、FRBのエコノミストはみな、途方に暮れていた。経済はたしかに好調だが、それだけでは税収の大幅な増加を説明できない。株式市場の好調が一因になっているという仮説が成り立つとも思えたので、わたしはFRBのスタッフに、ストック・オプションの行使とキャピタル・ゲインが家計の課税所得をどの程度押し上げているかを推定する作業を急ぐよう指示した。ストック・オプションはいうまでもなく、ハイテク企業が従業員を引きつけ、維持するための主要な手段になり、秘書や事務員にも与えられるようになっている。だが、富の新たな源泉としてのストック・オプションの規模を正確に把握するのは、きわめてむずかしかった。何年かたって、この仮説が正しかったことが証明されたが、当時、エコノミストが確認できたのは、正しい可能性があるということだけであった。一九九七年には財政赤字は二百二十億ドルにすぎなくなった。連邦予算は約一兆六千億ドルであり、GDPは十兆ドルに近いので、統計的にみて無視できるほどにまで縮小したことになる。

クリントン政権は突然、新しい状況に直面することになった。財政赤字が急速に縮小してきたのと変わらないほどのペースで、財政黒字が拡大していく状況である。クリントン大統領は財政収支の均衡を一九九八年に達成できる可能性があると語るようになったが、その直後から政権幹部は財政黒字をどのように使うのか、早急に計画を立てる必要に迫られている。うれしい悲鳴ではあるのだが、財政に関してはすべての問題がそうであるように、成功も管理しなければならない。ワシントンではとくにそうで、政治家は十億ドルの余裕があることに気づくとすぐに、少なくとも二百億ドルの支出計画を提案する。そして財政黒字はまさに大規模になるとみられた。議会予算局の一九九八年の予想では、十年間に六千六百億ドルになるとされたのである(註1)。

財政収支の黒字転換が発表されるとすぐに、両党はそれぞれ、自分たちの政策の成果だと主張した。「支出削減、小さな政府、減税を柱とする共和党の財政政策によって、財政収支はわずか三年で赤字から黒字に転換した」と、共和党の指導者でオハイオ州選出のジョン・ボーナー下院議員が主張した。これに対してクリントン大統領は、財政黒字への転換を正式に発表する式典をホワイトハウスで開催し、議会民主党の指導者を招いたが、共和党の指導者はひとりも招いていない。そして、一九九三年に財政赤字削減の分水嶺になった予算案が可決されたとき、共和党議員はひとりも賛成しなかったと指摘し、賛成していれば、「本日、この式典に出席することができただろう」と語った。

当然ながら、財政黒字の使途をめぐって、激しい論戦が起こった。民主党リベラル派は何年にもわたって社会政策の予算が不当に削られてきたと主張し、財政黒字をその回復にあてるよう求めた。共和党は減税の形で財政黒字を納税者に「返却」するよう求めた。下院歳入委員会のビル・アーチャー委員長はテキサス州選出の下院議員で、わたしにとっては親しい友人だが、「記録破りの税収のために、財政黒字が暴れまわって制御不能になっている」と語って、この論争でいちばん面白かった発言だといわれた。

一方、ルービン財務長官やわたしもその一員だが、保守的な財政政策を主張するものは、減税も新たな財政支出も正しい政策だとは考えなかった。財政黒字は政府債務の返済にあてるべきだと考えていたのである。民間向け連邦政府債務残高は三兆七千億ドルに達していた。これは、四半世紀以上にわたって赤字財政を続けた結果である（前回、財政収支が黒字になった年は、一九六九年だ）。

わたしは長年、社会保障改革に関与してきたのでよくよく承知していた点だが、それほど遠くない将来にベビー・ブーム世代が高齢者になり、社会保障とメディケアで何兆ドルもの支出を迫られる。この経費を事前に支払う現実的な方法はない。最善の政策は政府債務を返済し、その分、国全体の貯蓄を増やすことである。この政策をとれば、ベビー・ブーム世代が引退する時期までにアメリカの生

註1　議会予算局が発表した六千六百億ドルは、一九九九年から二〇〇八年までの十年間の予想の合計である。一方、クリントン政権は、十年間の合計で一兆一千億ドルになると予想した。この違いは主に、議会予算局がその時点での法律が変わらないと想定しているのに対して、クリントン政権の予想では、政権の政策にしたがって法律が改正されると想定していることによる。

産能力を高め、同じ税率での連邦政府の歳入を増やしておくことができるだろう。

債務返済にはもうひとつ利点がある。もっとも単純な方法だという利点である。議会が財政黒字を他の目的に割り当てる法律を作らないかぎり、財政黒字は自動的に債務の返済にあてられる。余った資金に議会が手をつけないようにするだけでいいのだ。わたしは上院予算委員会で、もっとやわらかい表現でこの点を指摘した。これまでに蓄積された債務はきわめて巨額なので、政府は何年にもわたって返済していける。「財政黒字を放置して、かなりの長期にわたって続くようにしたとき、気づいたかぎりどのような点でも、経済に悪影響を与えることはないと考える。財政黒字が続くようになった場合、経済への脅威であるかのように考えるべきではない。脅威でないのは確かなのだから(註2)」。しかし、減税や財政支出の増加と比較すれば、債務返済が何とも魅力に欠ける政策であることは認めざるをえない。クリントン大統領が政権第一期の特徴だった保守的な財政政策の継続を望んだとしても、果たしてそれが可能だろうかとわたしは考えていた。

この問題の答えをみつける作業にはまったく関与しなかったが、クリントン大統領らの政権幹部が打ち出した答えには感心した。財政黒字と社会保障制度を結び付けて、政治的に反論ができない形で、財政黒字に手をつけないようにする理由を示したのである。大統領は一九九八年の一般教書演説で、こう主張した。

今後に予想される財政黒字をどう扱うべきなのか。わたしはこの問いに単純明快に答えたい。まず、社会保障制度を救おうと。この場でわたしはこう提案する。二十一世紀に向けて社会保障制度を強化するのに必要な手段がすべてとられるまで、財政黒字の百パーセントを、財政黒字の全額を留保しようと。

クリントン大統領のいう「必要な手段」の柱は、すぐにあきらかになったことだが、財政黒字の大部分を債務削減にあてることであった。政府債務の削減を真正面から強調した場合にだされたはずの反論の多くをあらかじめ封じ込めてしまったことに、わたしは感心した。ジーン・スパーリングにこう話している。「驚いたよ。債務削減を政治的に魅力のあるものにする方法をあみだしたのだから」

その後の数年、財政黒字が一九九八年の七百億ドルから、一九九九年の一千二百四十億ドル、二〇〇〇年の二千三百七十億ドルへと増加していったとき、議会は繰り返し、この資金に手をつけようとした。一九九九年夏には、共和党は十年間の総額が八千億ドル近い減税法案を提出している。わたしは上院銀行委員会に呼ばれ、この計画が長期的にみて経済政策として賢明かどうかを証言するよう求められた。少なくともその段階では、賢明だとはいえないと答えるしかなかった。「おそらく減税は延期した方がいい。これは主に、財政黒字が経済に大きな好影響を与えているとみられるからだ」。理由はさらに二つあると話した。第一に、今後十年間の財政黒字予想は三兆ドルに上方修正されたが、経済の先行きは不透明なので、ここまで巨額になるかどうか疑問だ。「急速に逆の方向に向かう可能

註2　この時点には、財政黒字が巨額になって、政府債務がいずれすべて返済され、連邦政府が民間資産を購入せざるをえなくなりかねないとは思っていなかった。この見通しに直面したのは二〇〇一年のことである。

性もある」。第二に、景気はすでにきわめて好調なので、大型減税で刺激すると、過熱しかねない。それに、減税を遅らせた場合には「何の問題も発生しない」と考えると話した。

この証言はマスコミにある程度取り上げられたが、法案を可決しないよう議会を説得することはできなかった。一週間後に可決され、結局、クリントン大統領が拒否権を発動することになった。ローズ・ガーデンで拒否権行使の書類に署名したとき、大統領はこう述べている。「アメリカが正しい方向に向かっているときに、この法案が成立すれば、過去の間違った政策に戻ることになる」

クリントン大統領が政府債務に保守的な姿勢をとったことは、国の優先順位にはるかに長期にわたって影響を与えても不思議ではなかった。だがクリントン大統領の影響力は、モニカ・ルインスキーとの関係をめぐる喧騒のなかで失われていった。この問題がマスコミで取り上げられるようになったのは、大統領が財政黒字に関する政策を発表する数日前であった。騒ぎが広まり、スキャンダルの詳細がマスコミで報じられるようになったとき、わたしは信じられなかった。「ありえない。ホワイトハウスの大統領執務室と家族用ダイニング・ルームの間はよく知っている。スタッフやシークレット・サービスの要員がいつも出入りしている。ありえない話だ」と、わたしは友人に話した。後に報道が正しかったことがあきらかになったとき、大統領がどうしてそのような危険な行動をとったのか、理解できなかった。わたしが知っているビル・クリントンには想像もできないことであり、失望し悲しくなった。そしてこの事件はとんでもない打撃になった。この点はたとえば、CNNのインターネット・サイトに並んだ二つの見出しをみればあきらかだ。「ルインスキー、手書きの手紙と指紋を提供へ」と「クリントン大統領、財政黒字が三百九十億ドルになるとの予想を発表」である。

アメリカは好景気に沸いていたが、他国は動揺していた。冷戦が終わり、中央計画経済がほぼ消滅したことで、開発途上国は財産権の保護を強め、外資に開放するセクターを増やして、外国からの直接投資を引きつけようとしていた。だが、その動きのなかで、懸念すべきパターンがあらわれてきた。アメリカの投資家が、国内のブームで得た巨額のキャピタル・ゲインを背景に、投資の分散先を求めて不案内な新興市場国に大挙進出したのである。大銀行も、アメリカ国内の金利が過去最低に近い水準まで下がったことで、国内より高いリターンを確保できる新興市場国向けの融資に積極的になった。こうした資本を引きつけ、貿易を促進するために、途上国の一部は自国通貨をドルに連動させる固定相場制を採用した。この方法で、アメリカの投資家も外国の投資家も、少なくとも当面は為替リスクから保護されると考えることができた。途上国の借り手はドル資金を借り、それを自国通貨に換えて、自国の高い金利で貸し出す。こうして、融資が満期になって返済されたとき、その資金を固定相場でドルに換え、為替差損を被ることなくドルでの借入を返済できるとの予想に賭けたことになる。だが抜け目のない市場参加者は、子供だましのような話を信じない。途上国が固定相場制を長くは維持できないことに気づいて国内通貨を売り、ドルを買うようになると、ゲームは終わった。それでも固定相場制を維持しようとした中央銀行は、外貨準備を急速に失っていった。

こうした動きによって、アジア通貨危機が伝染していった。一九九七年夏にタイ・バーツとマレーシア・リンギットの崩落にはじまり、世界経済を脅かすほどになった。タイとマレーシアはほぼすぐに景気後退に陥っている。香港、フィリピン、シンガポールも大きな打撃を受けた。人口二億人のインドネシアでは、通貨のルピアが急落し、株式市場が暴落に見舞われた。その後の経済混乱で食料暴動が起こり、広範囲な国民が困窮し、スハルト政権は崩壊した。

その二年前のメキシコ危機の際と同様に、国際通貨基金（ＩＭＦ）が金融支援を提供した。このときも、ルービン財務長官、サマーズ財務副長官が率いる財務省がアメリカの対応の中心になり、ＦＲＢは助言者の立場で関与している。わたしがアジア通貨危機に深く関与するようになったのは十一月、日本銀行の幹部からの電話で、つぎは韓国経済が崩壊しかねないと警告されてからだ。「ダムが決壊しかかっている」と日銀の幹部は語り、日本の銀行が韓国への信認を失って、数百億ドルの融資の更新を拒否しようとしていると説明した。

衝撃的だった。韓国はアジアの目ざましい経済成長を象徴する国であり、経済規模は世界で第十一位、ロシアの二倍にあたる。経済開発で大きな成功を収めてきたので、開発途上国ではなくなったとみられていた。世界銀行は公式に先進国に分類しているのだ。市場のアナリストの間では、少し前から問題にぶつかっていることは知られていたが、どの指標をみても経済は強固で、急速な成長を続けていた。韓国の中央銀行である韓国銀行は二百五十億ドルの外貨準備を保有しており、アジア通貨危機の波及を防ぐのに十分な規模だ。そう考えられていた。

だが、われわれが知らない事実があって、すぐにあきらかになるのだが、韓国政府はこの外貨準備を流用していた。保有するドルの大半を国内の銀行に売るか貸し出していて、銀行はこの資金を不良債権を支えるために使っていたのだ。ＦＲＢの国際経済専門家、チャールズ・シーグマンが感謝祭の週末に韓国銀行の幹部に電話して、「なぜ外貨準備を使わないのだ」と質問したところ、「残っていないからだ」という答えが返ってきた。公表されている外貨準備はすでに、使い道が決まっていたのである。

この混乱の解決には数週間がかかった。ルービン長官のタスク・フォースが事実上、一日二十四時間働き、ＩＭＦが総額五百五十億ドルという過去になかった規模の金融支援策をまとめた。支援策の条件として、金大中次期大統領の協力が不可欠になり、金大中は最初の大きな政策として、厳しい経済改革に関するＩＭＦとの合意を遵守すると発表した。一方、アメリカの財務省とＦＲＢにとって、難題のひとつは世界の多数の大銀行に働きかけ、韓国向けの融資を引き揚げないよう説得することであった。いくつもの点を一度に解決しなければならなくなり、ルービン財務長官は後にこう語っている。「世界各国の蔵相や中央銀行総裁の安眠を妨げる点で、われわれはある種の記録を打ち立てなければならなかった」

ここまで大規模な救済策には、悪しき先例になる危険がつきものだ。意欲はあるが脆弱な国に投資家が資金を注ぎ込むとき、問題が十分に大きくなれば、ＩＭＦがまた救済に乗り出すから大丈夫だと考えるようになるのではないだろうか。これは保険業界でいう「モラル・ハザード」の一種だ。損害保険をかけておけば安心だと考えて、たとえば火の用心を怠るようになり、火事の危険が高まる。これと同じで、セーフティ・ネットがしっかりしているほど、個人や企業や政府は危険をかえりみない行動をとるようになる。

だが、韓国が債務不履行に陥るのを放置すれば、もっと悪い結果になり、はるかに悪い結果にもなりかねない。韓国ほどの規模の国が債務不履行に陥った場合、世界全体にわたって市場が混乱する。

日本など、各国の大手銀行が破綻して、世界の金融システム全体にさらに衝撃が伝わるだろう。ショックを受けた投資家は東アジアはもちろん、中南米など、世界各地の新興国から資金を引き揚げ、経済開発が止まるだろう。先進国でも、信用が収縮する可能性が高い。それだけでなく、韓国には特有の軍事リスクがある。韓国の危機を処理したことだけでも、ロバート・ルービンとローレンス・サマーズは財務相の殿堂入りの栄誉を受けるに相応しいといえる。

アメリカでは経済の好調が続いていた。インターネットが生活スタイルの一部として定着したからだ。パソコンは電話や冷蔵庫、テレビなどと同じように、家庭の必需品になった。ニュースを見る方法のひとつにもなっている。一九九七年夏には、数百万人がインターネットで、火星から送られてくる映像に見入った。二十年ぶりに火星への軟着陸に成功したアメリカの探査機、パスファインダーが送ってくる映像を見たのだ。また、買い物の方法のひとつにもなった。一九九八年には「イーコマース（インターネット販売）」が爆発的に普及し、アマゾン、イートイズ、イーベイなどのサイトが人気になり、クリスマス商戦の時期にはとくに売上が急増した。

しかし、アジア通貨危機の伝染は終わっていなかった。韓国の危機の際に想像した最悪のシナリオが八か月後に、もう少しで実現しかねない状況になっている。一九九八年八月、ロシアが巨額のドル債務で不履行に陥ったのである。

ロシアの危機もアジアの危機と同様に、外国人投資家の過剰投資と国内の放漫財政とが影響を与え合って最悪の結果になったものだ。事態の一層の悪化を招いた要因に、原油価格の下落がある。アジア危機で世界の需要が落ち込んだために、原油価格はやがて一バレル当たり十一ドルと、二十五年ぶりの水準まで下がっている。原油はロシアにとって重要な輸出品目なので、ロシア政府は苦境に陥った。突然、債務の利払いができなくなったのだ。

わたしがロシアを訪問したのはその七年前、ソ連消滅の直前であり、経済改革論者が明るい未来を期待していたのに対して、街が陰鬱だったのを覚えている。七年たって、状況はむしろ悪化していた。中央計画経済が崩壊した空白のなか、エリツィン政権のエコノミストは食料や衣料などの生活必需品を供給するたしかな市場を育成しようとして、失敗してきた。個人や企業は裏取引で何とかやりくりしているので、政府は十分な税収を確保できず、基本的なサービスの提供や債務の返済ができない状況になっていた。オリガルヒ（新興財閥）が国内の資源と富のうち、かなりの部分を支配するようになり、インフレが繰り返し猛威をふるって、わずかな所得しかない庶民の生活はますます苦しくなった。政府は財産権と法の支配をまったく確立できていないし、その必要性を理解することさえできていない。

危機が深まったとき、ＩＭＦが金融支援に乗り出し、七月には二百三十億ドルの支援策を発表した。だが、第一回の融資が実行された直後に、通常、ＩＭＦの支援で条件になっている財政緊縮と経済改革の受け入れを議会が拒否した。ＩＭＦはこれを受けて、残りの融資を実行しても不良債権になるだけだと判断した。避けがたくなった債務不履行を遅らせるだけであり、おそらくは不履行の際の影響が大きくなるだけだと判断したのである。八月半ば、ロシア中央銀行では外貨準備がピーク時の半分以下にまで減少していた。ぎりぎりの段階での必死の交渉も失敗に終わり、八月二十六日、ロシア中央銀行はルーブルの買い支えを中止した。ルーブルの為替相場は一日で三十八パーセント下落した。IMFの金融支援策は取り下げられた。

ロシアが実際に債務不履行に陥ったとき、あきらかなリスクを承知のうえでロシアに資金を注ぎ込んできた投資家や銀行は仰天した。欧米諸国が旧超大国を救済しないはずがないと考えていた投資家が多かったのだ。少なくとも、ロシアは「核大国すぎてつぶせない」はずだと思われていたのだ。こうした投資家は間違っていた。アメリカとその同盟国は静かに、そして効率的にエリツィン政権を支援して、核兵器が安全に保管されるようにしてきたのである。ロシア政府も、経済の管理より、武器の管理にはるかに熟達していた。このため、クリントン大統領らの指導者は慎重な検討の後、IMFが支援を止めても核のリスクは高まらないと判断し、金融支援策を取り下げるとのIMFの決定を承認した。われわれはみな、固唾を呑んで事態の推移を見守っていた。

当然ながら、ロシアの債務不履行の衝撃で、ウォール街はアジア通貨危機のときよりはるかに大きな打撃を受けた。八月末までの四営業日だけで、ダウ工業株平均株価は一千ドル以上、率にして十二パーセント下落している。債券市場はそれ以上に反応した。投資家が安全なアメリカ国債に資金を移そうと殺到したからだ。銀行も新規の貸出を停止し、企業向けの貸出金利を引き上げた。

不透明感の高まりで市場が混乱した背景には、繁栄が七年続いていたので、アメリカの好景気が終わるのではないかという恐れがあった。この恐れはやがて、時期尚早だったことが分かる。ロシア危機を乗り切ると、好景気はさらに二年続き、二〇〇〇年後半になってようやく景気が反転することになった。だがこの時点で好景気が終わる危険はあったのであり、この危険に対応する必要があるとわたしは感じていた。

九月初め、わたしは以前からの予定で、カリフォルニア大学バークリー校のビジネス・スクールで講演を行うことになっていた。技術と経済をテーマに、生産性、技術革新、好循環などに触れるつもりだった。だが、講演の日が近づいてくると、国内経済だけに話題を絞るわけにはいかないと考えるようになった。ロシアの危機の直後なのだから。アメリカにとっての問題は、国内の景気の勢いが衰えてきたことではない。情報技術の革命と市場の急速なグローバル化による不均衡のために、世界の金融システムに歪《ひず》みが生じているという問題にぶつかっているのだ。

わたしはこの日の講演で、海外の混乱に注意を促した。いまのところ、その影響は物価の下落とアメリカ製品に対する需要の減速に止まっている。だが、海外の混迷が深まり、アメリカの金融市場に影響を与えるようになると、この影響が強まるだろうと指摘した。このため、経済見通しに影が差している。

「世界的に圧力が高まるなかで、アメリカだけがその影響を受けることなく、繁栄のオアシスの立場を維持できるとは信じがたい」。情報技術革命の成果を完全に享受するには、海外諸国の経済がアメリカ経済とともに成長することが不可欠である。アメリカと経済関係がある国のすべての生活水準が、アメリカに影響を与えるとみるべきである。わたしは以上のように主張した。ハイテク革命の波に乗って繁栄を謳歌している聴衆の多くにとって、この指摘はおそらく意外だったと思う。

この「繁栄のオアシス」という発言がすぐに大きな影響を与えるとは思っていなかった。これは長期的な影響を狙ったものであった。六か月から一年といった短期間についての発言ではなかったのである。アメリカの孤立主義はきわめて根深く、いまだになくなっていない。アメリカはどの国よりも優れているのだから、単独行動をとるべきだと考えている。

わたしはバークリー校での講演で、ロシアの危機を契機にＦＲＢは金融政策についての考え方を大きく見直していると語った。ＦＲＢは国内のインフレにばかり注目してきたので、国際金融システムに大きな混乱が起こる危険な兆候に十分な注意を払ってこなかった。講演のうち、そう述べた部分をマスコミは取り上げた。ウォール街はわたしのメッセージを明確にとらえた。ＦＯＭＣが近く利下げに踏み切ると判断したのだ。

世界的な景気後退の危険があることを、わたしは痛感するようになった。そして、ＦＲＢだけでこの危険に対応することはできないとも確信していた。このとき直面している金融面の圧力は世界規模のものであり、この圧力を封じ込める努力も、世界的なものでなければならない。ルービン財務長官も同じ意見だった。そこでルービンとわたしは、主要七か国の蔵相と中央銀行総裁に舞台裏で接触し、政策協調をはたらきかけた。静かに、しかし緊急の課題として主張した。先進国全体で流動性の供給を増やし、政策金利を引き下げる必要があると。

主要国の蔵相と中央銀行総裁のうち何人かは、簡単には納得しなかった。しかし九月十四日、ヨーロッパ市場が引けた後に、Ｇ７は細心の注意を払って起草された緊急声明を発表し、「世界経済のリスクのバランスは変化した」と断じた。さらに、Ｇ７の政策がもっぱらインフレ抑制を目指すものから、同時に経済成長の促進も目指すものへと転換することを詳しく説明した。『ルービン回顧録』で巧みに論じられているように、「世界経済のリスクのバランスは変化した」という表現は素っ気ないと思えるかもしれないが、これで世界の金融状況が大きく変化した。「どの戦争にも適切な武器があるように、不安定になった金融市場と神経質になった投資家に対応するときは、注意深く微妙に表現された声明に、世界の主要七か国の金融当局責任者が署名した事実によって、決定的な違いをもたらしうる」

これによっても当初は、破局が近づいているという感覚が弱まることはなかった。ブラジルにも危機が伝染し、ルービン財務長官とサマーズ財務副長官は九月の大部分を、ＩＭＦと協力して救済策をまとめることに費やしている。一方、ニューヨーク連銀のウィリアム・マクドナー総裁はウォール街でも最大で、もっとも成功してきたヘッジ・ファンド、ロング・ターム・キャピタル・マネジメント（ＬＴＣＭ）の破綻に対応するという難問に取り組んでいた。

ハリウッドの映画会社でも、ここまで劇的な金融の大脱線のシナリオは書けないだろう。ＬＴＣＭは名前こそ退屈だが、誇り高く、格式が高く、著名なファンドだ。コネチカット州グリニッチに本社をおき、裕福な顧客向けに一千二百五十億ドルのポートフォリオを運用して、驚くほどの利益を稼ぎだしてきた。同社にはマイロン・ショールズ、ロバート・マートンという二人のノーベル経済学賞受賞者がくわわっており、二人が構築した最先端の数学モデルが巨額の利益を生み出す事業の核になっている。リスクが高いが利益をあげる機会が多い債券裁定取引を、アメリカ、日本、ヨーロッパの市場で行い、一千二百億ドルを超える資金を銀行から借り入れて、自己資金の何十倍もの賭を行っていた。さらに、総額一兆二千五百億ドルにも及ぶ金融派生商品を保有しており、この特殊な契約はごく一部しか、貸借対照表に計上されていなかった。その一部は投機的な利益を狙った取引だが、一部はヘッジ取引であり、想像できるかぎりのリスクから同社のポートフォリオを保護する保険の役割を果たしていた（ちなみに、混乱が収まった後になっても、ＬＴＣＭの投資が巨額の損失を被るようになった時点に、同社のレバレッジがどれほどの規模に達していたのかは、ついに確認できなかった。自己資金の三十五倍を投資していたというのが、最善の推定である）。

ロシアの債務不履行が、金融の世界のタイタニック号ともいうべきＬＴＣＭにとって、予想外の氷山になった。市場の歪みが大きくなって、ノーベル賞受賞者すら予想しなかった事態になった。相場の変化があまりに急激だったので、ＬＴＣＭの精巧なヘッジの仕組みが機能する余裕がなかったのだ。それまでに築き上げてきた五十億ドル近い資本は事実上一夜にして吹き飛び、同社の創業者はそのさまを呆然と見守るしかなかった。

ニューヨーク連銀はウォール街の市場の秩序が維持されるようにすることを任務としており、ＬＴＣＭが破綻していくのを見守っていた。通常なら、致命的な失敗を犯した企業は破綻するにまかせるべきだ。しかしこのとき、市場はすでに恐怖におびえて神経質になっていた。このため、ニューヨーク連銀のマクドナー総裁は懸念を深めていた。ＬＴＣＭほどのファンドが破綻して、資産をすべて市場で投げ売りせざるをえなくなれば、市場は暴落する。そうなれば連鎖反応が起こって、破綻が波及しかねない。このため、マクドナー総裁が電話で、介入することにしたと伝えてきたとき、わたしは喜べなかったが、反対することはできなかった。

マクドナー総裁が債権者によるＬＴＣＭ救済のためにどのように尽力したかは、これまでに何度も語られきており、ウォール街の伝説のひとつになっている。世界でもとくに強力な十六の商業銀行と投資銀行の経営者を文字通り一室に集め、ＬＴＣＭの資産を投げ売りせざるをえなくなったときにそれぞれが被る損失をしっかり理解すれば、問題を解決するために協力するはずだと強い口調で語り、立ち去った。十六の金融機関は何日かの厳しい交渉の末、三十五億ドルをＬＴＣＭに拠出することに同意した。これによってＬＴＣＭは秩序だった清算に必要な時間を確保することができた。

納税者の資金は一切使っていない（たぶん、サンドイッチとコーヒーの代金は例外だが）。だが、ＦＲＢが関与したことで、ポピュリズムの感情をまともに刺激することになった。「大きすぎてつぶせないと判断し、ニューヨーク連銀が救済を支援」と、ニューヨーク・タイムズ紙が一面の大見出しで伝えた。数日後の十月一日、マクドナー総裁とわたしは下院銀行委員会に呼ばれた。ＵＳＡトゥデー紙によれば、「大金持ちのために作られた民間のファンドを、連邦政府機関が仲介し協力して救済しなければならない」のはなぜなのか、説明するよう求められたのである。民主党からも共和党からも批判の声があがった。デラウェア州選出で共和党のマイケル・キャッスル下院議員は半ば冗談ぽく、自分のミューチュアル・ファンドと不動産の投資はうまくいっていないが、「誰も救済してくれない」と語った。ミネソタ州選出で民主党のブルース・ベント下院議員は、ＦＲＢが金持ちを市場の力による厳しい結果から保護する一方、庶民が同じ原因で困窮するのは放置していると非難した。「ルールが二つあるようだ。ひとつは一般国民向け、もうひとつはウォール街向けだ」

しかし、ニューヨーク連銀が実際に行ったのは、ＬＴＣＭを秩序だって清算できるようにすれば損失を食い止められる可能性があると、ＬＴＣＭに関与した金融機関に指摘したことだけであり、どれほど想像力をたくましくしても、救済だとはいえない。これらの金融機関は厳しい現実を直視し、自己利益のために行動した結果、自分たちが巨額の損失を被らないようにすることができ、同時に、一般国民とウォール街の両方で、何千万人もの人が巨額の損失を被らないようにすることができたのではないかと思う。

わたしは金融の世界で問題が起こっていることを示す事実の監視を続け、実体経済にも打撃を与えかねないとの懸念を深めていた。十月七日に予定されていたエコノミスト向けの講演では、その直前に三十年物アメリカ国債の利回りが過去三十年で最低になったことから、準備していた原稿から離れて、こう話した。「わたしはこれまで五十年にわたって金融市場をみてきたが、このようなことは一度もなかった」。具体的には、債券市場の投資家が理性を失った行動をとっていると指摘した。直近に発行され、流動性がもっとも高い三十年債指標銘柄に大幅なプレミアムを支払っており、それより少し前に発行された銘柄は、流動性が低いとはいえ、安全性の面で指標銘柄と違いがないのに、見向きもされていない。ここまで流動性を求める動きは過去に例がなく、理性的な判断ではなく、パニックによるものだ。「投資家は要するに、『逃げだしたい、リスクが高いか低いかなんかどうでもいい、この苦痛には耐えられない、何でもいいから逃げだしたい』といっているのだ」。聴衆のエコノミストは、わたしが伝えたかった点を正確に理解した。市場でのパニックは液体窒素のようなものだ。理性が一瞬にして凍りつき、悲惨な結果になりかねない。そしてFRBの調査ではすでに、銀行が貸出をためらうようになっていた。

ＦＯＭＣで利下げを決めたとき、反対意見はまったくなかった。九月二十九日から十一月十七日までに、三回にわたって急速に利下げを実施している。ヨーロッパやアジアの各国の中央銀行も、Ｇ７

の緊急声明にしたがって、それぞれ政策金利を引き下げた。この政策の効果は期待した通りに、徐々にあらわれてきた。世界の金融市場は落ちつきを取り戻し、アジア通貨危機がはじまってから一年半たって、ルービン財務長官はようやく家族でゆっくりと休暇を楽しむことができた。

ＦＲＢは政策策定の教科書的な方法から徐々に離れるようになっていたが、ロシア危機に対応したときの方法がまさにそうだった。全力を尽くして最善の予想を導き出し、その予想に対応するためにすべてを賭けるのではなく、実現の可能性があるシナリオをいくつか作り、それに基づいて政策を決定するようになったのだ。ロシアが債務不履行に陥ったとき、ＦＲＢの計量経済モデルでは、ロシアの問題があり、それに対応した政策行動をＦＲＢがとらない場合にも、アメリカ経済は健全なペースで成長を続ける可能性が高いとの結果がでていた。それでもＦＲＢは政策金利を引き下げる道を選んでいる。ロシアの債務不履行によって世界の金融市場が混乱し、アメリカも深刻な影響を受けるリスクが、確率は低いものの、確実にあったからだ。これはＦＲＢにとって、新しい種類の問題であった。そして、こう判断した。このシナリオが実現する確率はかなり低いが、万一実現した場合には、経済の安定性が大きく損なわれる結果になりかねず、金融緩和によって起こりうるインフレ率の上昇よりも経済の繁栄に大きな脅威になると。ＦＲＢは過去にも、同じように判断したことが何度もあったと思うが、その際の政策決定の方法は組織的ではなかったし、明確に意識されてもいなかった。

このようにコストと便益を組織的に分析する方法が、その後、ＦＲＢの政策決定の過程で主流になっていった。わたしがこの方法を好むのは、ＦＲＢがそれまで何年かに臨機応変に行ってきたいくつかの決定の方法を一般化したものだからである。この方法をとることで、計量経済モデルだけに頼るのではなく、世界がどう動くかについて、計量経済学の観点からは正確さに欠けるものも含めて、幅広い仮説を考慮できるようになった。そして、歴史の教訓を活かせるようになった点も重要である。たとえば、一八七〇年代の鉄道ブームの事例が、インターネット・ブームに浮かれる市場の行動を理解するための手掛かりにならないかを研究できるようになった。

いまでも、このような政策立案の方法は規律に欠けると主張する経済専門家がいる。複雑すぎるし、独断的だと見えるし、説明するのがむずかしいという。そして、FRBが正式な基準やルールに基づいて政策金利を設定するよう求める。たとえば、最適な雇用水準を達成できるように、あるいは、インフレ率のある水準を「目標」にして経済を管理すべきだと主張する。たしかに、政策決定を賢明なものにするには、しっかりした分析の枠組みに支えられる必要がある。しかし、金融政策の立案にあたっては、不完全で不正確なデータや、人びとが抱く根拠のない恐れ、法規の不透明さに対応しなければならないことが頻繁にある。計量経済モデルは洗練されてきたが、政策の処方箋を自動的に生成できるまでにはなっていない。世界経済ははるかに複雑になり、相互に結び付くようになっているのだ。金融政策の立案の過程も、この複雑さに対応して進化していかなければならない。

新ミレニアムに入る前の年に、ブームのお祭り騒ぎが最高潮になると予想できたはずだと、いまになって思う。一九九九年のアメリカ市場は楽観ムードに満たされていた。東アジアの危機でもアメリカはびくともしなかった。あれだけの危機を乗り切れたのだから、見わたせるかぎりの未来は明るいというわけだ。

この楽観的な見方が容易に広まったのは、事実の裏付けがあったからだ。経済は技術革新を原動力に、旺盛な個人消費などの追い風を受けて、快走を続けていた。このように、機会に恵まれていたのは事実だが、それにしても興奮ぶりは現実離れしていた。新聞や雑誌を開けばかならず、ハイテク・ブームに乗ってまたまた億万長者があらわれた話がでている。大手コンサルティング会社の経営者が退職し、インターネットで注文を受けて日用品を配達すると銘打って、ウェブバンという会社を設立し、マスコミに大きく取り上げられた。同社は株式公開で三億七千五百万ドルを調達している。名前を聞いたこともなかった人だが、ロンドンのファッション業界関係者がブー・コムというアパレル・サイトを作り、トレンドの最先端をいくスポーツウェアの販売で世界の大手になるとの触れ込みで、一億三千五百万ドルを調達した。誰でも、親戚か知人のうちひとりはインターネット株で大儲けしているように思えた。ＦＲＢは利益相反ルールによって役職員の金融投機を禁じており、エレベーターに乗ったときに株式市場の噂を耳にしない点でおそらく、アメリカでも珍しい場所のひとつだったといえるだろう（ちなみに、インターネットのベンチャー企業の多くがそうなったように、ウェブバンは二〇〇一年に、ブー・コムは二〇〇〇年に、それぞれ破綻している）。

インターネット・ブームはテレビ・ニュースでも盛んに取り上げられた。三大ネットワークでもそうだが（妻の仕事の関係で、わたしはネットワークのニュース番組をいつも見ているが）、経営者や投資家を標的に新たに作られたＣＮＢＣなどのケーブル・テレビ・チャンネルでも取り上げられている。二〇〇〇年のスーパー・ボウルでは、広告費が二百二十万ドルの三十秒コマーシャルのうち半分は、インターネットのベンチャー企業十七社によるものだった。ペッツ・コムの靴下人形が、バドワイザーのクライデスデール種の馬や、フェデックスの広告に使われた『オズの魔法使い』のドロシーと並んで登場したのである。

かくいうわたしも、靴下人形の犬と並んで、テレビに登場することになった。CNBCが「ブリーフケース指標」という趣向を考えついたからだ。FOMC会合の朝、テレビ・カメラがFRBに出勤するわたしの姿を追う。ブリーフケースが薄ければ、わたしは平静であり、経済は順調だが、ブリーフケースが厚く膨らんでいれば、わたしは夜遅くまで書類を読んでいたはずであり、利上げが近いことを意味するというのである（念のために記しておくが、ブリーフケース指標は正確だとはいえない。ブリーフケースが薄いか厚いかは、もっぱら昼食が入っているかどうかによる）。

街頭で見知らぬ人に呼び止められ、お蔭様で四〇一k口座で利益がでていますと感謝されることもあった。丁寧に接したが、ときには、「四〇一k口座とは、わたしは何の関係もありません」と答えたくなることもあった。自分とは無関係なことで感謝されるのは、何とも居心地が悪いものだ。妻は似顔絵や絵葉書や、とくに変わった新聞記事、さらにはTシャツや人形にいたるまで、多種多様な「グリーンスパン用品」を箱一杯に集めて、怒ったり笑ったりしていた。

もちろん、これらのうちいくつかは避けることもできた。たとえば、車で出勤してFRBの車庫に入れば、テレビ・カメラを避けられる。しかしわたしは、数ブロックを歩いて出勤するのを習慣にしていた。そして、ブリーフケース指標の放送がはじまると、逃げているという印象を与えたくないと考えた。それに、悪意があるわけではない。他人の楽しみを邪魔することはない。

しかしブリーフケース指標は、金融政策を伝える手段にはならない。金融政策について伝えなければならない点は微妙で、じっくり考えてもらう必要があることが多く、テレビ・カメラの前でのワン・フレーズも使いにくい。ニュース番組用のワン・フレーズだけがマスコミとの接点であれば、わたしは心配でならなかっただろう。幸い、ＦＲＢについては専門家による大量の報道がある。オンレコの記者会見には応じないことにしていたが、しっかりした記者にはいつでも話をする姿勢をとってきた。重要な記事の執筆のために電話で質問をしてくるジャーナリストがいればオフィスに招き、時間をとってオフレコの背景説明を行い、アイデアを話すことが少なくなかった（これでは新聞や雑誌の記者の方がテレビの放送記者より有利になると妻はいうが、わたしには何ともしようがない）。

こうした喧騒のなかでも、こなしていくべきまともな仕事があった。一九九九年の秋、わたしは財務長官に昇進したサマーズとともに、財務省とＦＲＢの縄張り争いを解決しなければならなかった。問題の発端は議会がアメリカの金融業界を規定する法律を全面的に改定しようとしたことにある。銀行、保険、証券、不動産などが対象だった。何年にもわたって準備されてきた金融サービス近代化法によって、大恐慌の時代に制定され、銀行、証券、保険の分離を定めたグラス・スティーガル法をついに廃止することになったのである。銀行などの金融機関は、事業を多角化し、たとえば金融サービスの一括提供、いわゆるワン・ストップ・ショッピングを顧客に提供したいと強く望んでいた。そして、これを制限されていないヨーロッパや日本の「ユニバーサル・バンク」など、外国の競争相手に市場を奪われていると主張してきた。これら市場の自由化をはるか以前に実行しておくべきだったとの意見に、わたしは賛成だった。当時、財務省の通貨監督局が、連邦法銀行の監督に責任を負っていた。ＦＲＢは銀行持ち株会社と連邦準備制度加盟の州法銀行の監督に責任を負っていた。金融サービス近代化法案のうち上院案は、銀行監督の権限を大部分、ＦＲＢに与え、下院案は逆に財務省に与えていた。議会は両院協議会で二つの法案をまとめる作業を続けたが、結論がだせないまま、十月十四日までに問題を解決するよう財務省とＦＲＢに求めた。そこで、財務省とＦＲＢのスタッフが交渉をはじめた。

映画の『ＯＫ牧場の決斗』のようではまったくなかったが、それでもかなりの対立があった。財務省と通貨監督局のスタッフは、自分たちが監督権限をすべて握るべきだと感じていたし、ＦＲＢのスタッフも同じように感じていた。連日、夜遅くまで協議した結果、いくつかの問題は解決できたが、十月十四日の前日には膠着状態に陥っている。妥協できない点がいくつも残されていたのだ。対立が感情的にもなっていたと思う。

たまたま、十月十四日は週に一回の朝食会でサマーズに会う日にあたっていた。そのとき、顔を見合わせて、これは二人で解決するしかないと確認した。その日の午後、わたしはサマーズのオフィスに行き、ドアを閉めて話し合った。

サマーズとわたしは共通点が多い。どちらも基本原則と事実を出発点に議論を進めていく。このときの話し合いはテープにとっておくべきだったと思う。理性的な妥協によって政策を決定していく過程を示す点で、恰好の事例になるからだ。われわれは席について、一点ずつ議論していった。あるときは、「そちらの主張の方が信頼できるようだ」とわたしがいい、財務省がその部分を担当することになる。あるときはサマーズがＦＲＢの主張を認める。一時間か二時間のうちに、われわれはそれぞれの取り分を決めることができた。財務省とＦＲＢはひとつの法案に合意し、その日のうちに議会に送って、可決された。金融近代化法は経済法の歴史のなかでひとつの節目になったとみられている。わたしにとってもこの法律は忘れられないものであり、誰にも注目されていないものの、政策決定の栄光の瞬間として、少しは注目されてもいいのではないかと思う。

この年の終わりにかけて、ブームはますます勢いを増し、年末にはナスダック総合株価指数は前年末の二倍近い水準に達した（ダウ工業株平均は二十パーセント上昇している）。株式に投資した人たちはみな豊かになったと感じ、そう感じる理由は十分にあった。

このために、ＦＲＢは興味深い問題を考えるようになった。

健全で素晴らしい好景気と、人間の愚かさによって株式市場に生まれる気まぐれで投機的なバブルとをどのようにして識別するのかという問題である。わたしが下院銀行委員会で素っ気なく指摘したことだが、問題が複雑なのは、この二つが併存しうるからである。「現在、生産性の伸びが加速していると解釈しても、株式市場が買われすぎになっていないという保証にはならない」のだ。この時期の典型例としてとくに関心をもったのは、クエスト、グローバル・クロッシング、ＭＣＩ、レベルスリーなどの通信会社が何十億ドルもの資金をかけて、大がかりな競争を繰り広げていたことだ。十九世紀の鉄道起業家と同様に、何千キロ、何万キロもの光ファイバー・ケーブルを敷設しようと競争していたのだ（鉄道との関連は比喩としてだけではない。たとえばクエストは昔の鉄道の敷地を使って、光ファイバー網を構築していた）。この設備投資自体には何の問題もない。通信容量の需要は爆発的に増加していたのだから。だが、どの企業も、予想される需要を百パーセント満たすのに十分な光ファイバー・ケーブルを敷設していたのである。このため、たしかに価値の高い設備が建設されていたのだが、競争にくわわった企業の多くが損失を被り、株価が急落して、何十億ドルもの株主の資本が消えることになるのは明白だと思えた。

株式市場はバブルになっているのか、なっているとすればどうすべきなのか、わたしは考えに考えた。株式市場が短期間のうちに三十パーセントから四十パーセント下落するのであれば、下落する前にはたしかにバブルになっていたと考えることができる。だがこれは、バブルはいま起こっていると確認したいのであれば、市場が短期間のうちに三十パーセントから四十パーセント下落すると、確信をもって予想しなければならないことを意味する。そういう予想に確信をもつのは、きわめてむずかしい。

株式市場がたしかにバブルになっていると判断し、空気を抜きたいとFRBが望んだとして、果たしてそれが可能なのだろうか。疑問だと思った。過去に試みて失敗しているからだ。一九九四年初め、FOMCは利上げを開始し、一年間に三パーセントの利上げを実施した。インフレ圧力が高まってきたと懸念したからだ。そのときに気づかないわけにはいかなかった点だが、強気相場がはじまって、一九九三年にはほぼ上昇を続けてきた株式市場が、FRBの利上げとともに横ばいに転じている。そして、一九九五年二月、利上げサイクルが終わるとともに、株式市場はふたたび上昇するようになった。一九九七年にも利上げを実施したが、このときも利上げの後に株価が上昇軌道に戻っている。FRBの利上げで事実上、株価の長期トレンドが一段高い水準に上昇するようだった。FRBが利上げしても、景気と企業利益が悪化して株価が下がる結果にならないかぎり、株式投資のリスクは下がり続けるように思える。このため、FRBが穏やかな利上げを実施しても、株価がさらに上昇する条件を作るだけになってきた。

大幅な利上げなら、まったく話が違ってくる。たとえば、政策金利を突然十パーセント引き上げれば、どのようなバブルでも一日で破裂するだろう。だがそうなるのは、経済に大打撃を与えて、FRBが守ろうとしている経済成長を吹き飛ばしてしまうからだ。病気を直して患者を死なせるようなものだ。当時、段階的な利上げによって膨らんできたバブルの空気を抜いていくようにすべきだと主張する人が多かったが、この方法では逆効果になるとわたしはかなりの程度まで確信していた。自分の経験からいえることだが、金融引き締めによって好景気と企業利益の伸びを完全に終わらせないかぎり、段階的な利上げでは景気の力は強いとの見方が強まるだけになる。穏やかな利上げでは株価は下がらず、逆に上がる可能性が高い。

こうした点を考え抜いた結果、FRBにとって最善の方法は、財とサービスの物価を安定させるという中心的な目標の追求に徹することだと考えた。この任務をうまく果たしていれば、株価が暴落した際に経済に与える打撃を最小限に止めるために必要な力と柔軟性を確保できるだろう。これが、FOMC内で一致した見方になった。株式市場が大幅に下落した場合には、FOMCはもっと積極的な姿勢をとって政策金利を引き下げ、市中に流動性を一気に供給して、経済への悪影響を和らげる。しかし、株式市場のブームに直接に対応して、暴落を事前に防ぐのは、FRBの力が及ばないことだと考えたのである。

一九九九年にわたしが議会で、基本に帰るとするこの考え方を示したとき、驚いた人が少なくなかった。FRBは、株価が上昇しすぎているのではないかと懸念していることに変わりはないが、「十分な情報をもった数十万の投資家」より優れた判断ができるとは考えない。そして、暴落が起こった場合に経済を守る任務に専念する。「バブルの破裂が穏やかなものになることはめったにないが、経済全体に壊滅的な打撃を与えるとはかぎらない」と話した。

この証言について、ニューヨーク・タイムズ紙は論説でこう論じた。「三十か月前に投資家に『根拠なき熱狂』を警告したときのグリーンスパンとは、大きく違うように感じる」。論説は不賛成の意思を示す咳払いが聞こえてきそうな調子だが、こう感じたのは正しい。事後にならなければ、根拠なき熱狂を確実に把握することはできないし、まして対応することはできないと、わたしは認識するようになっていたのだ。議員はわたしの説明を聞いても気にかけなかった。それどころか、FRBがパーティを終わらせようとはしていないとみて、ほっと安心していた。

皮肉なもので、この証言の直後にFOMCはいずれにせよ利上げに踏み切らざるをえなくなった。一九九九年半ばから二〇〇〇年半ばまでに、フェデラル・ファンド金利誘導目標を四・七五パーセントから六・五パーセントに段階的に引き上げていった。当初は、国際金融危機のときに安全のために市中に供給した流動性を回収するためであった。そしてその後も、ニューヨーク連銀のマクドナー総裁の表現を借りれば、国内労働市場の逼迫と景気過熱の可能性に対して「少しばかりの保険」を掛けるために、利上げを継続した。言い換えれば、景気が最終的に下降しはじめたときに、もう一度、軟着陸を目指せるように、態勢を整えたのである。しかし、株式市場はほとんど反応しなかった。二〇〇〇年三月になってようやく株価上昇は止まったが、その後も市場の大部分は数か月にわたって横ばいを続けている。

これらの課題は将来のこととして、一九九九年十二月三十一日、世界は新年を迎える準備を整えていた。ワシントンでは、この夜の最大の呼び物はホワイトハウスで開かれる晩餐会であった。妻とわたしも招待された。ボクシングのモハメド・アリ、女優のソフィア・ローレン、俳優のロバート・デ・ニーロ、ジャック・ニコルソン、シド・シーザー、バイオリニストのイツァーク・パールマン、建築家のマヤ・リン、歴史家のアーサー・シュレジンガー・ジュニア、歌手のボノ、バスケット・ボールのビル・ラッセルら、多数の著名人が招待されていた。クリントン夫妻は新ミレニアムを祝うために、絢爛豪華な催しを企画していた。夕暮れから夜明けまでの壮大なイベントであり、三百六十人が出席するホワイトハウスの晩餐会にはじまり、つぎに、わたしの友人で映画監督のジョージ・スティーブンス・ジュニアと作曲家のクインシー・ジョーンズが演出するショウがリンカーン・メモリアルで開催され、全米に放送される。「アメリカの創造者」がテーマだ。午前零時になって花火があがると、ホワイトハウスに戻ってダンスと食事の催しが夜明けまで続く。

新しいミレニアムに入ってわたし個人に何が起こるかは、すでに内示を受けて分かっていた。ジョン・ポデスタ首席大統領補佐官から電話があり、クリントン大統領が四期目の任命を望んでいると伝えてきた。わたしは受諾した。世界でもっとも活気ある経済を分析し、その結果に基づいて政策を決定し、現実の世界からのフィードバックが得られる。FRB議長のこの仕事よりやりたいことなど、考えられもしなかった。七十三歳になってはいたが、創造力が衰えたとは思えないし、数学的な関係を理解する能力や仕事への意欲も衰えたとは思えない。こうした点が衰えてくれば、身を引くしかなくなる。ボブ・ウッドワードは『グリーンスパン』で、再任が決まってわたしが「冷静に喜んでいた」と書いている。たしかに、わたしは楽しんでいた。

この内示を受けていたので、休暇シーズンがますます楽しくなったが、再任はまだ発表されておらず、妻と二人で静かに喜ぶだけにしておく必要があった。アンドレアはホワイトハウスの晩餐会用にドレスを買った。バッジェリー・ミシュカのドレスで、深紅と黒のベルベットだ。いつも通りに忙しく働いてきたし、風邪をひいていたが、とても魅力的だった。

晩餐会はホワイトハウスの東の間と公式晩餐会室を使って開かれた。翌朝の報道によれば、会場は「白と銀の幻想の世界に変えられていた。白い蘭《らん》と薔薇《ばら》の花が、銀色のベルベットのテーブルクロスの上に飾られていた」。そうした点にはわたしはあまり関心がないが、キャビアを食べ、シャンペンを飲んでいるとき、大統領夫妻が心から楽しんでいるようなのが印象的だった。大統領は第二期の仕上げにかかっている。夫人は上院議員に出馬して、政治家としてのキャリアを歩む準備を進めている。大統領は招待客のために乾杯した。「ここにおられる皆さん、そして皆さんが代表する方々が想像し、発明し、向上心を燃やしてこられたために、アメリカがいかに変わったか、歴史がいかに変わったか、いかによくなったかを考えないわけにいかない」。ホワイトハウスに入って七年がたち、ボスニアの試練を経て、モニカゲートの醜聞を経て、歴史的な経済ブームと金融ブームを経て、クリントン大統領夫妻にとって、まさに至福のときが訪れていたのである。

午後九時を少しすぎて晩餐会が終わり、招待客はバスに乗ってリンカーン・メモリアルに向かった。妻とわたしはそっと抜け出した。別の集まりに出席することになっていたからだ。ＦＲＢに大規模なチームが待機していて、アメリカの金融システムが新ミレニアムに入る様子を、夜を徹して見守ることになっていたのだ。

ＦＲＢはそれまで何年か、新ミレニアムの始まりが悲惨な状況にならないようにするために努力してきた。脅威になっていたのは世界中のコンピューターで使われている古いソフトのバグであり、二〇〇〇年問題と呼ばれていた。数十年前には、コンピューターの貴重な記憶容量を節約するために、プログラミングにあたって年を四桁でなく、二桁で示すのが一般的だった。たとえば、一九七四年は「七四」の二桁で示していた（わたしも一九七〇年代に、タウンゼント・グリーンスパンでパンチカードを使ってプログラムを書いたとき、同じ方法を使っている。そのプログラムがさまざまに修正されて、二十世紀末になっても使われているなどとは考えもしなかった。ドキュメンテーションを残しておこうともしなかった）。当然ながら、そうしたソフトが一九九九年から二〇〇〇年に日付が変わった途端に動かなくなるのではないかという懸念が広まった。このバグを探し出すのはときにはいやになるほどむずかしく、バグを潰していくのはとてもコストがかかる作業だ。だが二〇〇〇年問題の最悪シナリオでは、バグを放置したときの結果は悲惨だ。民間と軍の決定的な通信網が動かなくなり、停電が起こり、電話は不通になり、クレジット・カードは使えなくなり、航空機は衝突し、それ以上に悪い事態にもなりかねない。ＦＲＢでは金融システムの障害による混乱を防ぐために、エドワード・「マイク」・ケリー理事が責任者になって、アメリカの銀行とＦＲＢ自体のコンピューター・システムを更新する大規模な作業を二年半にわたって続けてきた。さらに、世界各国の中央銀行にも同じ作業を行うようはたらきかけてきた。

この日の夜、それまでにとってきた予防措置が成功したかどうかがあきらかになる。ケリー理事が率いるチームは休暇を犠牲にして、ＦＲＢのウィリアム・マクチェスニー・マーティン・ビルの二階に作られた指令センターにつめていた。食堂に近い大部屋に電話、スクリーン、テレビを並べ、百人ほどが勤務できる場所を用意した。食堂は開いていて、シャンペンはなかったが、アルコールを含まない炭酸飲料が大量に用意されていた。妻とともに立ち寄ったとき、チームはすでに朝からここにつめていて、世界各地がつぎつぎに新年を迎えるのをテレビで見守っていた。最初に新年を迎えたのはオーストラリアであり、つぎに日本、アジア各国、ヨーロッパの順だ。テレビにはそれぞれの国で花火があがる様子を伝えていたが、ケリー理事らが見ていたのは、その背景になっている都市の電気がついているかどうかだった。

ブラック・タイでこの場所を訪れたとき、場違いなところにきたように感じた。大半のスタッフが赤いＴシャツを着ていたからだ。そこには鷲《わし》が描かれ「ＦＲＢ」「Ｙ２Ｋ」と書かれた赤と白と青の紋章がついている。つねに進捗状況を伝えてくれたケリー理事が、このときも状況を説明してくれた。いまのところ、驚くほど順調だという。イギリスが二十一世紀に入ったところだが、何の問題も起こっていないようだ。つぎに大西洋を越えたアメリカが新年に入るまで、しばらく休憩の時間になっている。アメリカは主要国のなかでは最後に二十一世紀を迎える。そのときが心配だった。アメリカは二〇〇〇年問題を解決するよう、他国をさんざんせっついてきたので、アメリカでシステム障害が起これば、面目丸潰れになる。しかし、準備は十分に整えてきた。アメリカの金融業界は何十億ドルもの資金を投じて、古いシステムとプログラムを更新してきた。地区連銀のすべて、主要銀行のすべてで危機管理チームが待機している。FOMCはオプションなどの新しい手法を駆使して、巨額の流動性を金融システムに供給した。そして、クレジット・カード・システムやATM網が止まる事態に備えて、アメリカ各地の九十か所に現金を用意する手段すらとっている。わたしは問題を作ってきたひとりなので、大問題が起こりかねない夜に塹壕に待機している将兵を訪問しておかなければ、一月三日にオフィスに行くことはできないと思った。(註3)

そこから、妻とわたしは自宅に帰った。まだ十時半だったが、新しいミレニアムにもう入ったように感じていた。ワシントンが新年を迎え、つぎにアメリカのもっと西にある各地が何事もなく新年を迎えるころには、わたしたち夫婦はベッドで寝入っていた。

註3　当時は予想していなかったが、二〇〇〇年問題が提起される以前に作られ、ドキュメンテーションがない大量のプログラムを調査し更新するために巨額を投資した結果、アメリカの企業と政府のインフラストラクチャーは柔軟性と抵抗力が大幅に高まった。どこかに故障が起こったとき、ドキュメントがないために頭をひねるしかない「ブラック・ボックス」のようなソフトは残っていない。その後の数年に生産性伸び率が大幅に高まった一因は、二〇〇〇年問題の予防のために行った投資にあるのではないかと思う。

第十章　下降局面

大統領への就任が決まった後のブッシュにはじめて会ったのは二〇〇〇年十二月十八日、最高裁判所の決定によって勝利宣言が可能になって一週間もたたない時期であった。場所はホワイトハウスから五ブロックほどのところにあるマジソン・ホテルであり、ここに政権移行チームの本部が作られていた。次期大統領はこのとき、当選後にはじめてワシントンを訪れていた。過去にも何度か会ったことがあるが、長く話したのは、その年の春、ある晩餐会の場で一緒になったときだけであった。

マジソン・ホテルでの朝食会には、次期大統領の他、ディック・チェイニー次期副大統領、アンドルー・カード首席補佐官と、二人の補佐官が出席した。同じ状況は、これまでに何度も経験してきた。これまでに同じ立場の五人に経済状態について説明してきた。そのひとりはいうまでもなく、次期大統領の父親である。

このとき、短期的な見通しは明るくないと報告するしかなかった。何年ぶりかに、景気後退が起こりうる状況になっていると思えたからだ。

インターネット株バブルの破裂がそれまで数か月、金融市場の大きなドラマになっていた。二〇〇〇年三月から年末までの間に、ナスダック総合株価指数は五十パーセントも下落している。幅広い市場でみれば下落率ははるかに低く、スタンダード・アンド・プアーズ（S&P）五百種指数は十四パーセント、ダウ工業株三十種平均株価は三パーセントにすぎなかった。長年の強気相場で株式評価額が大幅に上昇していたのに比較すれば、この下落による損失は少ない。それでも下落幅はかなり大きく、ウォール街の見通しは暗かったため、人びとの心理は悪化していた。

もっと大きな懸念は、経済全体の動きであった。この年の大部分、穏やかな景気減速がはじまっているように思えた。これは意外ではない。企業と消費者が長年にわたる好景気、技術の大幅な変化、株式バブルの破裂の影響を受けて、調整を進めていたからだ。そして、連邦準備制度理事会（FRB）もこの調整を促進するために、一九九九年七月から二〇〇〇年六月までの間、利上げを実施してきた。もう一度、軟着陸を実現できないかと期待していたのである。

だが二週間ほど前から、経済指標の悪化が目立つようになったと、わたしは次期大統領に説明した。自動車をはじめとする製造業で生産が減速し、企業利益予想が下方修正され、多数の産業で在庫が膨らんでおり、失業保険新規受給申請者数が跳ね上がり、消費マインドに陰《かげ》りがみえる。エネルギー価格も景気に悪影響を与えている。原油価格はその年に一バレル当たり三十ドルを突破し、天然ガス価格も上昇している。そして、個別の事実からも景気の悪化が伺える。ウォルマートはクリスマス商戦の売上高予想を引き下げたとFRBに語っている。フェデックスは配送の量が予想を下回っていると伝えてきた。百貨店のメーシーズでサンタの前に並ぶ子供たちの列の長さを見て経済が好調かどうかを占うわけにはいかないが、十二月も半ばになって、クリスマスのショッピングに行った人はみな、店舗がやけに静かなことに気づいている。

こうした問題はあるが、経済の長期的な潜在力は強いと話した。インフレ率は低いし安定しており、長期金利は低下傾向にあり、生産性は上昇を続けている。それに、連邦財政収支は四年連続で黒字になった。直近の予想では、十月にはじまったばかりの二〇〇一年度に二千七百億ドル近い黒字になると予想されている。

朝食会が終わったとき、次期大統領は個人的な話があるからと、わたしをわきに呼んで、こう語った。「いっておきたいことがある。わたしはＦＲＢを完全に信頼しており、ＦＲＢの判断を批判しないつもりだ」。わたしは感謝した。それから少し話したところで、次期大統領が議会での会合にでかける時間になった。

ホテルからでるとき、カメラマンと記者が多数集まっていた。次期大統領はマイクに向かって何かをしゃべるのだろうと思っていたが、腕をわたしの肩において、ともに進んでいった。ＡＰが配信した写真には、満面の笑顔のわたしが写っており、素晴らしいニュースを知らされた直後のように見える。素晴らしいニュースがたしかにあったのだ。ＦＲＢにとって何よりも重要な独立性の問題に、真正面から答えてくれたのだから。ブッシュ次期大統領についてどう考えるべきか、まだ確信はもっていなかった。しかし、金融政策について争うことはないという話は信じられると感じていた。

大統領選挙をめぐる危機が解決されたとき、わたしはほっとした。過去に例のない事態になり、三十六日にわたって、機械集計の不備、再集計、訴訟、買収と不正の疑いなどが騒がれ、他国であれば暴動が起こりかねない状況になったが、最終的に冷静に解決された。わたしは生涯にわたって自由意思論者の共和党員だが、どちらの党にも親友がおり、ジョージ・W・ブッシュ候補がホワイトハウスに入るのを民主党員が苦々しく思っていることも理解していると思う。しかし、ここまで激しい政治対立が、両候補とも相手の幸運を祈る形で決着したのだ。これが世界の政治でいかに珍しいかに注目すべきだ。大統領選挙をめぐる争いを終わらせたアル・ゴア候補の敗北宣言は、それまでに聞いた演説のなかで類をみないほど素晴らしかった。「百五十年近く前に、スティーブン・ダグラス上院議員は大統領選挙で自分を打ち負かしたばかりのエイブラハム・リンカーンにこう語った。『党派主義を捨てて、愛国主義を優先しなければならない。大統領、わたしは大統領とともに戦う。神よ、大統領を祝福したまえ』。同じ精神で、わたしはブッシュ次期大統領にこう伝える。党派心による敵意は捨て去るときがきた。神よ、新大統領によるアメリカの指導を祝福したまえと」

ブッシュ次期大統領がアメリカをどの方向に導くのかは分からなかったが、あきらかになってきた次期政権の顔ぶれは信頼できるとみていた。フォード政権の再来のようだという冗談が流行ったが、たいていの人にとっては軽口にすぎないことが、わたしにとっては大きな意味をもっていた。わたしがはじめて公職についたのは、フォード政権のホワイトハウスに勤務するようになったときだ。そして、その時代は格別だったと感じている。ジェラルド・フォードはとても慎み深い人柄で、一度も目指したことがなかった大統領の職に、おそらく、それまでに立候補したとしても当選できなかっただろう大統領の職についた。一九七六年のジミー・カーター候補との選挙戦であきらかになったように、素手で殴り合うような大統領選挙の駆け引きは得意としていない。下院議長になるのが夢だったのだが、大統領が弾劾を受けて辞職するという混乱のなかで、「長期にわたった国の悪夢は終わった」と宣言した。そして、フォード大統領が作り上げた政権チームは、政権運営能力がとりわけ高い人たちを集めたという点で、わたしが知るかぎりもっとも優れている。

二〇〇〇年十二月になって、ブッシュ次期大統領は政権チームの核をフォード政権の人材、それもはるかに年輪を重ね、豊富な経験を積んできた人材で固めている。国防長官に就任するドナルド・ラムズフェルドはフォード大統領の当初の首席補佐官として、素晴らしい実績を挙げている。NATO大使の職にあったときにフォード大統領に呼び戻され、ホワイトハウスの組織を素早く構築し、巧みに運営した。そして一九七五年に、国防長官に任命されている。フォード政権が終わって民間に戻った後、世界的な製薬会社で経営不振に陥っていたG・D・サールの最高経営責任者（CEO）に就任した。わたしは経済コンサルタントとして同社と関係をもつようになり、海軍の飛行教官、下院議員、政府高官という経歴のラムズフェルドがビジネスの世界にじつにやすやすと適応するのをみて、感嘆した。

フォード政権の高官だった人にはさらに、わたしの友人で財務長官に就任するポール・オニールがいる。フォード政権の行政管理予算局副局長として、誰からも高く評価された人物だ。地位は高くなかったが、重要な会議にはかならず出席するよう求めた。予算の細部まで把握している点で、数少ないスタッフのひとりだったからだ。政府から民間に移った後、アルコアのCEOになった。わたしはオニールをCEOに選んだ取締役会の一員だった。それから十二年間に大きな成功を収め、引退生活に入ろうとしていた。わたしはオニールが財務長官候補の筆頭に挙げられていることを知って、大いに期待していた。そんなとき、チェイニー次期副大統領が電話してきた。オニールが次期大統領に会ったが、決断がつかないようだという。「引き受けるべき理由と断る理由を二ページ分も並べている。説得してくれないか」

わたしは喜んで電話した。ニクソン政権の最後の時期に、アーサー・バーンズに説得されたときに心を動かされたのと同じ言葉を使って、「われわれはほんとうに君を必要としているのだ」といった。この言葉に動かされて、わたしはニューヨークを離れ、はじめて政府で働くようになったのだが、オニールも同じ言葉に動かされたようだ。オニールがくわわれば、新政権に大きなプラスになるとわたしは考えていた。大統領の政策と予算はアメリカ経済の長期的な見通しを向上させるだろうか。経済関係の顧問やスタッフの力量はどうなのか。これらの点を政権内で議論する際に、ポール・オニールがドル紙幣に署名する立場に立てば、正しい方向への大きな一歩になると考えていたのである。

もうひとつ、オニールに就任してほしいと願う理由があった。半ば個人的で半ば公的な理由だ。わたしは二〇〇〇年初め、クリントン大統領に再度任命されていたので、少なくともあと三年はＦＲＢ議長の職を続ける。ＦＲＢと財務省は一九九〇年代の大部分の期間、きわめて良好な関係にあった（ときおり、縄張り争いがあったが）。アメリカ現代の歴史のなかで最長の好景気の間、両者は協力して経済政策を管理し、危機の際には効果的な対策をいち早くまとめ、一九八〇年代に恐ろしいばかりに急増した財政赤字を削減する点でホワイトハウスに協力してきた。クリントン政権の三人の財務長官、ロイド・ベンツェン、ロバート・ルービン、ローレンス・サマーズとの協力がこの成功に大きく寄与しており、この三人とは終生の友といえる関係になっている。新政権との間でも、同じように実り多い関係を築きたいと願っていた。FRBのために、そしてわたし個人のために。だから、オニールが財務長官への就任を承諾したときはうれしかった。

フォード政権の高官にはいうまでもなく、とりわけ重要な人物として、次期副大統領がいた。ディック・チェイニーは、メンターだったラムズフェルドから大統領首席補佐官の地位を引き継いだ。このとき三十四歳であり、この職の最年少記録になっている。特有の集中力と、ときとしてみせるスフィンクスのような冷静さの組み合わせによって、じつに巧みに大統領首席補佐官の職をこなした。ウォーターゲート事件後の数年に培った友情は、その後も弱まっていない。チェイニーが下院議員だったころ、フォード政権幹部の親睦会などの機会に顔を合わせたし、一九八九年に当時のブッシュ大統領に国防長官に任命されたとき、わたしは喜んだ。国防長官とFRB議長では仕事面での関係はまずないが、それでも連絡をとりあっていた。

そのチェイニーが副大統領に選ばれた。政権内で通常の副大統領よりも大きな役割を果たすだろうとみる論者が多いことは知っていた。内政でも外交でも次期大統領よりはるかに経験豊富なので、事実上、政府を率いるようになるだろうというのだ。わたしはそうは思わなかった。次期大統領と短時間だが話したとき、他人に支配されるような人物ではないと感じたからだ。

選挙後の数週間、チェイニーに意見を聞かれている。古くからの友人の多くに意見を聞いていたはずだ。チェイニーとリン夫人はまだ、海軍天文台にある副大統領公邸には移っていなかったので、わたしは日曜日の午後に何度も、車を運転してワシントン郊外のバージニア州マクリーンにあるチェイニーの自宅に行った。台所の食卓の椅子に座るか、書斎にこもって話し合った。

地位が変わったことで、友人としての付き合い方が変わった。「ディック」ではなく「副大統領」と呼びかけるようにしたのだ。チェイニーはそう呼ぶよう求めたわけではないが、止めてくれともいわない。話し合ったのは主に、アメリカが直面している問題についてである。議論が細かな事実に及ぶこともあった。話題の中心はエネルギーだった。その少し前に原油価格が急騰し、二十一世紀になっても工業時代の基礎的な資源は戦略的に重要だと痛感させられている。そして、チェイニーが副大統領に就任してまず重視したのは、エネルギー政策に関するタスク・フォースだ。そこでわたしは、経済のなかで原油が占める地位と、原油と天然ガスの国際市場の動向とに関する分析を示し、原子力、液化天然ガスなどの代替エネルギーについて議論した。

国内経済で最大の課題は、三千万人のベビー・ブーム世代の高齢化だとわたしは主張した。この世代の引退はもはや、遠い将来の問題ではなくなっている。レーガン政権の時代に社会保障制度改革に関与したころとは違っているのだ。六年後からはこの世代が六十歳になる。二〇一〇年から数十年、社会保障制度は巨額の支出を必要とするようになる。その期間にわたって社会保障年金とメディケアが財務の健全性を維持し、本来の役割を果たせるようにするには、大幅な改革が必要だろう。

次期副大統領は、国内経済政策は自分の担当外になると語った。それでも、わたしの考えを聞きたがった。熱心に聞き、しばしばノートをとっていたので、経済政策を担う幹部に伝えるのだろうと思った。

十二月の後半から一月の初めにかけて、わたしは少しばかり夢をみていた。フォード大統領があと一パーセントの票を集め、カーター候補をかわして第二期の政権を担うことができた場合のようになるのではないかと考えていたのだ。それだけでなく、一九五二年以降ではじめて、共和党がホワイトハウスと議会の上下両院を握った（上院は実際には共和党と民主党が五十人ずつだが、賛否同数になればチェイニー副大統領が上院議長とし一票を投じることができる）。だから、保守的な財政政策をとる効率的な政府と自由市場の理想を追求するうえで、絶好の機会が訪れたと考えたのだ。レーガンが一九八〇年、ホワイトハウスに保守主義を復活させた。ニュート・ギングリッチが一九九四年、議会に保守主義を復活させた。だが、ホワイトハウスと議会が一致して保守主義の理想を追求する機会が得られたのは、新政権がはじめてであった。

わたしは少なくとも四年間、飛び抜けて優秀な人たち、いくつもの素晴らしい思い出を共有する人たちと協力して働けると楽しみにしていた。そして、個人的な関係という点ではまさにその通りになった。だが政策という点では、古くからの友人が予想外の方向を目指していることにすぐに気づいた。年数がたてば、考えも変わる。ときには理想も変わる。わたし自身も、四半世紀前にホワイトハウスの輝きにはじめて触れたときとは違った人間になっていた。古くからの友人もそうだった。人格や個性は変わらなくても、世の中の動きについての意見は変わり、したがって重視すべき点についての意見が変わっている。

新大統領の就任式までの数週間、連邦公開市場委員会（ＦＯＭＣ）は複雑な状況を理解しようと必死になっていた。年十兆ドル規模の経済が突然減速しはじめていたし、巨額の財政黒字がＦＲＢの実務に与える影響が課題になっていたからだ。次期大統領と会った日の翌日、ＦＯＭＣ会合が開かれたとき、景気減速が第一の議題になった。

景気後退を予想するのは容易ではない。景気後退は合理的ではない行動を一因としているからだ。経済見通しに関する心理は通常、楽観から中立へ、中立から悲観へと徐々に変化していくのではない。ダムの決壊のようなもので、はじめは洪水になるのを防いでいるが、やがて亀裂があらわれ、一気に決壊する。その結果起こる奔流で、残っていた楽観的な見方は押し流され、恐れだけが残る。そうした決壊に直面しているように思えた。ダラス連銀のロバート・マクティア総裁が語ったように、「ふだんなら嫌われる不況という言葉が、そこら中で公然と使われるようになった」のである。

二週間から三週間たって状況が改善していなければ政策金利を引き下げることで、ＦＯＭＣの意見はまとまった。当面は、懸念を表明するだけにする。会合の後に発表した声明でこう論じた。「ＦＯＭＣは経済情勢の動きを注意深く見守り続ける。……当面のリスクは主に、予想可能な将来に経済の減速を生み出しうる状況に偏っている」。ＦＯＭＣ委員のひとりが皮肉っぽく説明したように、「われわれはまだパニックに陥っていない」という意味だ。

二週間たって、景気が減速から横ばいに転じていないことが明確になった。一月三日、新年はじめての営業日に、ＦＯＭＣは電話会議を開き、フェデラル・ファンド金利誘導目標を〇・五ポイント引き下げて、六パーセントにした。ＦＲＢはクリスマス前にすでに利下げをほのめかしていたのだが、マスコミはこれを意外な動きだと報じた。それはそれでいい。ＦＲＢは市場と経済に敏感に対応しているのだから。

このとき、経済を安定させるにはあと何回かの利下げが必要になると、FOMCは考えていた。わたしは電話会議で、その後の利下げは通常より早いペースで実施しなければならないと思えると話した。情報技術が進歩したために生産性伸び率が上昇してきたのだが、同じ要因で景気調整の過程がこれまでより急速になる可能性があるからだ。ジャスト・イン・タイムの経済では、金融政策もジャスト・イン・タイムで実行しなければならない。実際にこの点を根拠に、FOMCはフェデラル・ファンド金利誘導目標を一月中にもう一度、〇・五ポイント引き下げ、三月、四月、五月、六月にも連続して利下げを実施して、最終的に三・七五パーセントにしている。

もうひとつ、FOMCにとって大きな問題として浮かび上がってきたのが、政府債務がなくなるとの見通しであった。いま振り返れば奇妙に思えるだろうが、二〇〇一年一月には、政府債務がなくなる可能性がたしかにあった。十年近く続いた生産性伸び率の加速と財政規律とによって、財政収支が黒字になった。そして二十年近く前、レーガン政権の時代にストックマンが財政赤字について語った言葉を借りるなら、「この目で見わたせるかぎりの未来にわたって」、黒字が続く状況になっていた。景気後退がはじまった可能性があったが、その点を考慮しても、超党派の議会予算局はその後十年間の財政黒字総額の予想を五兆六千億ドルという驚くべき金額に上方修正しようとしていた。一九九九年の予想より三兆ドル多く、二〇〇〇年七月に発表した予想と比較しても、一兆ドル以上多い。

わたしはつねに、財政黒字が継続しうるかどうか疑問だとみていた。政治家は立場上、財政支出を増やしすぎる方向に間違えるものなので、議会が財政黒字を蓄積していくことなど、考えにくいとみていたのだ。財政黒字が続くとの見方に懐疑的だったために、わたしはその一年半前、十年間に八千億ドル近い減税案の実施を遅らせるべきだと議会で証言した。この法案は結局、クリントン大統領が拒否権を発動したため成立しなかった。

しかし二〇〇一年の初めになると、尊敬する経済専門家と統計専門家がみな、政策が変わらなければ財政黒字が蓄積していくと予想していることを無視するわけにはいかなくなっていた。議会予算局だけでなく、行政管理予算局、財務省、ＦＲＢの専門家はみなそう予想していたのである。情報技術革命による生産性伸び率の急上昇によって、古くからの想定が通用しなくなったようなのだ。黒字の継続を示す事実が積み上がってくるとともに、わたしは奇妙な当惑感に襲われるようになった。長年信じてきた経済モデルが時代遅れになったように思えた。議会が財政支出を増やしても、財務省に入ってくる税収の伸びに追いついていない。人間の性格が変わったのだろうか。わたしは何か月にもわたって、そうなのかもしれないと考えつづけていた。これは、役立たずの古い理論を信じるのか、それとも間違ってばかりいるこの目を信じるのかという問題である。

ＦＯＭＣの委員もやはり少々戸惑っているようだった。一月後半の会合では、連邦政府債務がほぼなくなる素晴らしき新世界で、ＦＲＢがどのように行動するのか、数時間をかけて議論した。いうまでもなく、債務負担がなくなるのはアメリカにとって素晴らしいことだが、同時にＦＲＢにとっては大きなジレンマになる。ＦＲＢが金融政策の主な手段にしているのは、アメリカ国債、つまりアメリカ政府の借金証文の売りと買いである。政府債務が返済されていけば、アメリカ国債は残り少なくなり、ＦＲＢは金融政策の実行にあたって新たな資産を使わなければならなくなる。ＦＲＢのシニア・エコノミストとトレーダーは一年近くにわたって、アメリカ国債以外に売買が可能な資産があるかどうか、検討を続けてきた。

その結果が三百八十ページの調査報告書になって、一月にFOMC委員に配られていた。そこにはよいニュースと悪いニュースが書かれていた。よいニュースは、政府債務がなくなっても、FRBの仕事がなくなるわけではないということであった。悪いニュースは、規模、流動性、安全性の面でアメリカ国債市場に匹敵する市場はないというものであった。報告書は結論として、金融政策の実行のために、FRBは地方債、外国政府債、モーゲージ証券、入札割引窓口証券などの債務証券で構成される複雑なポートフォリオの管理方法を学ばなければならなくなるだろうと論じている。何とも気が重くなる見通しだ。ボストン連銀のキャシー・ミネハン総裁はこの問題がはじめて提起されたとき、「不思議の国のアリスになったよう」ともらしたが、FOMCの全員がこの言葉の意味を理解した。この問題が議論されたこと自体、経済の状況がどこまで深く、そして急速に変化しうると考えていたかを示している。

財政黒字の問題は一月、財務長官に就任するオニールと会って予算について意見を交換したときにも、活発な議論の対象になった。二人はもちろん、十年間の財政黒字が五兆六千億ドルになるとする議会予算局の予想を分類する必要があると考えていた。このうち約三兆一千億ドルは、手をつけてはならない資金であり、社会保障年金とメディケアのために留保しておくべきだ。残りの二兆五千億ドルが使える資金になるだろう。大型減税はもちろん、ブッシュ次期大統領が選挙公約の中心に据えた点である。早い時期にこう主張して、父親と一線を画した。「わたしの公約は『新しい税は導入しない』ではない。『減税を実施する、神よわたしを助けたまえ』だ」。減税は財政黒字の使途として最高、最善だとブッシュ候補は主張して、債務の返済と社会政策の実行が同様に重要だとするゴア候補の公約を批判した。第一回のテレビ討論会で、「ゴア候補は財政黒字が政府の資金だと考えている。わたしの見方は違う。骨身を惜しまず働くアメリカ国民の資金だ考えている」と語った。レーガン大統領の例に倣って、すべての所得階層の納税者を対象に、総額一兆六千億ドルの大型減税を十年間に段階的に実施していくよう提案したのである。これに対してゴア候補は、七千億ドルの減税を公約に掲げた。

巨額の財政黒字が続くとの予想のもとでは、ある種の減税が適切な政策だとする点で、オニールとわたしの意見は一致した。オニールが指摘したように、その時点で税収はＧＤＰの二十パーセントを超えており、過去平均の十八パーセントを上回っている。しかし、財政黒字の使い道はいくつかある。そのうち、政府債務の返済がもっとも重要であり、その点でゴア候補の主張は正しかった。民間向け連邦政府債務残高と呼ばれているもの、つまり連邦政府機関が保有する部分を除いたアメリカ国債発行残高は三兆四千億ドルだった。このうち「削減可能」とされている部分、つまり買い戻しが可能な部分は二兆五千億ドル以上であった（削減不能の部分は、貯蓄国債など、投資家が売却を希望しない証券である）。

もうひとつ、オニールとわたしが財政黒字の使途にするよう望んでいた大きな項目に社会保障とメディケアの改革がある。わたしは長年、社会保障を民間の制度に移すよう希望していた。この改革を行うと同時に、その時点で勤労者と高齢者に対して負っている義務を果たせるようにするにはおそらく、債務を引き受ける民間制度に一兆ドルの頭金を支払う必要があるだろう。そして、今後にメディケアのコストが急増していくことは、まだ認識すらされていない。二十年近く前、レーガン大統領のために社会保障制度改革委員会の委員長を務めたとき、メディケアの改革は対象から外している。だが、ベビー・ブーム世代が年取ってきたので、これが緊急の課題になっている。統計専門家は今後十年の財政黒字を予想するにあたって、実現するかどうかがあやふやな点をいくつも想定しているとわたしは指摘した。予想された財政黒字が実現しなかった場合に何が起こるだろうか。

オニールは財政見通しについて、わたしと変わらないほど暗い見方をしていた。そして答えとしてあみだしたのが、「トリガー」の仕組みだった。つまり、新たな財政支出権限法や税法に、財政黒字がなくなった場合に支出を中止し、減税規模を縮小するという条件をつける方法である。財政赤字に上限を設定する仕組みがあれば役立つかもしれないとわたしはいい、これに同意した。議会とそれまで二代の政権が達成したことのなかで、とくに重要な点のひとつは、財政均衡を義務づけたことだ。政府はいま、いわゆるペイ・ゴー・ルールのもとで運営されており、新たな財政支出を伴う政策を提案する際には同時に、支出削減か増税によって財源を確保しなければならないと決められている。「財政赤字に戻ってはいけない」とわたしは強調した。

一月の動きはきわめて速かった。新政権と新議会に向けた準備はいつも大忙しになるが、この年はとくにそうだった。大統領選挙の結果についての争いが長引いたために、通常なら就任式までの政権移行期間が十週間あるのに、わずか六週間しかなかったからだ。

予想された通り、減税が最大の関心事になった。一月半ばにチェイニー次期副大統領はオニール、わたしとの私的な話し合いの際に、大統領選挙結果について争いがあったので、減税問題で文句なく勝利することが不可欠だという次期大統領の意向を伝えた。数週間前にすでに、チェイニーは日曜日朝のテレビ番組のインタビューで同じことを語っている。「ブッシュ次期大統領が明確にしている点だが、選挙運動で掲げた公約はきわめて注意深く組み立てたものだ。公約は次期大統領の政策であり、課題であり、そこから後退する意図はまったくもっていない」

わたしはワシントンに長いので、通常のパターンは分かっているつもりだった。どの大統領にとっても、選挙公約は政策立案の出発点だ。政権につくと、予算案などの政策を選挙公約通りに発表する。だが、公約を政策にするときに問題になるのは、公約が政治的な受けを狙って作成されており、最適の効果をあげるという観点では作成されていないことだ。選挙公約はその時点での状況に合わせて急いで作られた地図のようなものにすぎない。政府を運営するための政策として、完全に検討した結果には本来なりえない。そこでかならず、議会や政府省庁が政策の現実性を評価する役割を担い、政権の計画を検討し和らげる。この点は経験から分かっていた。一九六八年にはニクソン候補の選挙運動に参加し、一九八〇年にはレーガン候補の選挙運動に参加したが、選挙の際に掲げた政策や予想が、新政権発足から数週間たっても修正されなかった例はなかった。

ブッシュ政権のホワイトハウスがいかに違ったものになるか、わたしは予想していなかった。「これが公約だ。これを実現する」という態度をとり、しかもこの態度を文字通りに貫こうとした。経済政策に関する緻密な議論や、長期的な影響の検討は、重視されなかった。二か月ほど後、オニール財務長官が社会保障改革案の改善を提案したとき、大統領自身がそれを拒否して、こう語っている。「選挙の際にその方法は公約していない」。オニールはすぐに、仲間外れになっていることに気づいた。ブッシュ政権の経済政策は完全にホワイトハウスのスタッフの手に握られ、わたしは深く失望することになった。

新議会が招集されたとき、上院予算委員会が真っ先に取り上げたのは、財政黒字の問題であった。一月二十五日木曜日の午前、わたしが公聴会室で照明を浴び、政治的な興奮を引き起こすことになったのはそのためだ。

主要な問題は、ピート・ドメニチ委員長がわたしの証言の前の挨拶で述べたように、予想されている長期的な財政黒字は一時的なものなのか、それとも恒久的なものなのか、そして、財政黒字が増加を続けるのであれば、「どうすべきなのか」であった。それまで何年か、わたしの答えはいつも単純だった。「債務を返済する」だったのだ。だがその時点には、予想される財政黒字はきわめて巨額で、債務の返済がほんの数年で終わると予想されるほどになっている。そして、その後も財政黒字が続くという。議会予算局の統計専門家の予想では、政策が変更されなかった場合、財政黒字は二〇〇一年に二千八百十億ドル、二〇〇二年に三千百三十億ドル、二〇〇三年に三千五百九十億ドルになり、さらに増加していくとされていた。財政政策に大きな変更がなかった場合、議会予算局の予想では、削減可能な債務は二〇〇六年に完済される。その後の財政黒字は、アメリカ国債以外の何らかの資産の形で蓄積していくしかない。二〇〇六年には財政黒字は五千億ドルを突破すると予想されていた。その後は二年に一兆ドルを超えるペースで黒字が蓄積していく。

この見通しには、困惑を感じていた。五千億ドルというのは想像もできないほどの金額だ。アメリカの年金基金でいえば、上位五基金の総資産の合計に匹敵する金額であり、しかもこれが毎年、蓄積していくというのだ。財務省はこれだけの資金をどうするのか。どこに投資するのか。

これだけの資金を吸収できるほどの規模がある民間市場は、アメリカと外国の株式市場、債券市場、不動産市場しかない。アメリカ政府高官が世界最大の投資家になる図を想像してみた。この見通しは過去にもぶつかったことがあり、そのときに検討した結果、まったく恐ろしいアイデアだという結論になった。二年前の一九九九年、クリントン大統領が七千億ドルの社会保障基金を株式市場に投資するよう提案した。投資の判断に政治が介入するのを防ぐために、民間機関が基金の運用を監督する仕組みを作ると述べた。しかし、政府がここまで巨額の資金を運用していれば、ニクソンやジョンソンのような人物が大統領になったときに不正が起こると容易に想像できた。そこでわたしは下院歳入委員会での証言で、「ここまで巨額の基金を政府の介入から守ることが政治的に可能だ」とは思えないと論じた。幸い、クリントン大統領はすぐに、この提案を撤回している。だが、同じ問題にまたぶつかる可能性が高くなっていた。

こうした点を考えた結果、わたしははっきりと認識するようになっていた。財政黒字の継続は財政赤字の継続とあまり変わらないほど、経済の安定性を損なう要因になりうるのである。債務の返済だけでは不十分だ。そこでわたしは、債務を返済すると同時に、債務がほぼなくなった段階で、投資しなければならない財政黒字をほとんど残さないようにする方法を提案することにした。財政支出を増やすか、減税を実施する。どちらが好ましいかは明確だ。財政支出を増やした場合、後に抑制するのがむずかしくなることをわたしはいつも懸念してきた。減税なら、懸念は小さい(註1)。さらに、税率を引き下げれば民間企業の負担が軽くなり、税収基盤が拡大する可能性がある。別の方法として、あと二年ほど待ち、財政黒字が続いていれば、大規模な減税を実施して黒字をなくすこともできる。だが、これが賢明かどうか、その時点で知る術はなかった。二年後にインフレ圧力が高まっていれば、減税によって景気の過熱がさらに深刻になる。納得できるのは、財政均衡に向けた「着陸用進路」と名付けたものに乗るように、財政政策の進路をただちに変える方法だけであった。具体的には、減税と社会保障制度改革の組み合わせによって、数年をかけて財政黒字を徐々に減らしていくのである。

すでに、二つの減税法案が提出されていた。新議会の初日に、フィル・グラムとゼル・ミラーの二人の上院議員が、ブッシュ大統領の選挙公約に掲げられた総額一兆六千億ドルの減税計画にしたがった法案を提出し、民主党のトーマス・ダシュル上院院内総務がもっと穏やかな七千億ドルの減税法案を提出している。どちらの法案も、財政黒字を徐々に減らすと同時に、社会保障制度改革の資金を確保できる点で、わたしが目的とした点を達成できるものになっている。

当然ながらわたしは頭の片隅では、議会とホワイトハウスがまたしても財政支出を増やしすぎるか、歳入が予想外に減少して、財政赤字がふたたび巨額になる可能性もあると心配していた。そこでわたしは証言の原稿を執筆した際に、減税に条件をつけるとするオニール財務長官の案を注意深く含めている。わたしは議会に、「財政黒字と連邦債務の目標を規定し、目標を満たせない場合には黒字削減策の実行を制限する規定」を考慮するよう求めた。財政黒字が増加を続けるという予想が外れた場合には、減税規模を削減するか新たな財政支出を削減するべきである。

アメリカの政治制度には財政赤字を好む傾向があるとする数十年来の確信は揺らいでいなかった。そこで証言を、強い警告で締めくくることにした。「現在、財政黒字をめぐる陶酔感が広まっているので、過去何年かに苦労を重ねて築かれてきた財政規律が、急速に失われていくのを想像するのはむずかしくない。過去にみられたような財政赤字とそれにともなう財政不均衡の復活を簡単にもたらすような政策には抵抗する必要がある」

ＦＲＢは証言のコピーを前日に予算委員会の幹部に配付した。金融市場に直接の関係がなく、内容が複雑な証言の場合には、あらかじめコピーを配付しておくことが多いのだ。意外なことに、水曜日の午後、ノースダコタ州選出の民主党上院議員で、予算委員会幹部のケント・コンラッドから電話があった。自分のオフィスに来てくれないかという。コンラッド議員は州税務局長の経歴があり、わたしがＦＲＢ議長に就任したときにはすでに上院議員になっていて、財政政策では保守的だと評価されている。会いに行くと、型通りの挨拶の後、ずばりと本題を切り出した。「これでは財政黒字の奪い合いになります。どうして、ブッシュの減税案を支持するのですか」。この証言でホワイトハウスの減税案の可決が確実になるだけでなく、これまで何年もかけて築きあげてきた財政規律の危うい合意を放棄するよう議会に促す結果になると、コンラッド議員はいう。

註１　財政支出には上限がないが、減税の場合には税収をマイナスにすることはできないからだ。

「そんなことを主張しようとはまったく思っていません」とわたしはいい、財政黒字をなくすために何らかの形で減税を行う必要があると指摘するが、かならずしも大統領案を支持するわけではないと説明した。最終的な目標は債務削減と財政均衡であって、この点に変化はない。わたしの評価では、財政黒字の見通しの変化は劇的だ。経済専門家のほぼ全員が認めているように、生産性伸び率は一段高い水準に上昇して後戻りしないとみられる。少なくとも今後数年は高い水準を維持するとみられる。その結果、歳入見通しが根本から変化している。このように説明し、最後に、財政規律を強調するのが決定的に重要であることに変わりはないことに同意して、質疑応答の際に質問されれば、オニール財務長官のいうトリガーなど、財政赤字への転落を食い止める仕組みの必要性を訴えると約束した。

話し合いが終わったとき、コンラッド議員が完全には納得していないことは分かっていたが、わたしの証言を根拠にして議会が行動するとの見方は信じがたかった。政治家は過去に、それぞれの都合でわたしの推奨を割り引くか無視するのをためらわなかった。たとえば社会保障給付金を削減するよう推奨したとき、流れを変えられた試しはない。このとき、二つの減税案のうちどちらかを支持する意図はまったくなかった。翌日の証言の際、ドメニチ議員にブッシュ案を支持するのかと質問されて、それは基本的に政治的な質問だと答えている。わたしは経済分析の専門家であって政治家ではない。自分の発言が政治的にどのような意味をもつかを心配していては、経済分析の仕事は何の面白みもなくなる。新鮮な見方だと信じるものを提供し、自分の証言で政策論争に重要な要素がくわわるよう期待する。それだけのことだ。

ＦＲＢのオフィスに戻ると、一時間もしないうちにロバート・ルービンから電話がかかってきた。

「コンラッド議員から電話があった。証言の前に話し合ってほしいとのことだった」。ルービンは証言の原稿を読んでいないが、コンラッド議員から内容を聞いて、同じ懸念をもったという。大幅な減税を推奨すれば、「財政規律を大切にする政治的な姿勢が失われるリスクがある」

ルービンが財務長官だった時代に、財政規律の合意を作り上げるために、何年もともに努力してきた。そこで、債務削減を最終的な目標にするよう求める事実が伝わっているかどうか質問した。「その点は理解している」という。では何が問題なのか。「わたしの証言のうち、どこに同意できないんだ」

長い沈黙があった。そしてルービンはこう答えた。「問題は何を発言するかではない。どう受け取られるかだ」

「どう受け取られるかは管理できない。そういう仕事の仕方はしない。それでは仕事ができない」と、少々うんざりしながら答えた。

すぐに分かったことだが、コンラッドとルービンの指摘は正しかった。減税を推奨した証言は、政治的な爆弾になった。わたしが議会に着く前から、騒ぎがはじまっていた。証言のコピーがマスコミに流されていて、USAトゥデー紙はその日の朝刊の第一面に、「グリーンスパン、減税を支持へ」という大見出しを掲げている。記事にはコンラッド議員とドメニチ委員長の発言が引用されていた。ドメニチ委員長はわたしが見解を変えることを確認し、「財政黒字がきわめて巨額だからだ」と述べている。

公聴会室は、それまで見たこともないほど満員になっていた。二十人の上院議員とそれぞれのスタッフ、カメラの列、そして大勢の傍聴者がいた。証言を読み上げるのに三十分近くかかり、その後に何が待ちうけているのか、予想がつかなかった。コンラッド上院議員がまず、「きわめてバランスのとれた」証言に感謝すると述べた。前日の話し合いの後にも、一字一句変更していないので、何とも慇懃《いんぎん》な発言だと感じた。

それから、こう質問した。「いまの証言で、財政規律を放棄しないよう提案していると考えていいのだろうか」

「もちろんそうだ」と答え、前日に提案した通り、しばらくパドドゥを続けた。債務削減と財政規律についての見方を、とくに強調して答えていった。

つぎに他の上院議員が質問する番になった。それから二時間にわたる質疑応答では、質問の内容が党によってはっきりと分かれていた。どちらの党も減税を提案していたが、わたしが減税を支持したのを聞いて喜んだのは、あきらかに共和党の側であった。テキサス州選出のフィル・グラム議員は、「われわれが進むべき道ははっきりしていると思う。予算案の可決は早いほどいい。早く可決しよう」と語った。民主党議員の多くは、失望を表明した。サウスカロライナ州選出のアーネスト・ホリングズ議員は、「総崩れを引き起こそうとしている」と非難した。メリーランド州選出のポール・サーベンズ議員は、「『グリーンスパン、パンチ・ボウルの蓋を開ける』と新聞が伝えても、的をそれほど外していない」と語った。とくに印象的な批判は、アメリカ史上最長の期間にわたって上院議員を務めているロバート・バード議員によるものだった。ウェストバージニア訛りでこう述べたのである。「わたしはバプティストだ。バプティストにはこういう賛美歌がある。賛美歌集にこういう歌がある。

『錨は動かない』という歌だ。わたしは今回の景気拡大期の議長の言動をみて、まさに錨だと考えてきた。過去数年、債務を返済する必要がある、それが基本だと語るのを聞いてきた。わたしはそれが正しいと信じてきたので、今日の証言を聞いて、錨が動揺しているようにみえたことに少し驚いている」

こうした発言は記憶に残るものだ。公聴会が終わったとき、わたしはまだ楽観的だった。過剰な財政黒字の危険、「着陸用進路」の提案、トリガーの仕組みなど、証言で提案した点が減税法案の審議のなかでいずれ注目されるようになると期待していたのである。しかしその時点では、自分の証言が政治的に利用されるのは仕方ないと諦めていた。妻にはこう話している。「ショックだ。ほんとうにショックだ。議会が政治的に動くなんて思ってなかった」

ホワイトハウスはすぐに歓迎の意思を表明した。ブッシュ大統領がその日の夜に記者に会い、わたしの証言について「慎重で適切だ」と語った。主要な新聞も、この証言を政治的なものだとみていた。「減税は避けられないのだから、グリーンスパン議長にとって発足から間もない新政権との対立を避けるのは賢明な判断だ」とフィナンシャル・タイムズ紙は論じた。ニューヨーク・タイムズ紙は、一九九三年にクリントン大統領が就任した直後に財政赤字削減策を支持したのと同様に、ホワイトハウスを助けたと論じた。「慎重に条件をつけながら、クリントン大統領の計画を支持したことが、増税に賛成票を投じる民主党議員にとって……貴重な政治的援護射撃になったように、本日の証言で慎重に減税を支持したことで、共和党議員にとって、レーガン政権以来の大規模な減税を実行しようとする努力に勢いがつくことになった」

こうしたコメントを読んで、政治的な意図のない証言がこのように受け取られたのは、この時点の心理に関する判断が間違っていたためであることに気づいた。大統領選挙の結果をめぐって政治の根幹を揺るがす危機が起こったばかりであった。後知恵ではあるが、経済分析に基づく微妙な政策を理解するよう求めるには、最悪に近い時期だったと気づくことになった。だが、アル・ゴア候補が当選していたとしても、同じ証言をしたはずである。

その後の数週間、トリガーの概念を活かすために最大限に努力した。二月と三月の議会公聴会では、財政黒字予想がいずれも暫定的なものであることに繰り返し注意を促し、財政赤字への転落を防ぐ仕組みが必要だと強調しつづけた。三月二日には下院の公聴会でこう論じている。「予想が外れたときに対応できるように、予算上の戦略を開発することが決定的に重要である」

数日後、保守的な財政政策を主張する少数の上院議員グループが記者会見を開き、トリガーの仕組みを設けるよう主張した。メーン州選出のオリンピア・スノー議員を中心とする共和党五人、民主党六人の超党派グループであり、わたしはこのグループに会って激励した。

しかし、トリガーの仕組みが採用される見込みはまずなかった。共和党、民主党とも指導部がこの案を嫌った。わたしが証言した日に、ホワイトハウスのアリ・フライシャー報道官は、大統領の減税案に財政赤字への転落を防ぐ仕組みをくわえるのかという記者の質問に、にべもなくこう答えている。「減税を恒久的な法律として確立する必要がある」。その直後にタイム誌は、トリガーについて、「大統領に提案された段階には死亡していたことが確認された」というカール・ローブ大統領上級顧問の発言を引用している。そして二月になって、ブッシュ大統領が二〇〇二年度予算案を正式に発表したとき、一兆六千億ドルの減税案が選挙公約通りの形で盛り込まれていた。民主党指導部も、トリガーの仕組みを拒否した。「減税の規模を縮小すれば、トリガーは不要になる」とトーマス・ダシュル上院院内総務が語った。三月初め、議会下院の共和党指導部はトリガー修正条項の本会議への上程を阻止し、下院はブッシュ減税案をほぼ無修正で可決した。上院で審議されるようになっても、トリガー条項への支持は得られなかった。

結局、ブッシュ大統領が勝利を収めた。成立した減税法は総額が一兆三千五百億ドルになり、大統領が望んだ金額には達せず、共和党案と民主党案のほぼ中間になった。だが、すべての所得階層にわたる減税という点で、ブッシュ流になっている。減税法には、当初案になかった主要な条項がひとつだけくわわっている。二〇〇一年の財政黒字のうち四百億ドル近くを納税者に返却するよう設計された戻し税である。それまで一年間の納税額にしたがって、一世帯当たり最高六百ドルを支給することになった。議会は「ブッシュ戻し税」と呼ばれるようになるこの条項を、低迷している景気を刺激する手段として承認した。大統領はこう語った。「アメリカの納税者にとっては、ポケットのお金がそれだけ増えることになる。経済にとっては、当然に受けるべきカンフル剤の注射を受けることになる」

ブッシュ大統領が署名して減税法が成立したのは六月七日であり、主要な予算法案としては最短記録であった。わたしはこの法律の影響について、楽観的に考えた。財政黒字を減らして、危険な水準になるのを防ぐだろう。減税は短期的な景気刺激策になるようには設計されておらず、これは選挙運動のときにブッシュ陣営が立案した段階にはその必要がなかったからだが、思わぬ幸運で景気を刺激する可能性があった。タイミングがぴったりだったからだ。

しかし、トリガー条項のない法案が可決されたのを残念に思う気持ちは、その直後にはるかに強くなった。数週間のうちに、財政黒字が続くかどうか疑問だとする見方を放棄したのは間違いであったことがあきらかになった。十年間の財政黒字が巨額になるとの予想は、まったくの間違いだったのだ。

ブッシュ戻し税の小切手が郵送される以前に早くも、連邦政府の財政収入が突然、説明がつかない規模で急減するようになった。財務省が受け取る個人所得税の税収が、商務省による季節調整の後の数値でみて、数百億ドル規模で不足するようになったのである。喧伝された財政黒字は、ブッシュ大統領が減税法案に署名した六月にはまだ好調だったし、何年も続くと予想されていたのだが、それが一夜にして吹き飛んだのである。七月からは、財政収支は赤字に転落している。

アメリカを代表する統計専門家は、この突然の変化に仰天した。予算専門家が何か月もかけ、数千万の税務申告書を調べてようやく、どこに問題があったかがあきらかになった。税収の不足はあきらかに、株式市場で広範囲な銘柄が下落を続けているためであった（二〇〇一年一月から九月までに、S&P五百種指数は二十パーセント以上下落している）。この結果、キャピタル・ゲインとストック・オプションの行使による税収が急激に減少した。専門家の予想を大きく上回るほど急激な減少であった。ハイテク・ブームの強気相場で財政黒字が生まれたように、インターネット株バブルが破裂した後の弱気相場で財政黒字は消えていった。

財政収支の予想がここまで極端に間違っていたのはなぜなのだろうか。景気後退が穏やかだったために、税務統計専門家は税収の落ち込みが小幅になると考えた。だが二〇〇二年になると、税収の落ち込みの規模がはっきりと数値にあらわれるようになった。二〇〇一年一月には、議会予算局は二〇〇二年度の税収が二兆二千三百六十億ドルになると予想していた。二〇〇二年八月には、これが一兆八千六百億ドルに下方修正された。一年半で三千七百六十億ドルの下方修正だ。このうち、七百五十億ドルはブッシュ減税によるもの、一千二百五十億ドルは景気悪化によるものである。残りの一千七百六十億ドルという驚くほどの巨額は、予算専門家が技術的変化と呼ぶものである。これは要するに、経済や議会の動きでは説明がつかないものだ。たとえば、キャピタル・ゲインによる税収の見積もりが過大だったなどの要因によるものである。

この年の九月、ボブ・ウッドワードが経済の状態についてのインタビューのためにオフィスに来た。わたしとFRBをテーマにして大ベストセラーになった『グリーンスパン』のペーパーバック版のために、新たな一章を執筆する準備をしているという。このときウッドワードに、二〇〇一年の景気後退の道筋について不思議に思っていると話した。これまでのどの景気後退にも似ていないからだ。二〇〇〇年十二月に景況感が急落し、株価が八月まで大幅に下落したため、GDPがかなり落ち込むと覚悟を決めていた。たしかに鉱工業生産指数は過去一年に五パーセント下落した。だが、GDPは底堅く推移している。景気の谷が深くなると思っていたが、実際には谷にはならず、高原状態になった（結局、二〇〇一年通年では、GDPはわずかながら成長している）。

景気後退が浅くなっているのは、グローバル経済の力によって長期金利が低下し、そのために世界の多くの地域で住宅価格が急速に上昇したからである。アメリカでは住宅価格の上昇が大幅になっているため、消費者は豊かになったと感じ、消費意欲が高まっているようだ。さらに、生産性の伸びという底流がくわわって、アメリカ経済の回復力がこれまでになかったほど強まっているようだ。

では、とウッドワードはいい、それまでの議論をこうまとめようとした。「今年の経済は景気後退に陥ったというより、災難を回避できたというべきでしょうか」

「そう判断するのはまだ早すぎる。すべてが収まって退屈なパターンに戻るまで、たしかなことは分からない」と答えた。

その夏には背景説明のためのインタビューに十回以上も応じており、このときの会話もそう変わっているわけではない。たったひとつ違っていたのはタイミングだ。二〇〇一年九月六日木曜日、スイスで開かれる中央銀行総裁会議に出席するために出発する直前だった。帰りのフライトは、九月十一日火曜日に予約してあった。

第十一章　試練のなかのアメリカ

二〇〇一年九月十一日から一年半にわたって、先行きが不透明な状態が続いた。経済はなんとか成長していたが、その勢いは不確実で弱々しかった。企業と投資家は八方塞がりだと感じていた。同時多発テロの直後はアル・カイダに所属するとみられる人物の捜査、炭疽菌事件、アフガニスタン戦争など、危機が続いたが、やがて緊張が緩み、国内の警備に関する不安とコストへの対応が課題になった。二〇〇一年十二月にエンロンが倒産し、不透明感と悲観的な見方がさらに深まっている。同社の倒産をきっかけに、不正会計スキャンダルと企業倒産がつぎつぎに起こり、大きな経済ブームの裏で貪欲と不正が蔓延していたことがあきらかになった。

暗いニュースが続いて、終わりがないと思えることもあった。選挙資金をめぐる論争、ワシントンで起こった連続狙撃事件、インドネシアのバリ島のナイトクラブで起こった爆弾テロなどがあった。二〇〇二年夏には通信大手のワールドコムが、不正会計スキャンダルのなかで倒産している。同社は総資産が一千七十億ドルの巨大企業であり、史上最大の倒産になった。

そして新型肺炎（ＳＡＲＳ）だ。インフルエンザに似ているが死亡率がきわめて高い新型肺炎が中国から他国に伝染し、数週間にわたって海外出張と貿易が止まった。この時期にはもちろん、ブッシュ政権がイラクのフセイン政権への非難を強めている。二〇〇三年三月と四月にはアメリカがイラクに侵攻してフセイン政権を打ち倒し、ニュース報道の中心になった。

こうした動きの背景にはつねに、アメリカ本土に対するテロ攻撃が続くとの予想があった。とくにワシントンの政府関係者は、すぐにもテロ攻撃があるとの恐れを払拭することができなかった。新しいバリケード、検問所、監視カメラ、重武装の警備兵がいたるところに目につく。わたしは数ブロック歩いて出勤する習慣をあきらめるしかなくなった。テレビ・カメラもブリーフケース指標もなし。毎朝、運転手付きの車で、厳重に警備されたＦＲＢ地下車庫に入る。ＦＲＢへの訪問者も地下車庫を使えるが、爆発物を探知する犬による検査が終わるまで待たされる。犬はトランクにまで入り込んで匂いを嗅ぐ。

ワシントンでは、なぜ第二波の攻撃がないのかが、文句なしに最大の疑問だった。オサマ・ビン・ラディンが語ったように、アメリカ経済を混乱させることがアル・カイダの意図だというのであれば、攻撃が続くはずだ。アメリカの社会は開かれており、国境は穴だらけ、武器や爆弾を摘発する能力は低い。この疑問を政権の中枢に位置する何人もの高官にぶっつけてみたが、説得力のある答えは誰ももっていないようだった。

テロ攻撃が続くとの予想が、政府の事実上あらゆる行動に影響を与えていた。アメリカの制度を守るために作った防衛の仕組みが、あらゆる判断に影響を与えた。二〇〇二年には新しい国土安全保障計画が作られ、本人確認義務の強化、身元調査の強化、旅行の制限、プライバシーの制限など、個人の自由を大幅に制限する規定が盛り込まれた。(註1) 両党の指導部はこの計画を支持した。しかし、新たなテロ攻撃がなかったことから、政治家は遅かれ早かれ個人の自由に関して、九・一一以前の姿勢に徐々に戻っていった。第二波、第三波、第四波の攻撃があった場合、アメリカがどうなっていたかを考えてみると興味深い。アメリカの文化はそれに耐えることができただろうか。イスラエル人のように、あるいはＩＲＡの爆弾テロが数十年続いたときのロンドン市民のように、経済をしっかりと維持できただろうか。できたはずだと強く信じているが、それでも疑問は残る。

ＦＲＢはこれらの不透明要因に対応して、政策金利を積極的に引き下げていく政策を続けている。二〇〇一年前半にはすでに、インターネット・バブルの破裂と株式市場全体の下落の影響を和らげるために、七回にわたって利下げを実施していた。そして九・一一の同時多発テロの後には、フェデラル・ファンド金利誘導目標をさらに四回引き下げ、二〇〇二年の企業不正会計スキャンダルの最中にもう一度利下げを実施した。二〇〇二年十月にはフェデラル・ファンド金利誘導目標は一・二五パーセントであり、十年前であれば、ＦＯＭＣ委員の大半が理解しがたいと感じたはずの低水準になっている（アイゼンハワー政権の時代以来の低水準だった）。ＦＯＭＣ委員はみな、インフレとの戦いに

註1　成立した国土安全保障法はここまで厳しくはなかった。それでも、情報公開法のもとでの情報請求を拒否する政府の権限を強化し、民間企業から入手した「重要なインフラストラクチャー情報」を開示した政府職員を刑事犯罪として処罰する規定を設け、市民の日常生活を監視する仕組みを設けるなど、個人の自由を制限している。

生涯を捧げてきたのだから、ここまでの利下げを実施するのは、何とも奇妙な体験だった。だが、経済はあきらかにディスインフレから抜け出せない状況にあった。市場の力によって賃金と物価の上昇率が低下し、インフレ予想が低下し、その結果、長期金利が低下していたのである。

このため、インフレは少なくとも一時的に、問題ではなくなっていた。二〇〇〇年から二〇〇三年まで、長期金利は下落を続けている。十年物アメリカ国債利回りは、七パーセント近くから三・五パーセント以下まで下がっている。その理由をアメリカの国内要因だけで説明しきれないのはあきらかだ。世界各国で長期金利が低下傾向をたどっていたからである。グローバル化がディスインフレ圧力を生み出していたのである。

この問題はしばらく棚上げにして、当面の問題に取り組む必要があった。景気の悪化という問題である。FOMCでは、物価の上昇がただちに脅威になることはないとみていたので、政策金利を引き下げていく柔軟性を確保できた。

しかし二〇〇三年になると、景気の落ち込みとディスインフレが長期にわたって続いてきたため、FRBはさらに変わった危険を考慮せざるをえなくなった。物価が下落する現象、デフレーションである。つまり、十三年にわたって日本経済の沈滞をもたらしていたのと同様の悪循環に、アメリカ経済が陥る可能性だ。これはきわめて心配な問題だった。現代の経済ではインフレが慢性的な頭痛のタネになっており、デフレはめったにみられない病《やまい》だ。アメリカはもはや金本位制を採用していない。不換紙幣のもとでのデフレは、考えられないことだった。デフレに陥りそうな状況になったとしても、印刷機をまわしてデフレの悪循環を防ぐのに必要なだけの紙幣を供給すれば問題は解決する。そうわたしは考えてきた。だが、この確信は揺らいでいた。この時期、日本はいってみれば、通貨供給の蛇口を全開にしている。短期金利をゼロにまで引き下げている。財政政策を思い切り緩和し、巨額の財政赤字をだしている。それでも物価は下がりつづけていた。日本はデフレの軛《くびき》から抜け出せないようであり、一九三〇年代以降にはなかったデフレの悪循環に陥っているのではないかと恐れているはずだと思えた。

ＦＲＢでも、デフレが懸念の中心になっていった。二〇〇二年には実質ＧＤＰ成長率が一・六パーセントと、まずまずの水準に達したが、勢いに欠けていたのはあきらかだ。エトナやＳＢＣコミュニケーションズといった強力な企業でも利益が落ち込み、レイオフを実施していたし、販売価格の引き上げは困難だと報告している。失業率は二〇〇〇年末の四パーセントから六パーセントに上昇していた。

二〇〇三年六月後半のＦＯＭＣ会合では、政策金利をさらに引き下げて一パーセントにしたが、このときに議論の中心になったのはデフレだ。ＦＯＭＣは利下げに同意したが、じつは、経済の状況に基づくなら、一層の利下げはおそらく不要だろうというのが一致した見解だった。株式市場がようやく息を吹き返していた。ＦＲＢの予想では、この年の後半にはＧＤＰ成長率がそれまでよりかなり高くなるとみられていた。それでもリスクを比較検討した結果、利下げを実施することにしたのである。デフレという悪性の病にかかる可能性を完全になくしておきたかった。そのためには、利下げによってバブルが発生するリスク、ある種のインフレ型ブームになって、後に抑え込まなければならなくなるリスクをとることもいとわないと考えた。相反する要因を比較検討して政策を決定する方法をとれたのはうれしかった。このときの利下げが正しかったかどうかは、時がたたなければ分からない。だが、この決定の方法は正しかった。

個人消費が九・一一後の暗い時期に景気を支えてきた。そして個人消費を支えたのは住宅市場だ。アメリカ各地で、住宅ローン金利の低下に反応して、住宅用不動産価格が上昇するようになった。中古住宅の市場価格は二〇〇〇年、二〇〇一年、二〇〇二年に、それぞれ年七・五パーセントのペースで上昇しており、その数年前とくらべて上昇率が二倍以上になっている。住宅着工件数が記録的な水準まで増加したうえ、中古住宅販売件数も記録的になった。この住宅ブームで消費者の心理が大きく向上している。自宅を売る予定がなくても、近所の家が驚くほどの価格で売れたことを知れば、自宅の価格も上がっているはずだと考えられる。

二〇〇三年初めには、三十年物固定金利住宅ローンの金利が六パーセントを下回り、一九六〇年代以来の低水準になった。変動金利住宅ローンでは、さらに金利が低くなった。このため住宅の買い換えが増えて、価格が上昇した。一九九四年以降、アメリカの世帯主に占める住宅所有者の比率の上昇が加速している。一九四〇年には四十四パーセント、一九九四年には六十四パーセントだったが、二〇〇六年には六十九パーセント近くになった。とくにヒスパニックと黒人では、持ち家比率が劇的に上昇している。経済的に豊かになったうえ、政府が信用力の低い層を対象とするサブプライム住宅ローンを奨励して、マイノリティの多くがはじめての住宅を購入できるようになったからだ。このように住宅所有者が増加したことで、国の将来に利害関係をもつ人が増えており、国の結束力を強める要因になっていると思う。住宅の所有はいまでも、一世紀前と変わらないほど心の奥底に響くものなのだ。デジタルの時代にも、煉瓦とモルタルで作られた自宅は（合板と石膏板で作られているかもしれないが）、安定と安心をもたらすものである。

消費者は自宅が値上がりすると、とくに値上がり益を現金で確保すると、消費を増やしたくなる。統計専門家がすぐに気づいた点だが、個人消費が増加し、増加幅が値上がり益の急増に関連していた。住宅の資産価値が上昇すると、年にその三パーセントから五パーセントにあたる金額が自動車や冷蔵庫、旅行や娯楽など、各種の財やサービスの購入にあてられるとの推計もある。そしていうまでもなく、住宅の改装や増築にも資金が投じられ、住宅ブームに拍車がかかった。これらの支出増はほぼすべて、住宅ローンの借入の増加で賄われており、金融機関が住宅ローンをじつに簡単に利用できるようにしたことが背景になっている。(註2) こうした現象の影響を、経済評論家のロバート・サミュエルソンがニューズウィーク誌二〇〇二年十二月三十日号で、見事にまとめている。「住宅ブームが経済を救った。……株式市場に飽きたアメリカ人は、不動産の狂乱騒ぎに興じている。不動産を買い換え、解体して新築し、増築している」

ブームになればもちろん、バブルが膨らむ。インターネット株を買った投資家は、痛い思いをしてこの点を学んでいる。今度は不動産バブルの破裂で苦しむことになるのだろうか。その心配がでてき

註2　中古住宅が売買されると、買い手は通常、売り手の住宅ローン残高を上回る額の住宅ローンを借りる。住宅ローンが増えた分は、売り手に現金で支払われる。こうして売り手が得られる現金は、住宅の値上がり益の一部ではあるが、値上がり益全体にほぼ比例する。

た。二〇〇二年には住宅価格の上昇率がニューヨークで二十二パーセント、サンディエゴで十九パーセントに達したし、素早く金持ちになりたければ、いまは住宅やコンドミニアムを買うのが早道だと考える投資家があらわれたからだ。FRBはこの動きを詳しく見守っていた。ブームが続くとともに、見逃しようがないほど投機の動きが増えてきた。アメリカの一戸建て住宅はいつも、持ち家として買う人が圧倒的に多く、投資や投機のための購入が十パーセントを超えることはめったにない(註3)。しかし二〇〇五年には、全米不動産業協会の統計によれば、投資用が住宅購入件数の二十八パーセントを占めている。投資家が住宅用不動産市場で大きな勢力になり、中古住宅の販売件数が約三十パーセントも増加することになった。そのころには、テレビ・ニュースで「転売屋」の実態が報道されるようになっている。ラスベガスやマイアミなどの地域で目立つようになった投機家をこう呼んだ。転売屋は簡単に借りられる住宅ローンを使って、建設中のコンドミニアムを五戸か六戸まとめて買い、早ければ完工前に転売して、大きな利益を確保する。しかし、こうした動きはごく一部の地域にかぎられていた。わたしは講演で、これはバブルではなく小さなあぶく《フロス》にすぎないと話した。バブルに似ているがごく小さく、地域的なので、経済全体の健全性を損なうほどの規模にはなりえない。

バブルかフロスかはともかく、二〇〇五年末近くには、パーティは先細りになっていった。住宅をはじめて買おうとする人にとって、価格が高すぎる状況になってきたからだ。価格の上昇で住宅ローンの借入額が多くなり、毎月の収入で返済していくのがむずかしくなったのだ。買い手が売り値を上回る価格を支払ってまで、住宅を購入しようとするお祭り騒ぎの時期は終わった。売り手は売り値を維持したが、買い手がつかなくなった。このため、新築住宅でも中古住宅でも販売件数が急減した。

ブームは終わったのだ。

この住宅ブームは、アメリカだけのものではない。国際的に歴史に残るほどのブームが起こっていたのである。住宅ローン金利の低下はアメリカだけでなく、イギリス、オーストラリアなど、住宅ローン市場が確立している多くの国でも起こっている。その結果、住宅価格は世界的に急騰した。エコノミスト誌は世界二十か国の住宅価格の調査を続けており、二〇〇〇年から二〇〇五年までに先進国の住宅用不動産市場の総額が、四十兆ドルから七十兆ドル以上に増加したと推定している。この増加のうち、最大の部分を占めるのはアメリカ一戸建て住宅の八兆ドルである。だが、他国ではブームの始まりも終わりもアメリカより一年か二年早かったので、アメリカにとって参考になった。オーストラリアとイギリスでは、住宅の需要が二〇〇四年に冷え込みはじめており、その原因も後のアメリカの場合と変わらない。住宅価格が高くなりすぎて、住宅をはじめて買おうとする人には手が届かなくなり、投機家が手を引いたのである。これらの国ではブームが終わると住宅価格は横ばいになるか、小幅下落したが、本書の執筆時点には暴落はしていない。

住宅ブームとそれにともなう住宅ローン新商品の急増によって、アメリカの庶民の家族はこれまでより高価な住宅に住み、豊かさを実感できるようになった。もちろん、住宅ローンの借入額は増えたが、金利が下がっているので、住宅所有者の所得に対する元利返済額の比率は、二〇〇〇年から二〇

註3　投資用か投機用といっても、大部分は賃貸物件にするための購入である。コンドミニアムか連棟式の二世帯住宅を買って、一戸を貸す場合が多い。

〇五年までにそれほど変わっていない。

しかし、九・一一の後の景気回復には暗い側面があった。所得格差が拡大して富が集中し、懸念すべき状況になっているのだ。過去四年間に、時間当たり平均賃金の伸び率は、管理職が生産労働者と非管理職を大幅に上回っている（多くの世帯では、実質所得の伸び悩みが自宅の値上がり益で相殺されている。もっとも、値上がり益の大部分は中所得者層の上位か高所得者層が得ている）。

所得格差の拡大の影響は、景気が回復した後の世論調査結果にもあらわれている。二〇〇四年には、実質GDP成長率は三・九パーセントという健全な水準になり、失業率は低下し、賃金給与の伸びも全体としてはそれほど悪くなかった。だが、平均所得の上昇は大部分、高度に熟練した就業者の所得が飛び抜けて上昇したことによるものである。所得が中央値近辺の就業者は、数がはるかに多いのだが、所得はそれほど伸びていない。このため意外だとはいえないはずだが、一千世帯を対象にした電話調査で、景気が悪いという回答が六十パーセントを占め、景気はよいという回答は四十パーセントにすぎなかった。このような経済の二極化は、開発途上国では一般的だが、アメリカでは一九二〇年以降、ここまでの所得格差はなかった。経済全体が好調なら、世論調査の結果もよいのが通常だった。

もっと最近には、住宅ブームが反転して、一部の階層が打撃を受けている。住宅価格と住宅ローン残高の差額を住宅のエクイティと呼ぶが、たいていの持ち家世帯では住宅価格の大幅な上昇でエクイティが増えているので、それほど苦しくはなっていない。だが、サブプライム住宅ローンを利用してはじめて住宅を購入した低所得者層は、住宅ブームに乗る時期が遅かったので、そうはいかない。頼りになる住宅エクイティがそれほどないまま、毎月の返済が滞るようになり、自宅を差し押さえられるケースが増えている。二〇〇六年に貸し出された住宅ローンの総額は三兆ドル近いが、そのうち約五分の一がサブプライムであり、やはり約五分の一がいわゆるオルトAローンである。オルトAとは、信用実績は良好だが、収入証明書などの必要書類が不十分な借り手向けの住宅ローンであり、毎月の返済が金利だけであることが多い。貸し出された住宅ローンのうち五分の二を占めるサブプライムとオルトAで、返済実績が悪くなったことから、金融機関は貸出基準を大幅に引き締めて融資を絞っており、住宅販売にかなりの影響がでている。わたしはそれ以前に、サブプライムの借り手向けの貸出基準が緩められたとき、金融リスクが高まることに気づいていたし、政府の補助によって住宅所有を促す政策で市場が歪むことにも気づいていた。しかし住宅所有者層の拡大による利益は大きいので、このリスクをとる価値はあると考えていたし、いまも考えている。財産権の保護は市場経済にとって決定的に重要であり、それに対する政治的な支持が続くためには、かなりの層が私有財産を所有している必要がある。

経済全体の回復力を確認できたのはうれしかったが、ブッシュ政権の動きには失望した。二〇〇二年には財政収支が赤字に戻った。この年の財政赤字は一千五百八十億ドルにのぼり、二〇〇一年は一千二百七十億ドルの黒字だったので、一年で三千億ドル近く悪化している。

ブッシュ大統領は相変わらず、二〇〇〇年の大統領選挙での公約を実現するよう政権を運営していた。減税、国防力の強化、メディケアでの外来処方薬費用の給付などだ。これらの目標は、巨額の財政黒字が続くと予想されていたときには非現実的ではなかった。しかし、二〇〇一年にブッシュ政権が発足して六か月から九か月たった段階には、財政黒字は消えている。そして財政赤字が増加していくと予想されるようになると、これらの目標のすべてが適切だとは、とてもいえなくなった。それでも、大統領選挙での公約の実現を目指しつづけていたのである。

とくに失望したのは、議会もブッシュ政権も財政規律を無視する姿勢になったことだ。四年にわたって財政黒字が続いたことで、議会では倹約を重視する議員は減っていた。政治的な「タダ飯」で力をつけようとする政治家にとって、財政黒字の誘惑は抑えがたいようだ。一九九〇年代後半に、財政支出の増額か減税を提案する手紙が数えきれないほど議員から送られてきた。どの提案でも、いわゆるペイ・ゴー・ルールを手品のような会計操作ですり抜け、コストを隠そうとしていた。議会では、複式簿記は忘れ去られるようになっていた。

そして最後には、財政規律を維持するという建前すら、かなぐりすてた。クリントン政権の最後の年、議会は自ら課してきた裁量的支出の上限を無視し、十年間で推定一兆ドルにのぼる追加支出を認める法案を可決している。この法律に基づく支出がなければ、二〇〇〇年の財政黒字は過去最高の二千三百七十億ドルより多くなっていたはずである。そして、ブッシュ政権の減税が歳出を削減しないまま実施され、九・一一の後にはさらに気前よく、予算がばらまかれるようになった。

九・一一の後に可決成立した法律にはもちろん、必要不可欠な国防費と国土安全保障費の増額を規定したものもある。しかし、国の緊急事態に対応した財政措置で、議会は選挙区向けの予算ばらまきを求める意欲を刺激されたようだった。早い時期の例には、二〇〇一年十二月にほぼ全会一致で可決された総額六百億ドルの輸送法がある。この法律では民間航空便の安全対策に巨額の資金を割り当て、そのコストの一部を賄うために航空チケットに税金を課している。賢明な動きだともいえる。だが四億ドル以上の純粋な予算ばらまきも含めている。高速道路予算のうちこの部分の配分を各州の権限から除外し、連邦議会の議員が選挙区の道路プロジェクト用に用途を指定したのである。

二〇〇二年五月に可決された農業法には、それ以上に失望した。六年間に総額二千五百億ドルをばらまいて赤字を垂れ流す法律であり、それまで何年かの苦しい戦いを経て、補助金を削減し農業を市場の力にさらす政策が確立されてきた流れを逆転させるものである。この法律で綿花や穀物の補助金が大幅に増額され、砂糖からひよこ豆まで、いくつもの農産物に新たな補助金が導入された。テキサス州選出の共和党下院議員で、下院農業委員会のラリー・コンベスト委員長がこの法案を強く主張し、サウスダコタ州選出の上院議員で民主党のトーマス・ダシュル院内総務ら、中西部の民主党議員も法案可決に努力している。

議会が行き過ぎた場合には、対抗策が用意されている。大統領の拒否権だ。わたしは経済政策を担当する高官との私的な話し合いの場で、ブッシュ大統領がいくつかの法案で拒否権を行使すべきだとする見方を包み隠さず話している。拒否権を発動すれば、財政支出について白紙委任状を渡してはいないというメッセージを議会に送ることができるだろう。だが、ホワイトハウス高官の答えは、大統領が下院のデニス・ハスタート議長と対立するのを望んでいないというものだった。「対立しない方が、議長をうまく動かせると大統領は考えている」という。

そして、拒否権を行使しないことが、ブッシュ政権の特徴になった。ホワイトハウスに入ってから六年近くにわたって、一度も拒否権を行使しなかったのだ。最近ではこのような例はない。ジョンソン、ニクソン、カーター、レーガン、ジョージ・H・W・ブッシュ、クリントンの歴代の大統領はみな、数十の法案に拒否権を発動した。そして、フォード大統領は議会で可決された法案につぎつぎに拒否権を発動していった。わずか三年の任期中に六十以上の法案を葬っているのだ。これによってフォード大統領は、議会の上下両院とも野党の民主党が過半数を大きく上回っているなかでも、大きな権力を振るうことができ、重要だと判断した方向に議会を引っ張っていくことができた。それをみてきたわたしには、議会と対立せず協力するというブッシュ大統領の姿勢は間違いだと思えた。この姿勢のために、財政規律に不可欠な抑制と均衡の仕組みが機能しなくなったのである。

ワシントンでは財政規律は、二〇〇二年九月三十日に正式に放棄されている。この日、財政赤字の削減を規定した重要な法律が更新されないまま、期限切れになったからだ。一九九〇年予算執行法は、議会が自己抑制を取り決めた記念碑的な法律であった。父ブッシュ政権のもとで超党派の支持を得て制定され、連邦財政赤字を抑制する方向に政策を転換するうえで重要な役割を果たし、一九九〇年代の経済ブームの基盤を作っている。この法律で議会は裁量的支出に厳しい上限とペイ・ゴー・ルールを設け、新たな支出や減税の際には、予算内で相殺するよう義務づけた。これらの規定に違反すると、福祉予算と国防予算の一律削減など、厳しい罰則が自動的に発動される。政治家なら誰でも何としても回避したいと考えるほど厳しい罰則である。

だが、予算執行法では財政収支が黒字になるとは想定されていなかった（皮肉なもので、二〇〇二年に財政収支の均衡を達成するのが目標だった）。一九九〇年代後半には財政支出を増やそうと、議会は規則の不備をついてルールを迂回するようになった。ベテランの下院スタッフが語ったように、

「この法律は『財政赤字に中立的』にするよう求めているが、財政赤字は消えている」。だが、この安全装置が期限切れになろうとするとき、巨額の財政赤字が戻ってきた。

九月半ばに、わたしは最大限に強い表現を使って、この最重要な防衛線を守るよう議会に要請した。下院予算委員会でこう証言した。「予算執行規則が期限切れを迎えようとしている。この規則を維持しないのは深刻な間違いになるだろう。明確な方向と建設的な目標がなければ、政治にもともと備わっている財政赤字を好む傾向がふたたび、深く定着することになろう。……予算執行規則を維持し、財政面で責任ある政策をとる姿勢を再確認しないかぎり、何年もの苦しい努力が無駄になるだろう」。最悪の結果がすぐに起こるわけではないとわたしは認めた。だが、いずれ深刻な事態になる。「歴史をみていけば分かるように、財政規律を放棄すればいずれ、金利が上昇し、設備投資が減少するクラウディング・アウトが起こり、生産性伸び率が低下し、厳しい選択を迫られることになる」

わたしの発言の原稿は事前に配付されていた。委員が聞きたいと望んでいるメッセージでなかったのはあきらかだ。下院予算委員会の四十一人の委員のうち、約半分しか出席していなかった。わたしは議員の反応に注意しながら、予算執行法が制定される背景になった超党派の歴史的な合意について論じる部分を読んでいった。委員の大半は無関心だった。質疑応答の時間になると、状況はさらに悪かった。財政支出の制限を恒久化することに関心をもつ議員はいないともいえるほどだったのだ。質問者は、わたしの提案と、その理由である経済面の大きな危険を取り上げることはなく、話題を変える方法を選んだ。議論はほぼすべて、減税の現在と将来、利点と欠点についてのものであった。翌日にわたしの証言を伝えたごく少数のマスコミも、もっぱら減税の部分を紹介している。

上院では、ピート・ドメニチ、フィル・グラム、ケント・コンラッド、ドン・ニクルズら、保守的な財政政策を主張する議員が、財政均衡の仕組みを維持しようと努力した。だが、この努力を支持する動きはなかった。結局、手続き上の規則を六か月間延長して、財政赤字の拡大をもたらす法律の可決を若干難しくすることに成功しただけであった。だが、予算執行法の自動的な罰則規定がなくなったのだから、この規則には強制力がなかった。経済に大きく役立ってきた財政規律は事実上、失われることになった。

二〇〇二年十一月の中間選挙で共和党が歴史的な勝利を収めると、事態はさらに悪くなった。大統領経済諮問委員会のグレン・ハバード委員長は十二月の講演で、財政収支が均衡しているかどうかは経済にほとんど影響を与えないと論じ、財政赤字が膨らめば長期金利が上昇し、景気を冷やすという見方が「議論されなくなるよう望む」と語った。「それはルービノミクスであり、完全な間違いだと考えている」という。民主党を嘲笑した点はともかく、ハバード委員長の指摘は短期的にみた場合、まったく正しい。証券市場は効率的になっているので、金利が動くのは、新しい情報によって将来の財政赤字と債務残高に関する予想が変化した場合だけである。通常、アメリカ国債の供給量の変化は、ほぼ安全な長期債の世界全体での供給量と比較してごく小さい。相対的な価格がごくわずかに低くなっただけで、つまり、相対的な金利がごくわずかに高くなっただけで、投資家はかなりの量のアメリカ国債を買い、同じ量の高格付けの社債か外国政府債を売る。相対的な価格（つまり金利）が逆の方向に動けば、投資家は逆方向の売買を行う。このため、国債の供給量が変化し、その背景にある財政赤字が変化しても、金利の変化は驚くほど小幅に止まる。アメリカ国債と競合する債券の世界市場は規模が大きく、効率的なことから、連邦財政赤字と債務、金利の長期的な関係はみえにくくなっている。

問題が複雑な場合には、極端な例を考えてみると役立つことがある。財政赤字は問題ではなく、歳出削減をともなわない減税を実施するのが正しい政策だというのであれば、税金をすべて廃止すべきではないだろうか。議会は望むだけの国債を発行して資金を借り入れ、思う存分、財政支出を増やしても、政府債務残高の急速な増加によって経済成長率が低下する恐れはないはずである。だが、開発途上国で繰り返し起こっているように、政府が借入と支出を無制限に増やしていくと、ハイパーインフレが起こり、経済を荒廃させることになる。

したがって、財政赤字はたしかに問題なのだ。経済政策当局にとって決定的な問題は、財政赤字が経済に打撃を与えるかどうかではない。どこまでの打撃を与えるかなのだ。ハバードは最近になって、自分の計量経済モデルではアメリカ国債の発行残高が変化した場合に金利に与える影響はごく小さいと指摘しながらも、こう述べている。「この分析結果は、財政赤字が問題ではないことを意味すると解釈してはならない。政府債務がはるかに巨額になり、慢性的になり、持続できない水準になれば、いずれ、国内外の貸付資金が不足するようになる。……アメリカでは現在、社会保障制度とメディケアのもとで将来に事実上、支払い義務を負っている債務が巨額にのぼり、この債務に対する積立が不足している点が、とくに懸念される」。だが、経済に関する議論のうち微妙な部分は、政治の現実のなかで忘れられていった。議会も大統領も、予算に制約を設ければ望むとおりの法律を制定できなくなるだけだと考えた。「財政赤字は問題ではない」というのが、残念なことだが、共和党の主張のひとつになった。

このような主張が共和党の見方と経済政策の主流になるというのは、わたしにとって納得しにくいことだ。だがもう何十年も前に、このような見方の萌芽に気づいたことがある。一九七〇年代に、当時はニューヨーク州の地方の選挙区から選出された若手下院議員だったジャック・ケンプと昼食をともにしたときのことだ。ケンプ議員はこうこぼした。民主党は財政支出をやたらに増やして票を買っている。その結果、財政赤字が膨らんで、共和党の政権が処理しなければならなくなる。そして、こう語ったので、わたしは仰天した。「共和党ももう少し無責任な姿勢をとることはできないのだろうか。減税を実施し、予算をばらまいて、民主党が予算を好き勝手に使うことができなくすることはできないのだろうか」。そしていま、ケンプ議員が語った通りのことが起こっている。自由意思論者の共和党員であるわたしの感覚では腹立たしいかぎりだ。

二〇〇二年十二月後半から一月初めにかけて、わたしは異例の手段をとって、経済政策を担当するホワイトハウスの高官に、もっと理に適った方法を採用するよう求めた。このときの抗議にまともな効果があったとはいえないが、ホワイトハウスは「財政赤字は問題ではない」という表現が極端すぎるという印象を与えることに気づいたはずだ。ブッシュ大統領が二〇〇四年の予算案を提示した際には、表現を変えているからだ。二〇〇三年二月三日、ブッシュ大統領は予算教書で、こう語った。「わたしの政権は、経済が力強さを取り戻し、国家安全保障の目標が達成されれば、財政赤字を抑制し、減らしていくべきだと強く確信している」。大統領はさらに、当面の財政赤字は避けられないと語った。減税によって経済を刺激する必要があり、テロとの戦いのために国防費を増やす必要があるからだという。翌日、オニールの後任として財務長官に就任したばかりのジョン・スノーが同様の発言を行っている。下院歳入委員会で、「財政赤字は問題だ」と述べ、ただし、大統領が提案した予算案で予想される赤字は、「管理可能」だし、「避けがたい」ものだと論じている。

この予算案はもう少し悪いのではないかと思えた。歳出は二兆二千億ドルを上回り、財政赤字は二〇〇三年と二〇〇四年がそれぞれ三千億ドル、二〇〇五年はかなり楽観的と思える想定を使って、二千億ドルと予想されている。当然ながら、国土安全保障と国防の予算が大幅に増加している。だが、イラクで予想される戦争の経費は含めていない（イラクとの戦争が実際にはじまれば、予算の追加割り当てを議会に求めることになり、財政赤字がさらに膨らむ）。

予算案の中心は減税の第二段であり、ブッシュ大統領が数週間前に提案したものだ。このうち、とくに金額が大きいのが配当二重課税の一部廃止である。わたしは長年、設備投資を奨励するために、配当金に対する二重課税を完全に撤廃する案を支持してきた。この予算案ではさらに、所得税の段階的な一律減税の時期を早め、すべてをただちに実施するよう提案し、時限措置だった相続税の廃止を恒久化するよう求めた。これらを合計すると、この減税案によって、十年間の財政赤字が、第一回のブッシュ減税による一兆三千五百億ドルにくわえて、六千七百億ドル（減税を恒久化すれば一兆ドル以上）増加すると予想された。

行政管理予算局のミッチェル・ダニエルズ局長がすぐに、年に三千億ドルの財政赤字はGDPの二・七パーセントにすぎず、過去の例と比較すればかなり低いと指摘した。たしかにそうだが、わたしが懸念していたのは主に、社会保障年金とメディケアで約束された給付金が中長期的に増加し、予算に大きな負担になると予想される点に対処していないことである。ベビー・ブーム世代が引退した後の困難な時期に備えて、財政収支を均衡か黒字にしておくべきなのだ。(註4)

追加減税によって景気が回復するという主張があった。だがFRBの分析では、景気の低迷が長引いているのは、戦争に関する不安と不透明感のためであって、一層の景気刺激策の必要はないとの結果がでていた。イラク情勢がニュースの中心になっていた。二〇〇三年二月五日、コリン・パウエル国務長官が国連安全保障理事会で演説し、イラクが大量破壊兵器を隠していると非難した。十日後、世界各地の都市で反戦デモが行われた。イラクの問題が解決しないかぎり、追加減税が適切かどうかを判断することはできない。わたしは二月十一日、上院銀行委員会でこう証言した。「わたしは現在の状況で景気刺激策が望ましいかどうか、いまだに確信がもてない少数派のひとりである」

減税よりはるかに緊急の課題として、財政赤字の急増による脅威に対応する必要があるとわたしは指摘した。そして、財政支出の法的な上限とペイ・ゴー・ルールを復活させるよう求めた。「予算審議の過程を規定する執行規則を復活させなければ、明確な方向と建設的な目標が欠けることになり、……財政赤字がふたたび、深く定着することになろう」。そうなれば、どれだけの規模の景気刺激策によっても解決できない問題が生まれるだろう。経済成長率が高まれば財政赤字の抑制が容易になるというサプライ・サイド経済学の主張は疑いもなく正しい。減税分がすべて貯蓄にまわされるというまったく考えにくい場合を除けば、支出された部分はGDPを押し上げ、課税ベースを押し上げて、税収の増加をもたらす。したがって、税収の減少幅は減税総額より小さくなる。それでも税収が減るのはたしかだ。いま予想されている財政赤字はきわめて巨額なので、「経済成長によっても、財政赤字がなくなり、財政規律を回復するために必要な苦しい選択が不要になると安心しているわけにはいかない」と、わたしは警告した。

わたしがブッシュ政権の計画に公の場で反対を表明したことで、少しは波風が立った。「大統領に反対、グリーンスパン、財政赤字拡大を厳しく非難」と、翌朝、ロンドンのフィナンシャル・タイムズ紙は伝えた。だが、アメリカの新聞の見出しをみると、議論の焦点を本来の部分に移すのに失敗したことはあきらかだった。わたしは財政規律の必要性を認識するよう求め、税の問題だけでなく、それより重要な点として、財政支出の問題にも注目するよう求めたのである。だが、注目されたのは税の部分だけであった。ワシントン・ポスト紙は、「グリーンスパン、減税は時期尚早、戦争の恐れが景気低迷の原因と語る」と伝えた。USAトゥデー紙は「グリーンスパン、減税を保留するよう助言」と伝えている。そして議会の指導者のなかからは、予算管理の必要を主張する人はでてこなかった。

減税をめぐっては短期間、メディアで大きな騒ぎが起こった。この週に、ノーベル経済学賞の受賞者十人をはじめとする四百五十人の経済学者が公開状を発表し、ブッシュ大統領の減税案は財政赤字を増やすだけで、経済には好材料にならないと主張した。ホワイトハウスがこれに対抗して、減税案を支持する二百五十人の経済学者が署名した公開状を発表した。わたしが知っている人が多数署名し

註4　二〇〇一年とは違って、財政黒字によって民間資産の購入が必要になる状況ではなくなっていた。二〇〇一年の予想と比較して、債務残高が大幅に増加していたからだ。

ていた。四百五十人の多くはケインズ経済学の学者であり、二百五十人の多くはサプライ・サイド経済学の学者だ。この論争は熱気はあったが内容に乏しく、イラク戦争がはじまるとすぐに忘れられた。そして二〇〇三年五月、議会が大統領案に基づく減税法案を可決し、大統領が署名して成立したとき、財政規律の必要は優先事項のリストから抜け落ちていた。カッサンドラの気持ちが分かったようにわたしは感じた。

ブッシュ政権の時代、とくに九・一一の後、わたしはFRB議長に就任してからのどの時期とくらべても、ホワイトハウスですごす時間が長くなった。少なくとも週に一回は、オフィスのすぐ近くにあるエレベーターで地下車庫に降り、数百メートル先のホワイトハウス南西門まで車で行く。国家経済会議のスティーブン・フリードマン委員長や後任のアラン・ハバード委員長らの経済スタッフとの定例会議があり、ディック・チェイニー副大統領や、コンドリーザ・ライス国家安全保障問題担当大統領補佐官、アンドルー・カード大統領首席補佐官らの政権幹部と会うこともあった。そしてときには、大統領にも会っている。

わたしはコンサルタントに戻っていた。政権幹部との会合のテーマは、国際金融、エネルギーと原油の世界的な動向、社会保障制度の将来、規制緩和、不正会計、連邦抵当金庫（ファニーメイ）と連邦住宅金融抵当金庫（フレディマック）の問題などであり、適切なときには金融政策をテーマにすることもあった。わたしがとくに熱心に伝えようとした点は、第十二章以下で論じていく。

ブッシュ政権は、フォード政権の復活になるというわたしの予想とはまったく違ったものになった。

政治的な目標の達成がはるかに重視されている。わたしはＦＲＢ議長として独立した立場にあり、ずいぶん長い間この職にあったが、政権中枢の一員になれないのはたしかだし、そうなりたいとも思わなかった。

すぐにあきらかになったことだが、ポール・オニール財務長官のように率直に発言し、財政赤字に厳しい姿勢をとる人物は、政権内に居場所がなかった。わたしはオニール長官に協力し、かなりの時間をかけて、たとえば社会保障年金の民営化、企業の最高経営責任者（ＣＥＯ）の説明責任を強化する新しい法律などを計画したが、ブッシュ減税の第一段階のときに主張したトリガーの仕組みと変わらない程度の扱いしか受けなかった。遠慮なく率直に発言する性格も、忠誠心と公約の維持を強調する政権内で孤立する一因になった。財務長官だった二年間をほぼ、ホワイトハウスのエコノミスト、とくに減税案の主要な立案者であるローレンス・リンゼー大統領補佐官との争いに費やした。二〇〇二年の中間選挙の後、ホワイトハウスはこの二人に辞任を求めた。オニールの後任はやはり企業経営者のジョン・スノーであり、巨大な鉄道会社のＣＳＸのＣＥＯを務めていた。財務長官として、オニールより優れた管理者であり、経済政策のスポークスマンとして巧みで効果的だった。そして、ホワイトハウスが財務長官に求めていたのはこの二点であった。

大統領との関係は、マジソン・ホテルの朝食会で会ったときと変わっていない。毎年何回か、大統領の家族用ダイニング・ルームでの昼食会に招待された。たいていは、チェイニー副大統領、カード首席補佐官、経済スタッフの誰かが同席する。昼食会では、はじめての朝食会のときと同じように、世界経済の動向や問題などについて、わたしがほぼ話し通すことになる。しゃべりすぎて、食事をとる時間がなかったほどだ。オフィスに帰ってから軽食をとることになる。

わたしがＦＲＢ議長を退任するまでの五年間、大統領はＦＲＢの独立性を尊重するという約束を守っている。もちろん、大部分の期間、ＦＲＢは政策金利を極端に低い水準に維持していたので、不満の余地はあまりなかった。しかし、二〇〇四年、景気が回復軌道に乗ってＦＯＭＣが利上げをはじめたときも、ホワイトハウスは何も発言していない。また、わたしが財政政策を批判したとき、大統領は受け入れることはないにしろ、許容する姿勢をとっている。たとえば、第二段階の減税が緊急の課題だとする大統領の主張を批判してから一か月ほどたって、大統領はわたしを第五期に任命するつもりだと発表した。これには驚いた。第四期の任期があと一年も残っていたからだ。

ブッシュ政権はさらに、金融市場の健全性を維持するために不可欠だとＦＲＢが考えて助言した政策を取り入れてもいる。とくに重要なのは、二〇〇三年に、ファニーメイとフレディマックの行き過ぎを抑える動きをはじめたことだ。両社はともに、住宅ローンの貸出を促進するために議会の法律で設立された政府系機関である。金融市場では信用リスクがきわめて低いと見なされ、低金利で資金を調達できるという形で、事実上の補助金を受け取っている。両社が債務不履行に陥るような事態になれば、連邦政府が救済すると市場が考えているからだ。そして両社はこの補助金を使って利益をあげ、成長してきた。ところが、両社の取引によって市場が歪み、危険にさらされるようになってきたうえ、問題が拡大しつづけているように思えた。だが両社は優秀なロビイストを雇っていたし、議会には強力な味方がいた。ブッシュ大統領にとって、両社の摘発を支持しても政治的には何も得るものがない。それでも決定的な改革を達成するまで、二年間にわたる戦いの間、ＦＲＢを支持しつづけた。

大統領に対する最大の不満はその後も変わっていない。抑えのきかなくなった財政支出に拒否権を発動しようとしないことだった。最近、アメリカの財政状態の変化を調べる機会があった。ブッシュ政権が発足した二〇〇一年一月に、議会予算局がその時点の政策（既存の法律と予算慣行）を前提に二〇〇六年九月までの財政状態を予想した結果を実績と比較した。二〇〇一年一月には、二〇〇六年九月の政府債務は一兆二千億ドルになると予想されていた。実際には四兆八千億ドルになっている。きわめて大きな違いだ。たしかに、この違いのうちかなりの部分は、株式市場の下落のために、キャピタル・ゲインなどによる税収が不足することを、議会予算局が適切に予想できなかったためのものである。だが二〇〇二年にはすでに、ブッシュ政権も議会もこの点を知っていた。それでも財政政策の姿勢を変えなかった。

残りは政策によるもの、つまり、減税と支出の増加によるものだ。イラク戦争とテロとの戦いのコストだけでは、この違いは説明できない。両者のコストを合計すると、二〇〇六年度の財政割当は一千二百億ドルだと、議会予算局は推定している。たしかに巨額だが、年間のGDPが十三兆ドルの経済で容易に吸収できる規模である。国防費はGDPに対する比率でみて、二〇〇〇年度に三パーセントになって過去六十年間の最低になり、二〇〇四年度には約四パーセントに跳ね上がったが、その後は横ばいになっている。二〇〇六年度には四・一パーセントであった（ちなみに、ベトナム戦争の最盛期には九・五パーセントに達し、朝鮮戦争の時期には十四パーセントを超えている）。

だが、国防以外の裁量的支出は、巨額の財政黒字に沸いていた二〇〇〇年代初めの予想を大幅に上回っている。とくに失望したのは、二〇〇三年後半にメディケアで外来処方薬費用を給付する法律が成立したことだ。懸案のメディケア改革を先送りしたまま、ただでさえ手がつけられないほど巨額にのぼっているメディケアの経費を、十年間にさらに五千億ドル以上増やすことになったのだ。これで大統領は選挙公約をまたひとつ、実現できたわけだが、これだけの経費増を吸収する手段はまったくとっていない。

この法律だけではない。二〇〇四年の財政赤字が四千億ドルを超えるまでに財政収支を悪化させる政策をブッシュ政権と議会がとったとき、共和党は小さな政府という自由意思論の理想の放棄を合理化しようとした。「アメリカ国民が政府の大幅な縮小を望んでいないことが分かった」と、処方薬法が可決された直後に発表した政策提言で、オハイオ州選出のジョン・ボーナー下院議員が論じている。同議員は九年前、共和党が「アメリカとの契約」を掲げて下院の過半数を握ったとき、政策の立案にあたった中心人物のひとりだが、共和党は「政治の新たな現実」に直面しているという。政府の規模を縮小するのは現実的ではなく、最善の場合でも、拡大のペースを落とせると期待できるだけだ。「共和党は多数派として政治を担う責任を果たすにあたって、これが制約になる現実を受け入れてきた」と論じる。大きく効率的な政府が新しい目標だと、ボーナー議員らの共和党指導部は主張する。そして、大きな政府は実現した。効率的な政府は実現できていない。

現実はそれ以上に醜い。共和党指導部の多くにとって、選挙制度を変えて共和党政権の永続をはかることが主要な目標になった。デニス・ハスタート下院議長、トム・ディレイ下院院内総務は、過半数を占める共和党の議席数をあと何議席か延ばせそうなら、いつでも予算を割り当てようとしていると思えた。上院の指導部も少しましという程度だった。ビル・フリスト上院院内総務は、飛び抜けて聡明な医師であり、財政規律を重視しているが、必要なら強硬な手段をとる強さが欠けている。フィル・グラム、ジョン・マケイン、チャック・ヘーゲル、ジョン・スヌヌらの保守派は、警告を発してもたいていは無視された。

議会はたらふく食べようと必死になっていた。予算の使途指定の乱用が極端になった。政治家が好みの事業に予算の使途を指定する権限を振り回したことから、二〇〇五年にはロビー活動と汚職のスキャンダルがつぎつぎに起こっている。後にマケイン上院議員を中心とする超党派グループが利益誘導削減法を提案し、予算の使途指定がクリントン政権第一期が終わった一九九六年の三千二十三件から、ブッシュ政権第二期がはじまった二〇〇五年の一万六千件近くにまで増加したと指摘している。利益誘導の総額は算出するのが容易ではなく、使途指定には適切なものもあるからだが、どのような定義に基づいても、数百億ドルにのぼることはたしかだ。もちろん、総額二兆ドルを超える連邦予算のなかではごく小さな比率を占めるにすぎないが、重要なのは比率ではない。使途指定は炭鉱のカナリアのようなもので、財政規律の欠如を示すものである。そしてカナリアが元気をなくしているようなのだ。

二〇〇六年十一月の中間選挙で共和党が議会の過半数を失った後、共和党の元下院院内総務のディック・アーミーが、ウォール・ストリート・ジャーナル紙に優れた論評を書いている。「革命の終わり」と題した論評で、一九九四年の中間選挙で共和党が圧勝した後の動きをこう論じた。

当初、われわれにとって主要な問いは、「政府をどのように改革して資金と権力を国民に返すのか」であった。やがて、改革の推進者と「九四年精神」はほぼ、視野の狭い官僚的政治家に入れ代わった。こうした政治家にとっての問題は、「政治権力をどのようにして維持するか」になった。二〇〇六年に議会多数派の共和党が道を踏み外し、スキャンダルをつぎつぎに起こしたのは、その直接の結果である。

アーミーの主張はまったく正しい。議会共和党は道を見失った。原則を捨てて権力を得ようとした。そして、どちらも失う結果になったのである。共和党の敗北は当然であった。

そのとき、わたしの目から涙があふれて止まらなかった。二〇〇六年末、多数の国民が道路際に並び、ジェラルド・R・フォード元大統領に静かに別れを告げていたからだ。その道を自動車の列が進み、第三十八代大統領の柩をアンドルーズ空軍基地から当面の安置場所である議事堂まで運んだ。享年九十三歳、歴代の大統領のなかでもっとも長生きしたことになる。党派争いで引き裂かれ、政府が機能不全に陥っているワシントンで、遠い過去の超党派の友情を象徴する政治家、フォード元大統領を、これだけ多くの人が見送っているのは驚きだった。温厚な政治家だった故人への賛辞であると同時に、故人が代表していた礼儀正しい政治、はるか昔に失われてしまった政治への国民の渇望を示すものでもある。

フォードは一九七六年の大統領選挙でジミー・カーター候補に敗北したが、四半世紀にわたって故人を下院議員に選出しつづけた選挙民に見送られて、ミシガン州グランド・ラピッズに埋葬されたとき、弔辞を読んだ参会者のひとりがカーター元大統領だったのは象徴的だ。一九七六年の選挙で敗北した主因は、ニクソン前大統領への恩赦だった。この決定に対して、民主党は猛烈な非難を浴びせた。在任中の不正行為の責任をとらせるよう望んでいたからだ。だが、何十年かたって、民主党の傑出した政治家の多くは、この恩赦がウォーターゲート事件のトラウマから国民が抜け出すために不可欠だったと考えるようになっている。エドワード・ケネディ上院議員はこれを「めったにないほど勇気ある行動」だったとしている。(註5)

よく晴れたこの日、わたしは柩に同行する栄誉を与えられ、故人の柩を乗せた霊柩車から数メートルのところを走る車から外を眺めて、フォード政権の時代以降、アメリカの政治に何が起こったのかと思わざるをえなかった。当時、フォード大統領は民主党が多数派を占める議会のオニール下院議長と午前九時から午後五時まで、激しく争っていたが、それでも長年の友人である議長を、ホワイトハウスの夜のカクテル・パーティに招待していた。

わたしがフォード政権にくわわったのは一九七四年八月であり、ウォーターゲート事件のトラウマにワシントンがまだ苦しんでいた時期だ。それでも、日が暮れれば、党派対立の興奮はほぼ棚上げにされていた。ワシントンの政治につきものの晩餐会に出席すると、どれも超党派の集まりだった。民主、共和両党の上院議員や下院議員が、政権幹部、マスコミ関係者、社交界の有力者とともに出席し

註5　ケネディ上院議員は二〇〇一年五月二十一日、ボストンのケネディ図書館がフォード元大統領に「ジョン・F・ケネディ勇気ある人びと賞」を授与した際にこう語った。

ていた。わたしが引退する前の年、二〇〇五年にも晩餐会は続いていたが、まったく党派的な集まりになっていた。共和党員はわたしだけということも多かった。そして、「共和党の晩餐会」に出席すると、民主党員はまず参加していない。グリッドアイアン・クラブなど、ジャーナリストが主催する晩餐会はフォード政権の時代と同じように超党派だが、そうした場では気が乗らず、ぎこちない付き合いになる。

党派間の対立の原因については多数の学術論文が発表されているが、見解の一致はほとんどない。一九五〇年代と一九六〇年代の栄光の時代に、超党派の友情がみられたのは、アメリカの歴史では例外であって、現在の党派対立は過去の例とそれほど違っていないとする見方すらある。一九六八年の大統領選挙でニクソン候補が「南部戦略」を成功させたのをみていた経験からいうなら、政治が機能不全に陥っている原因は、一九六四年の公民権法の後、南部の保守的有権者が民主党ではなく共和党の議員を選出するようになったことにあると思える。一九六〇年代には、民主党員が共和党員よりははるかに多く、ニューディールの時代以降、大部分の期間に民主党が議会とホワイトハウスを支配していた。民主党は南部をほぼ押さえていたので、南部民主党は議会で先任権を確保し、フランクリン・D・ローズベルト大統領の時代から委員会の委員長の多数を占めてきた。北部リベラル派と南部保守派の不安定な連合が公民権と財政政策をめぐって崩れたのは、後の時代であった。

ジョンソン大統領は公民権法案に署名するにあたって、「これで民主党は三十年にわたって南部を失うことになる」と述べたと伝えられている。これが事実なら、見事な予言だ。ジョージア州選出のリチャード・B・ラッセル上院議員を中心とする南部民主党上院議員は、テキサス州出身の指導者に裏切られたと感じた。深南部九州の十八人の上院議員は、一九六四年には十七人が民主党だったが、二〇〇四年の選挙後には民主党は四人にすぎない。下院でも民主党の比率はこれに比例して低下している。北部の産業が南部に進出する流れが第二次世界大戦の後にはじまっているので、民主党が南部の政治を支配する構図はいずれ変化したはずだ。だが、公民権法でこの流れが加速したのは間違いない。わたしは共和党員の立場で、正しい結果が間違った理由から生まれたことを残念に思っている。

上院と下院の両党議員団の構成も、この間に劇的に変わった。上下両院の共和党議員団と民主党議員団は、以前にはいずれも、リベラル派、中道派、保守派で構成されていた。たしかに党によってそれぞれの比率は違っていたが、四つの議員団はいずれも意見の幅が広く、どのような法案でも圧倒的な多数派が形成されることはなかった。法案に対する投票では、民主党議員のうち六十パーセントが賛成、四十パーセントが反対、共和党議員のうち四十パーセントが賛成、六十パーセントが反対になるか、この比率が逆になるのが典型的であった。

現在の議員団は、南部の主流が民主党から共和党に変わったために、民主党の場合は圧倒的にリベラル派になり、共和党の場合は圧倒的に保守派になった。このため、法案に対する投票も、六十パーセントと四十パーセントに分かれるのではなく、九十五パーセントと五パーセントに分かれることが多くなった。この結果、立法の過程で党派対立が目立つようになっている。

アメリカの長い歴史のなかで、リベラル派と保守派の間に友情などなかったと主張することもできる。だが、アメリカの政治は「保守党」と「リベラル党」という旗印のもとで動いているわけではない。委員会の委員の配分や指導部の人事など、議会の統治の仕組みは共和党と民主党の力関係で決まり、党の力が決定的な意味をもっている。共和党が南部で圧倒的な力をもつようになって、両党の議員数がほぼ均衡するようになったが、その結果、保守派の共和党とリベラル派の民主党の間でイデオロギーの対立が激しくなった。そして、数の多い中道派有権者を代表する政治勢力がなくなっているので、二〇〇八年か二〇一二年の大統領選挙には、中道派から豊富な資金力をもつ独立系の大統領候補があらわれるとも考えられる。

党派間の対立は、政治評論家の戯れ言ではなくなっている。政治の機能不全が危険なまでに拡大している。フォード元大統領の死去に対してメディアと国民が異例なほどの反応を示したのは、政治家の友情が生きていた時代が終わったことを悼む気持ちのあらわれでもあった。その二か月近く前、アメリカ国民は共和党を議会の多数派から転落させた。民主党が勝利を収めたのだとは思わない。共和党が自ら敗北したのだ。民主党が議会で過半数を獲得したのは、自らの立場を見失っていない唯一の党だからだ。

共和党の大統領候補と民主党の副大統領候補の組み合わせ、あるいは逆に、民主党の大統領候補と共和党の副大統領候補の組み合わせであれば、投票したい党がないと感じている多数の中道派を引きつけられるのではないかと考えることがある。たぶん世界が平和であれば、この組み合わせで問題はないはずだ。グローバル化の「見えざる手」によって、日常的な経済活動が管理されていることが明確になってきたので、政治指導者が誰なのかは以前より重要でなくなっている。だが、九・一一後の世界ではそうはいかない。誰が政権を握っているかが重要になっているのである。

【や・ら・わ】

【ま】

【な】

【は】

【た】

索　引

【か】

索　引

◆印は註の説明文に登場することを示す。

著訳者紹介

アラン・グリーンスパン（Alan Greenspan）

1926年ニューヨーク生まれ。マンハッタンのワシントン・ハイツ地区で育つ。ジュリアード音楽院にてクラリネットを学び、プロのバンド奏者として働く。その後、ニューヨーク大学に進んで経済学を学び、経済学博士号を取得。54年、経済コンサルティング会社〈タウンゼント・グリーンスパン〉社を設立。74年から77年にかけてフォード政権で大統領経済諮問委員会（ＣＥＡ）委員長をつとめる。87年、レーガン大統領によってＦＲＢ議長に指名され、2006年に退任するまでその地位にあった。

山岡洋一（やまおか・よういち）

翻訳家。1949年生まれ。主な訳書にアダム・スミス『国富論』、ジェームス・Ｃ・アベグレン『新・日本の経営』『日本の経営〈新訳版〉』、ジョセフ・Ｓ・ナイ『ソフト・パワー』（以上、日本経済新聞出版社）、ボブ・ウッドワード『グリーンスパン』（高遠裕子と共訳、日経ビジネス人文庫）、ジェームズ・Ｃ・コリンズ&ジェリー・Ｉ・ポラス『ビジョナリー・カンパニー』（日経ＢＰ社）などがある。

高遠裕子（たかとお・ゆうこ）

翻訳家。主な訳書にジョセフ・スティグリッツ&アンドリュー・チャールトン『フェアトレード』、ラリー・ボシディ&ラム・チャラン『経営は「実行」』（以上、日本経済新聞出版社）、ボブ・ウッドワード『グリーンスパン』（山岡洋一と共訳、日経ビジネス人文庫）、ヨーラム・“ジェリー”・ウィンド&コリン・クルック『インポッシブル・シンキング』（日経ＢＰ社）などがある。

波乱の時代〔上巻〕
わが半生とＦＲＢ

2007年11月12日　　1版1刷

著　者　アラン・グリーンスパン
訳　者　山岡洋一
　　　　高遠裕子
発行者　羽土　力
発行所　日本経済新聞出版社
http://www.nikkeibook.com/
東京都千代田区大手町1-9-5　〒100-8066
電話03-3270-0251

印刷・製本／中央精版印刷株式会社

Printed in Japan　ISBN978-4-532-35285-1

本書の内容の一部あるいは全部を無断で複写（コピー）することは、法律で認められた場合を除き、著訳者および出版社の権利の侵害になりますので、その場合にはあらかじめ小社あて許諾を求めてください。

読後のご感想をホームページにお寄せください。
http://www.nikkeibook.com/bookdirect/kansou.html